中國學術思想 研究輯刊

十二編
林慶彰 主編

第 10 冊

《禮記》氣論思想研究（上）

賴昇宏 著

花木蘭文化出版社

國家圖書館出版品預行編目資料

《禮記》氣論思想研究（上）／賴昇宏 著 — 初版 — 新北市：
花木蘭文化出版社，2011〔民100〕
目 6+184 面；19×26 公分
（中國學術思想研究輯刊 十二編；第 10 冊）
ISBN：978-986-254-652-9（精裝）
1. 禮記　2. 研究考訂
030.8　　　　　　　　　　　　　　　　100015769

ISBN-978-986-254-652-9

9 789862 546529

中國學術思想研究輯刊
十二編　第 十 冊　　　　　　ISBN：978-986-254-652-9

《禮記》氣論思想研究（上）

作　　者　賴昇宏
主　　編　林慶彰
總 編 輯　杜潔祥
出　　版　花木蘭文化出版社
發 行 所　花木蘭文化出版社
發 行 人　高小娟
聯絡地址　新北市永和區中正路五九五號七樓
　　　　　電話：02-2923-1455／傳眞：02-2923-1452
網　　址　http://www.huamulan.tw 信箱 sut81518@gmail.com
印　　刷　普羅文化出版廣告事業
封面設計　劉開工作室
初　　版　2011 年 9 月
定　　價　十二編 55 冊（精裝）新台幣 90,000 元

《禮記》氣論思想研究（上）

賴昇宏　著

作者簡介

賴昇宏，中國文化大學中國文學研究所博士班畢業，現兼任中國文化大學、中原大學助理教授。
主要研究有《禮記》宋明理學等 撰有《《禮記》氣論思想研究》《湛甘泉理學思想研究》等專著。
另有單篇論文〈論呂氏春秋〈十二紀〉之公義〉、〈《禮記・禮運》論人之氣性義〉等。

提　　要

　　漢代乃氣論思想盛行的時代，故漢儒如后倉、戴聖諸禮家，「由氣說禮」建立《禮記》的氣論思想，成為漢儒論禮的特色。筆者嘗試做全面的檢索，並將《禮記》氣論思想的特色「由氣說禮」，放在先秦氣論的發展、漢儒論禮之脈絡及歷代禮家之論禮中，希望藉由此三條氣論脈絡的宏觀下，呈現出《禮記》氣論思想的價值。

　　第一章 論研究動機與目的，研究範圍與方法，整理前人研究成果，並界定研究範圍及目標。

　　第二章 論先秦氣論思想的發展。

　　第三章 論《禮記》的成書及其氣論諸篇的背景。

　　第四章 論〈中庸〉「天人合德」觀念，實為《禮記》氣論思想的開創奠基者。

　　第五章 論〈月令〉的自然氣化論。

　　第六章 論〈鄉飲酒義〉的氣論思想。

　　第七章 論〈祭義〉之氣化鬼神觀，〈祭義〉論及「精神」、「魂魄」、「鬼神」諸範疇，在氣化思想中屬氣化成形聚散的問題。

　　第八章 論〈樂記〉的禮樂氣化論，〈樂記〉以「天地之和」與「天地之序」論禮樂的天道義，由「人情之節」與「人心之感」論禮樂的心性義，由禮樂實踐以論成德，由「禮樂刑政」以論「揖讓而治」，具《禮記》氣論思想的成熟理論。

　　第九章〈禮運〉、〈禮器〉、〈郊特牲〉的氣化論，〈禮運〉者，記「禮」乃承天之道，以治人之情，以達天下國家之「大順說」；〈禮器〉者，言禮當以「時、順、體、宜、稱」為節，而歸本於忠信，是與〈禮運〉相為表裡，論禮之內外義；〈郊特牲〉者，雜記郊、社、冠、昏之禮，乃禮之運用於天下國家者，故三篇在氣化思想上有其相承性，先由天以論人，由外以論內，由理論以至實踐，可視為一家之言，有其完整之氣化論，故合而論之。

　　第十章論《禮記》的氣論思想，一是論《禮記》本身氣論諸篇的關連性，提出其發展為綱領期、分解期與整體期三階段。一是合《禮記》氣論諸篇以論其共同性，提出：禮樂義的氣化天道觀，氣化人情的禮樂化，成德之道：天人學行禮樂之一體，禮樂之治的理想四種特色，最後提出「由氣說禮」主張。

　　第十一章 論《禮記》氣論思想與漢儒論「禮」之學的辯證。

　　第十二章 論歷代禮家「由氣說禮」之思想脈絡，以證「由氣說禮」乃為後世禮家論禮之一項特色。

　　第十三章 論《禮記》氣論思想的定位與價值。主要以三條脈絡來定位《禮記》氣論思想的價值，一、由先秦氣論思想的發展與先秦儒家禮樂思想的發展脈絡來看《禮記》氣論思想之所承，二、由漢儒論禮諸家之脈絡，來觀察《禮記》氣論思想有所承亦有所傳。三、由《禮記》氣論「由氣說禮」的思想特色，下落於歷代禮家之論禮諸說，以考其影響。由以上三條脈絡，來衡定《禮記》氣論思想的定位與價值。

目

次

第一章　緒　論

第一節　研究動機與目的

　　關於《禮記》的研究，過去多偏向諸禮之儀節、禮意、政治或教育思想方面，而少論其氣論思想。實則學術界早已注意到《禮記》中反映的陰陽五行思想〔註1〕，但卻欠缺全面而完整的探討。故筆者嘗試從氣論思想的角度，全面檢索《禮記》四十九篇的氣論思想部分，條理其思想脈絡，統整其氣化理論，以期能掌握《禮記》全書的氣論思想特色，並試圖由思想史的脈絡中，探討其氣論思想的意義與價值。

　　「氣論」的思想淵源，可溯及春秋。《左傳》有「天有六氣」〔註2〕之說，以解釋自然天象之變化。老子云：「萬物負陰而抱陽，沖氣以為和」〔註3〕，吸收陰陽二氣，開啟氣化論之雛形。戰國時期，氣論思想百家爭鳴，內涵逐漸豐富多元，莊子首倡「心齋說」，其云：「無聽之以心而聽之以氣……氣也

〔註1〕　學術界論及有關「《禮記》的陰陽五行思想者」甚多：韋政通〈第十一章禮記中的陰陽家思想〉，《中國思想史上》（臺北：水牛出版社，1991年），頁418。唐君毅：〈第二十三章禮樂之道與天地萬物鬼神之道〉，《中國哲學原論·原道篇貳》（臺北：學生書局，1986年10月），頁127。徐復觀：〈陰陽五行及其有關文獻的研究〉，《中國人性論史·先秦篇》（臺北：臺灣商務印書館，1969年），頁576。

〔註2〕　「天有六氣，降生五味，發為五色，徵為五聲。淫生六疾。六氣曰陰、陽、風、雨、晦、明也，分為四時，序為五節。」《左傳》（十三經注疏，臺北：藝文印書館，1976年），頁709。

〔註3〕　高明撰：《帛書老子校注》（北京：中華書局，1996年），頁29。

者，虛而待物者也。唯道集虛。虛者，心齋也。」〔註4〕以天與人相通於「氣」，「心齋」的修養工夫能超越形氣限制，上達天地一氣流行，開創道家自然義的氣論思想。

儒家氣化論的發展，以孟子「浩然之氣」說為特色，所謂「其為氣也至大至剛，以直養而無害，則塞于天地之間。其為氣也配義與道，無是餒也。」〔註5〕「浩然之氣」與「性善說」相為表裡，「浩然之氣」由集義而生，「性善說」由四端之心而發，合內外存養擴充，心與氣合，以上達天地之氣。荀子云：「水火有氣而無生，草木有生而無知，禽獸有知而無義，人有氣、有生、有知，亦且有義，故最為天下貴也。」〔註6〕荀子從稟氣的不同內涵來區別水火、草木、禽獸與人，人之可貴在於「有氣、有生、有知、有義」，此乃從先天稟氣之道德性論

人禽之辨。《易傳》提出：「一陰一陽之謂道，繼之者善也，成之者性也。」〔註7〕此乃吸收陰、陽二氣以詮釋乾、坤之德，表現儒家生生不息之宇宙觀，建立儒家道德義的氣化論特色。

戰國以後，鄒衍將「陰陽」配合「五行之德」，建立「五德轉移」之說〔註8〕，以論三代之興衰，一時風靡。《管子》〈四時〉、〈五行〉篇，則吸收月令資料，由「四時」以述「五行」之德，再論「五政」之施，是氣化宇宙論漸向政治論的發展趨勢。至於《呂氏春秋》十二紀，結合太一、陰陽、五行、五神、五帝、五味、五色、五聲，由自然之氣化宇宙論，擴及於人君四時十二月之施政，成為包羅天道、地道與人道之「圓道說」，使氣化天道論指導人道政治論之思潮達到顛峰，影響及於漢世。

漢初，雖歷經秦火焚書與楚漢戰禍之浩劫，幸學脈之未絕。陸賈懲秦亡之鑑，諫高祖劉邦以治天下之道，其云：「天生萬物，以地養生，聖人成之。

〔註4〕〔晉〕郭象注，〔唐〕成玄英疏：《南華真經注疏》（上）（北京：中華書局，1998年），頁82。

〔註5〕《孟子·公孫丑章句上》（十三經注疏8，臺北：藝文印書館，1976年），頁54。

〔註6〕〔清〕王先謙：《荀子集解》（北京：中華書局，1981年），頁164。

〔註7〕《周易·繫辭上》（十三經注疏1，臺北：藝文印書館，1976年），頁148。

〔註8〕史記〈孟荀列傳〉所記：「先序今以上至黃帝，學者所共術，大並世盛衰，因載其禨祥度制，推而遠之，至天地未生，窈冥不可考而原也。先列中國名山大川，通谷禽獸，水土所殖，物類所珍，因而推之，及海外人之所不能睹。稱引天地剖判以來，五德轉移，治各有宜，而符應若茲。」〔漢〕司馬遷：《史記》（據武英殿影印本，臺北：藝文印書館，1982年），頁939。

功德參合，而道術生焉。故曰：張日月，列星辰，序四時，調陰陽，布氣治性，次置五行，春生夏長，秋收冬藏，陽生雷電，陰成霜雪，養育群生。」〔註9〕是由氣化天道以論人君之施政。賈誼論天道生人物之性，云：「性者，道德造物，物有形而道德之神專而爲一氣，明其潤益厚矣。濁而膠相連在物之中，爲物莫生，氣皆集焉，故謂之性。性，神氣之所會也。」〔註10〕是由氣化思想詮釋《禮記・中庸》「天命之謂性」〔註11〕的觀念。

　　《淮南子》在氣化宇宙論方面，達到新的成就，其云：「天墜未形，馮馮翼翼，洞洞灟灟，故曰太始。道始于虛霩，虛霩生宇宙，宇宙生氣，氣有涯垠。清陽者薄靡而爲天，重濁者凝滯而爲地。……天地之襲精爲陰陽，陰陽之專精爲四時，四時之散精爲萬物。積陽之熱氣生火，火氣之精者爲日；積陰之寒氣爲水，水氣之精者爲月。日月之淫爲精者爲星辰。天受日月星辰，地受水潦塵埃。」〔註12〕組織龐大而分類細密的漢代氣化宇宙論特色乃得建立。

　　董仲舒吸收氣論思想連結天人關係，其「天人相應」之說影響漢代深遠，其云：「天地之常，一陰一陽。陽者天之德也，陰者天之刑也。迹陰陽終歲之行，以觀天之所親而任。成天之功，猶謂之空，空者之實也。故清溧之於歲也，若酸咸之於味也，僅有而已矣。聖人之治，亦從而然。天之少陰用於功，太陰用於空。人之少陰用於嚴，而太陰用於喪。喪亦空，空亦喪也。是故天之道以三時成生，以一時喪死。死之者，謂百物枯落也；喪之者，謂陰氣悲哀也。天亦有喜怒之氣、哀樂之心，與人相副。以類合之，天人一也。春，喜氣也，故生；秋，怒氣也，故殺；夏，樂氣也，故養；冬，哀氣也，故藏。四者天人同有之。有其理而一用之。與天同者大治，與天異者大亂。」〔註13〕此由陰陽二氣以論天地之常行，由陰陽以論天地之「刑德」，由陰陽以論天地之喜怒哀樂，故天人一也，人與天同則治，人與天異則亂，此即「天人相應」說。

〔註9〕 王利器：《新語校注・道基》（北京：中華書局，1997年10月），頁2。

〔註10〕 閻振益、鍾夏校注：《新書校注・道德說》（北京：中華書局，2007年10月），頁326。

〔註11〕 《禮記・中庸》（十三經注疏5，臺北：藝文印書館，1976年），頁879。

〔註12〕 劉文典：《淮南鴻烈集解・天文訓》（臺北：文史哲出版社，1992年），頁79～80。

〔註13〕 〔清〕蘇輿：《春秋繁露義證・陰陽義》（北京：中華書局，2007年10月），頁341。

縱觀上述諸家之說，則由先秦以至於秦漢，氣論思想實為當代重要的思潮，殆無可疑。《禮記》的成書橫跨春秋晚期以至於秦漢，焉能不受此重要思潮的影響？故觀《禮記》的編著者，他們作為儒家的傳承者，如何因應這股氣論思潮的洪流？孟子、荀子都受此影響而提出他們的見解，豐富了儒家之學的內容，則七十子之後學弟子與漢儒所成之《禮記》，又如何吸收、消化、融合以及創新氣論思想呢？實值得關注。

此乃筆者探討《禮記》氣論思想的動機，相信對《禮記》氣論思想的研究成果，可幫助我們更清楚秦漢間儒家思潮的演變，甚至對秦漢學術史的研究也會有更多元的看法？故探討《禮記》的氣論思想，當有其意義與價值，此乃纂述此篇論文目的。

第二節　研究範圍與方法

一、研究範圍

（一）原　典

對於《禮記》的研究，原典部分以鄭玄注，孔穎達正義之十三經注疏本《禮記》為主〔註14〕，另參見者有：〔元〕吳澄《禮記纂言》〔註15〕、〔元〕陳澔《禮記集說》、〔明〕王夫之《禮記章句》〔註16〕、〔清〕孫希旦《禮記集解》〔註17〕、〔清〕朱彬《禮記訓纂》〔註18〕等。此外，亦參見近人王夢鷗《禮記今註今譯》〔註19〕、高明《禮記概說》〔註20〕、周何《禮學概論》〔註21〕等著作。

（二）前人的研究

觀國內對於《禮記》的研究，早期在考證上以王夢鷗《禮記考證》〔註22〕、

〔註14〕《禮記》（十三經注疏5，臺北：藝文印書館，1976年）。
〔註15〕〔元〕吳澄：《禮記纂言》（四庫全書珍本五，臺北：藝文印書館）。
〔註16〕〔明〕王夫之：《禮記章句》（臺北：廣文書局，1967年7月）。
〔註17〕〔清〕孫希旦：《禮記集解》（臺北：文史哲出版社，1990年8月）。
〔註18〕〔清〕朱彬：《禮記訓纂》（北京：中華書局，1996年）。
〔註19〕王夢鷗：《禮記今註今譯》（臺北：臺灣商務，2002年5月）。
〔註20〕高明：《禮記概說》（臺北：黎明文化事業公司，1978年）。
〔註21〕周何：《禮學概論》（臺北：三民書局，1998年1月）。
〔註22〕王夢鷗：《禮記考證》（臺北：藝文印書館，1976年12月）。

高明《禮學新探》〔註 23〕，用力最深。在義理方面則以唐君毅論《禮記中的禮樂之道與天地之道》〔註 24〕、徐復觀《兩漢思想史》〔註 25〕較深入，錢穆亦有論及《禮記》義理之單篇〔註 26〕，但皆納於整個學術發展史的脈絡下論其大略，於學風之開闢誠有功。

近期學者則由多元角度探討《禮記》之義理，如探討古代禮制者：葉國良《古代禮制與風俗》〔註 27〕、林素英《喪服制度的文化意義：以《儀禮・喪服》爲討論中心》〔註 28〕、江美華〈從「禮記・冠義」論儒家成人禮的意義〉〔註 29〕、林秀英《古代生命禮中的生死觀：以《禮記》爲主的現代詮釋》〔註 30〕等。

或藉由《禮記》以探討其形上思想者：如王菡《「禮記・樂記」之道德形上學研究》〔註 31〕、劉振維《論先秦儒家思想中禮的人文精神》〔註 32〕、龔建平《意義的生成與實現：《禮記》哲學思想》〔註 33〕、林文琪《「禮記」中的人觀》〔註 34〕、鄔昆如〈從禮記論儒家社會哲學思想〉〔註 35〕、張永雋〈儒

〔註23〕高明：《禮學新探》（臺北：學生書局，1978 年 9 月年）。

〔註24〕唐君毅《中國哲學原論・原道篇二》（臺北：學生書局，1986 年 10 月），頁 94。

〔註25〕徐復觀：《兩漢思想史》（臺北：學生書局，1974 年 5 月）。

〔註26〕錢穆：〈論易傳與小戴禮記中的宇宙論〉，收入《中國學術思想史論叢（二）》（臺北：東大圖書公司，1980 年 1 月再版），頁 256。徐復觀：〈從命到性——中庸的性命思想〉、〈先秦儒家思想的綜合——大學之道〉，收入《中國人性論史・先秦篇》（臺北：臺灣商務印書館，1969 年），頁 103、263。

〔註27〕葉國良：《古代禮制與風俗》（臺北：臺灣書店，1997 年）。

〔註28〕林素英：《喪服制度的文化意義：以《儀禮・喪服》爲討論中心》（臺北：文津出版社，2000 年）。

〔註29〕江美華：〈從「禮記・冠義」論儒家成人禮的意義〉，《鵝湖學誌》第三十二期，2004 年 6 月。

〔註30〕林秀英：《古代生命禮中的生死觀：以《禮記》爲主的現代詮釋》（臺北：文津出版社，1997 年）。

〔註31〕王菡：《「禮記・樂記」之道德形上學研究》，中國文化大學哲學系博士論文，2000 年。

〔註32〕劉振維：《論先秦儒家思想中禮的人文精神》，國立臺灣大學哲學系博士論文，2001 年。

〔註33〕龔建平：《意義的生成與實現：《禮記》哲學思想》（北京：商務印書館，2005 年）。

〔註34〕林文琪《《禮記》中的人觀》，中國文化大學哲學系博士論文，1998 年。

〔註35〕鄔昆如，〈從禮記論儒家社會哲學思想〉，《哲學與文化》一六六期，1987 年 11 月，頁 26～32。

家禮樂教化之宗教與人文理想〉〔註36〕等。

對《禮記》氣論思想的研究，目前尚無專書探討，惟學者於其著作中零星論及〔註37〕，可以說此領域尚待開闢。至於論及先秦或兩漢氣論思想者，除早期徐復觀《兩漢思想史》〔註38〕之作外，近年學者對此領域的研究日益興盛，如：陳麗桂《秦漢時期的黃老思想》〔註39〕、鄺芷人《陰陽五行及其體系》〔註40〕、孫廣德《先秦兩漢陰陽五行說的政治思想》〔註41〕、李存山《中國氣論探源與發微》〔註42〕、楊儒賓主編《中國古代思想中的氣論及身體觀》〔註43〕、陳德興《兩漢氣化宇宙論之研究》〔註44〕等著作，其成果亦頗可觀。

二、研究方法

（一）原典的成書背景

孔穎達《禮記正義》引鄭玄《六藝論》：「今《禮記》行於世者，戴德、戴聖之學也。德傳《記》八十五篇，則《大戴禮》是也。戴聖傳《禮》四十九篇，則此《禮記》是也。」〔註45〕可知《禮記》四十九篇由戴聖所傳。據筆者所考，《禮記》材料的累積，按其時代先後，大致可析分為三階段：孔子與弟子論禮之作，七十子與其弟子論禮之作，漢儒論禮之作三部份。這三部

〔註36〕張永儁，〈儒家禮樂教化之宗教與人文理想〉，《東吳哲學傳習錄》，1994 年 5 月，頁 47～63。

〔註37〕韋政通〈第十一章禮記中的陰陽家思想〉，《中國思想史上》（臺北：水牛出版社，1991 年），頁 418。唐君毅：〈第二十三章禮樂之道與天地萬物鬼神之道〉，《中國哲學原論·原道篇貳》（臺灣：學生書局，1986 年 10 月），頁 127。徐復觀：〈陰陽五行及其有關文獻的研究〉，《中國人性論史·先秦篇》（臺北：臺灣商務印書館，1969 年），頁 576。錢穆：〈論易傳與小戴禮記中的宇宙論〉，收入《中國學術思想史論叢（二）》（臺北：東大圖書公司，1980 年 1 月再版），頁 256。

〔註38〕徐復觀：《兩漢思想史》（臺北：學生書局，1974 年 5 月）。

〔註39〕陳麗桂：《秦漢時期的黃老思想》（臺北，文津出版社，1997 年）。

〔註40〕鄺芷人：《陰陽五行及其體系》（臺北：文津出版社，1992 年）。

〔註41〕孫廣德：《先秦兩漢陰陽五行說的政治思想》（臺北：商務印書館，1994 年）。

〔註42〕李存山：《中國氣論探源與發微》（北京：中國社會科學出版社，1990 年）。

〔註43〕楊儒賓主編：《中國古代思想中的氣論及身體觀》（臺北：巨流圖書公司，1993 年）。

〔註44〕陳德興：《兩漢氣化宇宙論之研究》（臺北：輔仁大學哲學所博士論文，2005 年）。

〔註45〕《禮記》（十三經注疏 5，臺北：藝文印書館，1976 年），頁 11。

份的材料，時代最早可溯及春秋末期，歷經戰國諸儒之論，下開漢儒論禮之作，至於西漢宣帝，再經由戴聖之檢擇編纂而成書，其篇章累積之過程約四百年。故論《禮記》其書，乃知此非一時一人之作，乃集先秦以至秦漢諸儒之所論而成。

故論《禮記》全書的氣論思想，不能忽略《禮記》本身特殊的成書背景，即此非一時一人之作，此乃歷經一段漫長時間加上數代的儒者，眾志成城之作，若貿然的以「全書」為單位，而直接作氣論範疇的檢擇分析，是忽略此四十九篇的時代差異性與眾作者思想義理間的歧異性。

因此筆者的方法是將四十九篇視作獨立的單位，對四十九篇的每篇思想內容進行考察，將其中較具有氣論思想理論者，先初步檢擇而出。此乃考慮到《禮記》四十九篇的時代差異性的緣故。

（二）分析氣論篇章的背景

筆者檢閱《禮記》四十九篇的內容，檢擇出〈中庸〉、〈月令〉、〈鄉飲酒義〉、〈祭義〉、〈樂記〉、〈禮運〉、〈禮器〉、〈郊特牲〉等八篇，此八篇部分內容具有氣論思想的理論在其中。故筆者所欲呈現的《禮記》全書的氣論思想，基本上是以此八篇的氣論思想材料作為研究的依據。

雖然，筆者是以此八篇的氣論思想為材料，但此八篇亦不可混而論之，因為此八篇亦非一人一時之作，混而論之就不能呈現此八篇氣論思想的特殊性。故首先，吸收目前文獻研究上的成果，先對此八篇氣論思想篇章，做其成篇的背景分析。

筆者的方法是廣泛蒐集古今禮家文獻的佐證，以期能較準確呈現此八篇的成書背景。此古今禮家包括：〔漢〕鄭玄注，〔唐〕孔穎達正義，〔元〕吳澄《禮記纂言》、〔元〕陳澔《禮記集說》、〔明〕王夫之《禮記章句》、〔清〕孫希旦《禮記集解》、〔清〕朱彬《禮記訓纂》等，近人有王鍔《《禮記》成書考》〔註46〕、高明《禮學新探》〔註47〕等著作。

以下略言，經由文獻的考察，〈中庸〉、〈月令〉、〈鄉飲酒義〉、〈祭義〉、〈樂記〉、〈禮運〉、〈禮器〉、〈郊特牲〉等八篇之成書背景：

〈中庸〉諸儒多以為子思之作，約作於春秋晚期，屬儒家早期文獻。其中雖無氣論思想，但其天道觀與天人合德之說，卻對秦漢儒家氣論思想的發

〔註46〕王鍔：《《禮記》成書考》（北京：中華書局，2007年3月）。
〔註47〕高明：《禮學新探》（臺北：學生書局，1978年9月）。

展影響深遠。

〈月令〉與《呂氏春秋》十二紀首章文字近同，歧異僅數字而已，可知本文出於《呂氏春秋》當無疑。惟〈月令〉這類資料，非源於《呂氏》一書，蓋〈周書〉已承前代月令而成，故〈月令〉資料實非專屬某一家派獨有，是以《管子‧四時》、《呂氏春秋》十二紀、《淮南子‧時則》、以至於《禮記‧月令》皆擇而取之。故《禮記‧月令》雖承自《呂氏春秋》十二紀，但只取其紀首，卻未取十二紀之論，可知當時禮家乃有所擇而取，所反映的正是秦漢儒者的氣化宇宙觀。

〈鄉飲酒義〉約為秦漢間人的作品。全篇可區分為兩部分，上篇主要為解釋《儀禮‧鄉飲酒禮》之作，無氣論思想；下篇論賓、主、僎、介之位，幾全由氣化宇宙論以詮釋禮意，屬儒家早期氣論之作。

〈祭義〉由氣化以論鬼神之義，由鬼神之義詮釋祭祀之禮意，闡發其溫厚深微之義，約成於戰國中期，乃呈現富儒家特色之氣化鬼神觀。

〈樂記〉的成篇背景複雜，據劉向《別錄》所載，當有二十三篇，今〈樂記〉尚存十一篇，是以本篇便為雜集之作。此篇學者以為或為子夏後學公孫尼子一派所作，約成書於戰國前期。篇中多以天地陰陽氣化之道，詮釋禮樂之道，氣論理論已相當成熟，或此部分恐為漢儒之發明。

〈禮運〉、〈禮器〉、〈郊特牲〉三篇，學者如王夫之、孫希旦、高明等，皆以為當為「一家之言」。筆者由氣論思想而論，則三篇之思想體用本末分明，確有可能為一脈相成之作，故將此三篇合而論之。三篇其氣論思想成熟，〈禮運〉多論天道與人道之本體義，〈禮器〉則言制禮之原則問題，〈郊特牲〉則言實際諸禮節之應用及意涵，其最後成篇當至於漢世。

（三）條理氣論篇章的思想

由上述文獻上的考察，可知〈中庸〉、〈月令〉、〈鄉飲酒義〉、〈祭義〉、〈樂記〉、〈禮運〉、〈禮器〉、〈郊特牲〉等八篇之成書背景確實不同，故論其氣論思想，不可混而論之，如此則無以呈現其各篇思想之獨特性。

因此筆者是以各篇章為單位，就各篇章進行氣論思想材料的分析與歸納，由於各篇章的成書時代不同，在材料的檢擇中自然呈現出各篇氣論思想材料的多寡精粗不同的現象，如〈中庸〉偏重在天人關係的上達，〈月令〉呈現的氣化自然的規律義非常明顯，〈鄉飲酒義〉則特重賓、主、介、僎之尊卑方位的氣化義，〈祭義〉則專力於闡述鬼神與祭祀之氣化義，〈樂記〉則由禮

樂的角度詮釋天道氣化的宇宙觀，〈禮運〉、〈禮器〉、〈郊特牲〉則較全面而完整的闡述，富儒家特色的氣化禮樂觀，可謂爲成熟之作。此乃就其各篇之氣論材料所作之分析而得其氣論思想特色，如此乃呈現出八篇在氣論思想上各自的獨特風貌。

（四）統析氣論諸篇的思想脈絡

〈中庸〉、〈月令〉、〈鄉飲酒義〉、〈祭義〉、〈樂記〉、〈禮運〉、〈禮器〉、〈郊特牲〉等八篇雖成篇於不同之時代，爲了呈現其八篇氣論思想之獨特性，筆者將每一篇作分析歸納以得其氣論思想的特色。但細思之，此八篇眞毫無干係？眞能彼此獨立而互不影響嗎？思想有其相成相生性，儒者必有所述，亦必有所發，此乃思想之連續性。

體察〈中庸〉、〈月令〉、〈鄉飲酒義〉、〈祭義〉、〈樂記〉、〈禮運〉、〈禮器〉、〈郊特牲〉等八篇之氣論特色，筆者乃嘗試統整此八篇氣論思想之特色，試圖條理其諸篇氣論模型的思想脈絡發展，遂提出此八篇氣論思想的發展有「三期說」：

1. 綱領期：〈中庸〉，始立「天人合德」的架構
2. 分解期：〈鄉飲酒義〉、〈祭義〉、〈月令〉三篇，乃對氣論思想的的初步吸收。
3. 整體期：〈樂記〉、〈禮運〉、〈禮器〉、〈郊特牲〉四篇，乃融合氣論思想並建立富儒家氣論特色的一家之言。

此乃筆者所條理之脈絡，是在此八篇氣論思想的獨特性之外，希望呈現出此八篇氣論思想，相互間的相承脈絡。

（五）縱觀《禮記》呈現的氣論思想特色

統析〈中庸〉、〈月令〉、〈鄉飲酒義〉、〈祭義〉、〈樂記〉、〈禮運〉、〈禮器〉、〈郊特牲〉等八篇的氣論思想，條理其思想的脈絡，表現的是《禮記》八個氣論篇章的思想相承性。最後，就《禮記》全書的氣論思想發展而言，則須打破各個篇章的限制，重新檢視此八篇氣論思想的發展意義，則此乃站在明白各篇獨特性的基礎上，再來審視其八篇主要的共通性，乃得觀其《禮記》全書氣論之旨。

縱觀此八篇氣論篇章所呈現的氣論思想的發展，可統合其特色：《禮記》全書的氣論思想具有禮樂義的氣化天道觀、氣化人情的禮樂化、成德之道：

天人學行禮樂之一體、禮樂之治的理想四種，可視爲《禮記》氣論思想的特色，並以之審視〈大學〉的思想脈絡。

（六）漢儒論「禮」之學與《禮記》氣論思想的辯證

此篇論述漢儒自陸賈、叔孫通、賈誼、《淮南子》、司馬遷、董仲舒、《白虎通義》、鄭玄注《禮記》等八家論「禮」之學，推展其演變之脈絡，約可分爲三時期：草創儀法期，國家禮法建立期，氣化論「禮」期。草創儀法期以陸賈、叔孫通、賈誼爲代表，多承荀子論「禮」之說，賈誼爲此階段「禮」思想的先驅。國家禮法建立期，約當武帝時代，以《淮南子》、司馬遷、董仲舒爲代表，「禮」的思想得到重視，呈現多元的發展。氣化論「禮」期，由西漢宣帝以後，至於東漢晚期，論「禮」幾全由氣論思想切入，呈現漢儒論「禮」的特色，以《禮記》、《白虎通義》、鄭玄注《禮記》爲代表。《禮記》在此漢儒論「禮」之脈絡中，扮演承先啓後的重要地位。

（七）由氣論發展史的脈絡論其定位

論先秦氣論思想的特色，分兩方面論述之：一是由學派入手，分論道家、儒家及其他諸家的氣論主張，二是由氣論思想路徑分析，可分爲自然義、道德義、卦爻義與政治義等四種不同的氣論模式。

道家氣論思想的特色，表現在氣化的天道論、存養的修養論；儒家的氣論思想特色，在其道德義的氣化論，變化氣質的修養論。《左傳》屬自然義的氣化論，鄒衍、《管子》、《呂氏春秋》則較偏向於政治義的氣論主張。

先秦氣論思想的路徑模式，主要有四種不同的路徑：自然義的氣化論、道德義的氣化論、卦爻義的氣化論與政治義的氣化論。自然義的氣化論乃以自然天道氣化的規律爲主體，道德義的氣化論則將天道氣化的內容，賦予道德意義，成爲道德修養的目標，卦爻義的氣化論則以卦爻的排列展現氣化的內容，而歸納其天人合德之義，政治義的氣化論則是將自然義的氣化論，轉向作爲政治主張的模式。

由先秦氣論發展史的脈絡，來檢視「《禮記》的氣論思想」的特色與價值，可知《禮記》全書的氣論思想：禮樂義的氣化天道觀、氣化人情的禮樂化、成德之道：天人學行禮樂之一體、禮樂之治的理想義，基本上《禮記》的氣論思想對以上諸家都有所吸收，吸收自然義的天道觀，由道德義的氣化論詮釋禮樂之道，由禮樂之道推展爲禮治主張，只有對卦爻義的氣化論吸收較少，

最後，《禮記》的氣論思想可謂自成一家，姑名之爲「由氣說禮」一派，可以看出氣論的發展，至於漢代至少多了《禮記》「由氣說禮」這一路徑的開展，此由先秦氣論發展的脈絡上，肯定《禮記》氣論思想的地位。

第二章　先秦氣論思想的發展

　　論先秦氣論思想的發展的材料，春秋時期以《老子》與《左傳》爲主，戰國時期則以《莊子》、《孟子》、《荀子》、鄒衍、《易傳》、《管子》、《呂氏春秋》爲主要材料。根據上述材料，歸納條理先秦氣論思想的發展，由學派而言，以道家的氣論思想、儒家的氣論思想與其他諸家的氣論思想分立；由氣論的路徑而言，可分自然義的氣化論、道德義的氣化論、卦爻義的氣化論及政治義的氣化論等四種氣論模式。以下析論之：

第一節　春秋時期的氣論思想

　　春秋時期的氣化思想以《老子》與《左傳》的思想爲代表，老子首先提出抽象的「道」體觀念，以「道」爲天道主體，以「精」氣爲道體內涵，以「陰陽二氣」沖和而生萬物，創立最早的氣化宇宙論模型。故萬物皆受道體之精氣以生，成形後，在人身有精氣、魂魄之內涵。故人當保養精氣、守魂魄，專氣致柔，乃得養生，奠定道家修養論的基礎，可視作中國古代氣化思想的先驅。

　　《左傳》昭公元年，秦醫和提出「天生六氣」：「陰、陽、風、雨、晦、明」，由「天生六氣」降生「五味、五色、五聲」。《左傳》昭公二十五年，子大叔論「禮」，進一步將人有好惡、喜怒、哀樂六情，乃生于六氣，而「禮」乃法天地之則而生，將天道與人道在氣化上做連結，擴大氣化思想的內容。

一、《老子》的氣化思想：自然義氣化論的雛形

　　老子吸收陰陽二氣以建立道家的氣化宇宙論雛形，以「精」、「陰陽二氣」

作為道體與萬物氣化成形的內涵，奠定道家氣化宇宙論的基礎。

> 有物混成，先天地生，寂兮寥兮，獨立不改，周行而不殆，可以為
> 天下母。吾不知其名，字之曰道，強為之名曰大，大曰逝，逝曰遠，
> 遠曰反。故道大、天大、地大、王亦大。域中有四大，而王居其一
> 焉。人法地，地法天，天法道，道法自然。〔註1〕

河上公注：「道無形混沌而成萬物，乃在天地之前。道通行天地，無所不入，
在陽不焦，託陰不腐，無不貫穿。道育養萬物，精氣如母之養子。遠者，窮
乎無窮，布氣天地，無所不通也。道清淨不言，陰行精氣，萬物自成也。」

此論道體之諸性。在時序上，先於天地，具最高主體性與絕對性，其規
律為「周行而不殆」，具動態義；其作用為「天下母」，具生養萬物之創生義；
其遍行於天地之間，故名為「大」，以窮乎無窮，故名為「遠」。此論「道體」
之主體義、絕對義，具生生之動能，又具無所不在天地之普遍義，可謂為最
高之價值，故天、地、人皆法道而生，而天道則是自然、自生、自成。

> 孔德之容，惟道是從。道之為物，惟恍惟惚。惚兮恍兮，其中有
> 象。恍兮惚兮，其中有物。窈兮冥兮，其中有精。其精甚真，其中
> 有信。自古及今，其名不去，以閱眾甫。吾何以知眾甫之狀哉？以
> 此。〔註2〕

河上公注：「道唯窈冥，其中有精，實神明相薄，陰陽交會也。萬物始生，從
道受氣。萬物皆得道精炁而生，動作起居，非道不然。」此論道體由無以生
有之情狀，道之為物，其中有象、有物、有精、有信，此介於無形與有形之
間「惟恍惟惚。惚兮恍兮」之情狀，老子名之為「精」。故萬物皆從道體而受
氣，萬物無不稟得道體之「精氣」在其中，是以得生。

此老子「有精說」，「精」究指何義？老子沒有詳論，除此論道體有精之
外，另云：「含德之厚，比於赤子。毒蟲不螫，猛獸不據，攫鳥不搏。骨弱筋
柔而握固。未知牝牡之合而全作，精之至也。」〔註3〕此指心性之修養，則除
道體有精以生物外，人之形體亦有精，始得以生。故「精」當為道體生物過
程中之先生之物，是以道體乃先生精，再生氣，再成形，以為天地萬物，而
天地萬物乃莫不得其精氣在其中。故《莊子・秋水》；「夫精，小之微也。」

〔註1〕 高明撰：《帛書老子校注》（北京：中華書局，1996年），頁353。
〔註2〕 同註1，頁328。
〔註3〕 同註1，頁89。

〔註4〕《管子‧內業》:「精,氣之極也。」〔註5〕是皆以「精」爲氣之精微內涵言。

> 道生一,一生二,二生三,三生萬物。萬物負陰而抱陽,沖氣以爲
> 和。〔註6〕

河上公注:「道始所生者一,一生陰與陽也。陰陽生和、氣、濁三氣,分爲天、地、人也。天地共生萬物也,天旋地化,人長養之也。萬物無不負陰而向陽,迴心而就日。萬物中皆有元氣,得以和柔,若腎中有臟,骨中有髓,草木中有空虛與氣通,故得久生也。」此爲老子之宇宙生成論。

就氣化實有而言,可謂道體生一,一者爲精,精生陰、陽二氣,二氣相沖相和,乃生天地萬物,是老子在說明道體生萬物,即由「無」以生「有」的過程,落於氣化而言,是由「精」以至「陰陽二氣」,再由「二氣相沖和」以至於萬物之成形的曲折過程。

故老子最早展現由道體之「無」,以生成萬物之「有」的過程,由「無」至「有」的中間,有「精」的推動,「陰陽二氣」的沖和,此乃「氣化」的階段,當然此「氣化」的過程屬素樸階段,至於漢初《淮南子》方將其氣化過程作細膩具體的陳述,故老子乃氣化宇宙論的奠基者,「氣化」扮演道體創生萬物,由「無」到「有」的過渡關鍵。

> 載營魄抱一,能無離乎?專氣致柔,能嬰兒乎?滌除玄覽,能無疵
> 乎?愛民治國,能無知乎?天門開闔,能無雌乎?明白四達,能無
> 爲乎?生之、畜之,生而不有,爲而不恃,長而不宰,是謂玄德。
>
> 〔註7〕

河上公注:「營魄,魂魄也。人載魂魄之上,得以生,當愛養之。人能抱一,使不離於身則長存。一者,道始所生,太和之精氣也。專守精氣使不亂,則形體能應之而柔順。」此論人受氣化以成形之內涵及修養觀,人之內涵分氣與形兩層次,精氣落於人身曰魂,氣化成形曰魄,合魂與魄乃成人身,故修養之道在無爲而守精,無爲者對形魄而言,守精者對魂氣而言。

老子開啓道家之修養論,人能使魂、魄合一,專守精氣而不失,形體致

〔註4〕〔晉〕郭象注,〔唐〕成玄英疏:《南華眞經注疏》(上)(北京:中華書局,1998 年),頁 333。

〔註5〕黎翔鳳撰,梁運華整理:《管子校注》(北京:中華書局,2006 年),頁 943。

〔註6〕高明撰:《帛書老子校注》(北京:中華書局,1996 年),頁 29。

〔註7〕同註6,頁 262。

柔，心知無知無疵，是謂玄德，此其養生之道。反之，若魂魄相離，精氣散失，好強爭名，則近死之道。此老子由「精氣說」進一步落實為「魂魄說」，成其「專氣至柔」的修養論，「專氣」在養其精魂而不亂，「至柔」在順其形魄而不爭，奠定後世道家的修養觀。

> 人之生也柔弱，其死也堅強。萬物草木之生也柔脆，其死也枯槁。
> 故堅強者死之徒，柔弱者生之徒。是以兵強則不勝，木強則兵。強
> 大處下，柔弱處上。〔註8〕

河上公注：「人生含和氣，抱精神，故柔弱也。人死和氣竭，精神亡，故堅強也。」此論人受氣以生，守氣以存，氣散則亡，而復歸於造化，此論氣化之聚散義。人受道體之精氣以生，負陰而抱陽，二氣沖和以成形，故主張守魂魄，專精氣，致柔無知以處世，所謂「含和氣，抱精神」以生。反之，「和氣竭，精神亡」則死，是精氣消散，則精神不存，人乃得死。又云：「夫物芸芸，各復歸其根」〔註9〕，是萬物終將回歸道體之根，是又歸於道體元氣之中，乃得以生生不已。

故就形體而言，氣聚則生，含養精神則能長存，氣竭神散則形體終將消散而亡，是氣化成形有其有限性；就道體而言，氣聚以成形，形體氣竭而神散，乃復歸於道體，道體之氣無消亡，惟氣化聚散之合分而已，故道體永存長生，此由氣化之聚散以表現道體之永恆作用義。

從上述可知，老子是最早建立自然義氣化論的奠基者，他提出「無」的道體觀念，展現由「無」而至「有」的創生過程，道體的內涵是以「精氣」、「陰陽二氣」為主，老子建立起以「道體」為天道主體，以「精氣」為道體內涵，以「陰陽二氣」為創生之作用，萬物皆受道體之精的催發及陰陽二氣的作用而生，成形後，人身中有魂氣與形魄之內涵，故人當保養精氣、守魂魄，致柔專一，乃得養生，反之，剛強則近死道，死後則回歸道體元氣之中，此又開創道家「專氣至柔」的修養論方向。

二、《左傳》的氣化思想：「天生六氣」

《說文》釋「气」字云：「雲气也，象形」〔註10〕，指雲起之貌。「陰

〔註8〕 高明撰：《帛書老子校注》（北京：中華書局，1996年），頁197。
〔註9〕 同註8，頁300。
〔註10〕〔漢〕許慎撰，〔清〕段玉裁注：《說文解字注》（臺北：黎明文化事業公司，1991年），頁20。

陽」二字，《尚書》與《詩經》多指天氣之陰或日之明，如頌大王之德云：「后稷之孫，實維大王；居岐之陽，實始翦商。」〔註11〕讚武王之偃兵云，「歸馬于華山之陽，放牛于桃林之野」〔註12〕，又歌召伯之勞云：「芃芃黍苗，陰雨膏之。悠悠南行，召伯勞之。」〔註13〕皆作自然義解。故《說文》釋「陰陽」二字云：「陰，雲蔽日也」〔註14〕，「陽，日出也」〔註15〕，當是「陰陽」二字的原始義，指「日之出」、「雲之蔽日」的自然現象，此時尚無氣化之說。

《國語・周語》周幽王三年，三川地震，伯陽父云：「周將亡矣，夫天地之氣，不失其序，若過其序，民之亂也，陽伏而不能出，陰迫而不能蒸，於是有地震。今三川實震，是陽失其所而鎮陰也，陽失而在陰，川源必塞。」〔註16〕此用「陰陽二氣」解釋地震的成因，是由「日之出」、「雲之蔽日」之義擴大為「天地之氣」，而為「陰陽二氣」，以「陽」當鎮「陰」為天地合理之序，「陽伏不出，陰迫不蒸」，則是天地失序，於是有地震，乃亡國之兆。此承上古天降禍福的神性天之說，但「陰陽」乃擴大為「天地之二氣」解。

《左傳》僖公十六年記載，「春，隕石于宋五，隕星也」，周內史叔興云：「（隕石）是陰陽之事，非吉凶所生也。」〔註17〕《左傳》襄公二十八年記載，春，無冰，梓慎曰：「今茲宋、鄭其饑乎！歲在星紀，而淫於玄枵。以有時菑，陰不堪陽。」〔註18〕隕石落地以陰陽錯逆，非人力所能為釋之；春無冰，則以時氣「陰不堪陽」釋之，此皆以「陰陽之序」解釋自然現象的變化，可謂承《國語・周語》伯陽父「天地陰陽之氣」說，而擴及於天文、時氣。

《左傳》昭公元年，秦醫和視晉侯疾，曰：「天有六氣，降生五味，發為五色，徵為五聲。淫生六疾。六氣曰陰、陽、風、雨、晦、明也，分為四

〔註11〕《詩經》（十三經注疏，臺北：藝文印書館，1976年），頁767。
〔註12〕《尚書》（十三經注疏，臺北：藝文印書館，1976年），頁160。
〔註13〕同註11，頁512。
〔註14〕同註10，頁580。
〔註15〕同註10，頁306。
〔註16〕〔春秋〕左丘明：《國語》（四部叢刊史部，臺北：商務印書館，1976年），頁8。
〔註17〕《左傳》（十三經注疏，臺北：藝文印書館，1976年），頁236。
〔註18〕同註17，頁1140。

時，序爲五節，過則爲菑：陰淫寒疾，陽淫熱疾，風淫末疾，雨淫腹疾，晦淫惑疾，明淫心疾。」〔註19〕杜預注：「六氣之化，分而序之，則成四時，得五行之節。」此可謂早期陰陽氣化結合五行的思想雛形，天有六氣，曰陰、陽、風、雨、晦、明，六氣成四時，得五行，進而降生五味、發五聲、徵五色，是由天之氣化以論人之聲色臭味，則「陰陽」成爲「天之六氣」之一，不僅是自然的作用力，更成爲天地創生的基本元素之一，此六氣、四時、五行、五味、五聲、五色的結構，可看出是氣化天道論下落於人倫社會的雛形理論。

《左傳》昭公二十五年，子大叔論「禮」：

> 簡子曰：「敢問，何謂禮？」（子大叔）對曰：「吉也聞諸先大夫子產曰：夫禮，天之經也，地之義也，民之行也。天地之經，而民實則之。則天之明，因地之性，生其六氣，用其五行。氣爲五味，發爲五色，章爲五聲。淫則昏亂，民失其性。是故爲禮以奉之：爲六畜、五牲、三犧，以奉五味；爲九文、六采、五章，以奉五色；爲九歌、八風、七音、六律，以奉五聲。爲君臣上下，以則地義；爲夫婦外內，以經二物；爲父子、兄弟、姑姊甥舅、婚媾姻亞，以象天明，爲政事、庸力、行務，以從四時；爲刑罰威獄，使民畏忌，以類其震曜殺戮；爲溫慈惠和，以效天之生殖長育。民有好惡、喜怒、哀樂，生于六氣，是故審則宜類，以制六志。哀有哭泣，樂有歌舞，喜有施舍，怒有戰鬥；喜生於好，怒生於惡。是故審行信令，禍福賞罰，以制死生。生，好物也；死，惡物也。好物，樂也；惡物，哀也。哀樂不失，乃能協于天地之性，是以長久。」簡子曰：「甚哉，禮之大也！」〔註20〕

孔穎達正義曰：「夫禮者天之常道，地之宜利，民之所行也。天地之有常道，人民實法則之，法則天之明道，因循地之恆性，聖人所以制作此禮也。」此昭公二十五年，子大叔論禮之言，是延續「天有六氣」之說，但已明確指出「天地之經」、「天地之性」，是天地有常道，表現出對天道之規律義與價值義的省思。此天地之道即六氣、四時、五行、五味、五聲所構成之氣化宇宙論的進一步發展。

〔註19〕《左傳》（十三經注疏，臺北：藝文印書館，1976年），頁709。
〔註20〕同註19，頁888。

　　「人道之禮」便在法「天地之道」，所謂「則天之明，因地之性」。故薦犧牲乃奉五味，爲文采以配五色，爲音律以和五聲，爲君臣上下以則地義，定父子夫婦之倫以象天明，爲政事以從四時，爲刑罰以類震曜，爲溫惠以效天之生養，是禮乃法天地之常道而生。此首論人文之禮與天道氣化之道的關係，「禮」乃法天道而制，天道爲禮之根源，禮與天在價值上作連結，是氣化論擴及於人文之禮意。

　　「生其六氣，用其五行。氣爲五味，發爲五色，章爲五聲。淫則昏亂，民失其性」，孔穎達正義曰：「上天用此五行以養人，五行之氣入人之口爲五味，發見於目爲五色，章徹於耳爲五聲，味以養口，色以養目，聲以養耳，此三者雖復用以養人，人用不得過度，過度則爲昏亂，使人失其恆性，故須爲禮以節之。」此由天之六氣以論人之耳目感官之生，即人得天之五行，乃生五味、五聲、五色之別。又「民有好惡、喜怒、哀樂，生于六氣」，此論六氣與人情之生。即人之好惡喜怒哀樂之六情，乃生於陰陽風雨晦明之六氣，此乃首論人身感官、內在人情與天之六氣之直承關係，是天與人身在氣化上作連結，在氣化上具同質性。

　　子產這一段話，具有重大的氣化意義，可謂老子自然義氣化論的進一步發展，蓋老子雖主人當法天地之道，但天道如何下落於人道，卻未詳論。由天道之六氣進而爲四時、五行、五味、五聲、六情之發，以至於人倫之禮的建立，天道與人道之密切連結，乃於子產之論中得見，故子產之論乃主氣化天道以生人道的重要思想先驅。

　　　　子產適晉，趙景子問焉，曰：「伯有猶能爲鬼乎？」子產曰：「能。人生始化曰魄，既生魄，陽曰魂。用物精多，則魂魄強，是以有精爽至於神明。匹夫匹婦強死，其魂魄猶能馮依於人，以爲淫厲，況良霄——我先君穆公之胄、子良之孫、子耳之子、敝邑之卿、從政三世矣。鄭雖無腆，抑諺曰『蕞爾國』，而三世執其政柄，其用物也弘矣，其取精也多矣，其族又大，所馮厚矣，而強死，能爲鬼，不亦宜乎！」〔註21〕

杜預注：「魄，形也。陽，神氣也。」孔穎達正義曰：「人稟五常以生，感陰陽以靈，有身體之質，名之曰形。有噓吸之動，謂之爲氣。形氣合而爲用，知力以此而彊，故得成爲人也。」此雖論鬼神之情狀，可觀氣化成形消散

〔註21〕《左傳》（十三經注疏，臺北：藝文印書館，1976年），頁764。

之論。

此論人之生成與消散，人之始生有魂魄，魄爲形質，魂曰爲形質之神氣，是以人有噓吸之動，故人乃合形與氣而成。昭公二十五年，樂祁曰：「心之精爽，是謂魂魄。魂魄去之，何以能久？」〔註22〕此以心之精爽爲魂魄，亦言人得魂魄以生，魂魄去之則將死。子產亦言：「有精爽至於神明」，可知人具神氣，乃有心之機爽，故合魂氣魄體則生，失之則死，反映春秋時代對人之形質魂氣之探討，與老子「魂魄」說相近。

故天有六氣，用其五行，合六氣、五行以成其形質曰魄，魄中有精氣神明之動曰魂，是人合魂與魄而成身，魂魄去之而死，若用物也強，所憑也厚，則魂魄強而不滅，是以爲鬼。故形氣合而爲人，形氣散而爲鬼，此由氣化之聚，以論人之材質、精神；由氣化之散，以論人之生死義。

> 夫物，物有其官，官修其方，朝夕思之。一日失職，則死及之。失官不食。官宿其業，其物乃至。若泯棄之，物乃坻伏，鬱湮不育。故有五行之官，是謂五官，實列受氏姓，封爲上公，祀爲貴神。社稷五祀，是尊是奉。木正曰句芒，火正曰祝融，金正曰蓐收，水正曰玄冥，土正曰后土。龍，水物也，水官棄矣，故龍不生得。……少皞氏有四叔，曰重、曰該、曰修、曰熙，實能金、木及水。使重爲句芒，該爲蓐收，修及熙爲玄冥，世不失職，遂濟窮桑，此其三祀也。顓頊氏有子曰犂，爲祝融；共工氏有子曰句龍，爲后土，此其二祀也。后土爲社；稷，田正也，有烈山氏之子曰柱爲稷，自夏以上祀之。周棄亦爲稷，自商以來祀之。〔註23〕

杜預注：「五官之君長，能脩其業者，死皆配食於五行之神，爲王者所尊奉。」此論「五官」、「五祀」之義。五官者五行之官，五行曰木正、火正、金正、水正、土正，正者官長，五行之官爲重、該、脩與熙、犂、句龍，此五官之長，因其功業，死後得配五神，五神者句芒、祝融、蓐收、玄冥、后土。五行者皆物也，故言「物有其官」，故「五行」之義，其原始義當指和民生相關的五種物質，各設有其主事之官長。

《尚書·洪範》云：「五行：一曰水，二曰火，三曰木，四曰金，五曰土。水曰潤下，火曰炎上，木曰曲直，金曰從革，木爰稼穡。潤下作鹹，炎上作

〔註22〕《左傳》（十三經注疏，臺北：藝文印書館，1976年），頁887。
〔註23〕同註22，頁922。

苦，曲直作酸，從革作辛，稼穡作甘。」〔註24〕此論五行爲水火木金土五物，各具潤下、炎上、曲直、從革、稼穡之五性，並由其性以論鹹、苦、酸、辛、甘之五味。

「五行」與「陰陽」本爲兩組不同的系統，「陰陽」本指「日之明暗」之自然義，後擴大解釋爲天之六氣之一，爲宇宙氣化的內涵與作用。「五行」在先秦其義多指五種基本物質，並擴及於五性、五味，多指具體之物性。「陰陽」與「五行」在春秋時期看不出彼此的關連性，可謂是各自發展的不同系統。

《左傳》「天有六氣」之說，乃屬自然義的氣化宇宙論，乃指陰、陽、風、雨、晦、明六者，可說是在老子「陰陽」二氣基礎上擴充而成，但《左傳》之氣化宇宙論，將「六氣」又比附五味、五聲、五行及人之喜怒哀樂六情，將天道如何創生人道，作較爲具體的展現，同時亦將儒家禮樂之道，溯其根源義於天地之道，乃氣化義的禮樂思想先驅。

第二節　戰國時期的氣論思想

戰國時期的氣論思想呈現出多元的風貌，道家方面：莊子承老子氣化宇宙論雛形，進一步提出天道氣化的演化模型，另有「心齋說」與「精神說」的心性論主張。儒家方面：孟子吸收氣化思想而提「浩然之氣」，荀子雖主天人分職，但並不否認天道爲氣化運行的模式，並由「天道氣化」與「同氣相感」而提出「化性起僞」之說。《易傳》則另建立一套以卦爻爲詮釋符號的氣論模型，而主法天地之德與天人合德的主張。其他諸子氣論主張有：鄒衍始將陰陽氣化與五行之德做結合，而提「五德轉移說」；《管子》結合陰陽、四時、五行與政治論，而倡「刑德說」；《呂氏春秋》則將氣論思想在政治論上全面的落實，而提出「圜道說」的政治主張。

一、《莊子》：「心齋」與「精神」說

《莊子》全書的氣化思想，在氣化宇宙論方面：將老子氣化宇宙論的雛形，更有系統的論述：道體本無形無生，進而有氣，氣而凝結成形，形與形乃復有生，形氣消散乃死，回歸於元氣，成爲完整氣化過程的理論模型。在

〔註24〕《尚書》（十三經注疏1，臺北：藝文印書館，1976年），頁169。

心性修養論方面，《莊子》全書的成就較大，內篇提出「心齋說」，「無聽之以耳」、「無聽之以心」，當「聽之以氣」的心性修養論。外、雜篇中，更提出「純素之道」的「精神說」，將「神」下落於心性修養論，豐富氣論思想心性論的內涵。

（一）內篇的氣化思想：「心齋」說

莊子〈內篇〉的氣化思想，其特色在心性論方面，即吸收老子的天道氣化觀，並向心性之修養論方面深化，而提出所謂「心齋」之說，並提出「神」之境界。在內篇中沒有將氣化與陰陽、五行結合之說，可見其尚為初期的氣化論階段。《莊子》〈內篇〉的氣化思想較單純，有承於《左傳》「六氣」說者，也有在天道論上，氣化成物的觀念。但值得注意者，莊子將氣化思想有轉向心性修養方面的趨向。此氣化的心性論部分，在〈外篇〉中取得很大的成就，成為《莊子》在氣化思想發展中的特色。

〈大宗師〉云：「夫道，有情有信，無為無形；可傳而不可受，可得而不可見。自本自根，未有天地，自古以固存；神鬼神帝，生天生地；在太極之先而不為高，在六極之下而不為深，先天地生而不為久，長於上古而不為老。」〔註25〕此承老子「有物混成，先天地生」之天道義，言道之無所不在，先天先地，具絕對性與普遍性。又云：「夫大塊載我以形，勞我以生，佚我以老，息我以死。」〔註26〕成玄英疏：「大塊，自然也。夫形是構造之物，生是誕育之始，老是耆艾之年，死是氣散之日。」則天道載我以形，生我以勞，佚我以老，息我以死，是天道造物以生老病死，此乃自然之氣化，成物之生老病死之狀。

〈逍遙遊〉論「至人」云：「若夫乘天地之正，而御六氣之辯，以遊無窮者，彼且惡乎待哉！」〔註27〕郭象注：「御六氣之辯者，即是遊變化之塗也。」言至人順萬物之性，應六氣變化之殊塗，無不可遊，何必有待而行？此言至人御「六氣」以遊。在《莊子·在宥》亦云：「天氣不和，地氣鬱結，六氣不調，四時不節。今我願合六氣之精以育群生。」〔註28〕郭象注：「陰陽風雨晦

〔註25〕〔晉〕郭象注，〔唐〕成玄英疏：《南華真經注疏》（上）（北京：中華書局，1998 年），頁 145。

〔註26〕同註 25，頁 143。

〔註27〕同註 25，頁 9。

〔註28〕同註 25，頁 222。

明，此六氣也。」此皆承《左傳》「六氣說」而來，以六氣爲天地的內容。

〈大宗師〉云：「彼方且與造物者爲人，遊乎天地之一氣。」〔註29〕上述云：「御六氣之辯」，此云：「遊乎天地之一氣」，是莊子雖以天地爲氣化內容，但主體不在天道，而在人之體道以遊。因此莊子〈內篇〉多闡釋心性論之上達天道之氣化方面。

> 汝遊心於淡，合氣於漠，順物自然而無容私焉，而天下治矣。〔註30〕

成玄英疏：「可遊汝心神於恬淡之域，合汝形氣於寂寞之鄉，唯形與神，二者虛靜。如是則天下不待治而自化者耳。」寡欲恬淡乃得心神遊於天地，合形氣於造化之自然，乃至公無私，則天下不待治而自化。此乃論心性論之修養，恬淡以養心神，順造化以養形氣，合形與神之虛靜，以順性而養生，此乃承老子「專氣至柔」之修養論而來，但強調在「遊」，遊於造化之氣，由「形氣」以上達於「造化之氣」，是氣化思想落實在具體修養上的發展，乃開創「心齋」之說。

> 回曰：「敢問心齋。」仲尼曰：「若一志，無聽之以耳而聽之以心，
> 無聽之以心而聽之以氣！聽止於耳，心止於符。氣也者，虛而待物
> 者也。唯道集虛。虛者，心齋也。」〔註31〕

郭象注：「遺耳目，去心意，而符氣性之自得，此虛以待物者也。」又云：「虛其心，則至道集於懷也。」成玄英疏：「心有知覺，猶起攀緣，氣無情慮，虛柔任物。故去彼知覺，取此虛柔，遺之又遺，漸階玄妙也。」又云：「如氣柔弱，虛空其心，寂泊忘懷，方能應物。」

「心齋」之說乃莊子論心性之修養，分作三層次而言：「聽之以耳」者感官之能，乃逐物之聲，則受制之物也。「聽之以心」者，不受萬物之惑，而唯聽之以己心，乃保有自我之意識，但心猶有所感而生，是猶有所待。不若「聽之以氣」者，則超越形體自我之意識，而以造化之天道爲依歸，心須去耳目，遺心意，唯順氣性之行，以通於造化之元氣，心得如此則曰「心齋」，此時小我之形氣，與天地流行之一氣相通而無間，是莊子心性論的最高修養。

「心齋」之說，可謂莊子將老子氣化宇宙論漸轉向爲氣化修養論。老子演繹天道之創生，由無生有的過程中，以精氣爲端始，以陰陽二氣相沖和，

〔註29〕〔晉〕郭象注，〔唐〕成玄英疏：《南華眞經注疏》（上）（北京：中華書局，1998 年），頁 156。
〔註30〕同註 29，頁 172。
〔註31〕同註 29，頁 82。

以生成萬物，以為道家氣化宇宙論的雛形。莊子則在此基礎上，言人受氣於天道以生，當由後天的修養，超越形物的侷限，勿聽之以耳，勿聽之以心，當使心聽之以氣，使心虛而無滯於物，使至道得集於心懷，開創了道家修養論之大勢，是以「氣」連結天與人，使天人在「氣」之本質上合一。

由「心齋」之修養論，莊子進而言「神」之義，「神」之境界即「心齋」之落實。〈養生主〉「庖丁解牛」之喻，庖丁云：

> 臣以神遇而不以目視，官知止而神欲行。依乎天理，批大卻，導大窾，因其固然。〔註32〕

郭象注：「闇與理會。司察之官廢，縱心而順理。」成玄英疏：「合陰陽之妙數，率精神以會理，豈假目以看之！既而神遇，不用目視，故眼等主司悉皆停廢，從心所欲，順理而行。」

「心齋」中「無聽之以耳」、「無聽之以心」，「聽之以氣」的三層次，在「庖丁解牛」中化作具體之技藝之階段：「始臣之解牛之時，所見無非全牛」正是「聽之以耳」的耳目感官之境；「三年之後，未嘗見全牛也」則是「聽之以心」的獨見之境；「方今之時，臣以神遇而不以目視」則是「聽之以氣」的「神」之境。所謂「神」為「闇與理會」，「從心所欲，順理而行」者，此「神」者，乃順心之理，順形物之理，更順天道氣化之理，故庖丁得游刃而有餘地矣。

上古崇高的「人格神」義，在莊子中下落為逍遙自得的「神人」，「神」更轉化為人之修養與天道合一，個體之形氣與天道之氣化相通的專一狀態，即《莊子・達生》所謂「用志不分，乃凝於神」〔註33〕之狀態，此乃莊子對「神」義的轉化與新義。

論莊子〈內篇〉的氣化思想，有《左傳》「六氣說」的影響，也有老子陰陽氣化之說，莊子的氣化特色是在心性論方面，即吸收老子的天道氣化觀，並向心性之修養論方面作深化，而提出所謂「心齋」之說，「心齋說」乃論形氣與造化之氣相合的境界，而提出「無聽之以耳」、「無聽之以心」，「聽之以氣」的三層次，逐步放下感官、知見、最後以神會之境，此「神」之境界，乃由天道之創生義，落實到現實面而言人道修養與氣化天道之契合義，乃上

〔註32〕〔晉〕郭象注，〔唐〕成玄英疏：《南華真經注疏》（上）（北京：中華書局，1998年），頁68。
〔註33〕同註32，頁165。

古「神」義的新詮釋。此外，內篇中沒有將氣化與陰陽、五行結合之說，可見其尚爲戰國早期的氣化論階段。

（二）外、雜篇的氣化論：「精神說」

外、雜篇的氣化思想，可謂是承老子與莊子的氣化思想的發展，承老子者，爲氣化宇宙論方面；承莊子者，爲心性修養論方面。

> 察其始而本無生，非徒無生也而本無形，非徒無形也而本無氣。雜乎芒芴之間，變而有氣，氣變而有形，形變而有生，今又變而之死，是相與爲春秋冬夏四時行也。人且偃然寢於巨室，而我噭噭然隨而哭之，自以爲不通乎命，故止也。」〔註34〕

成玄英疏：「大道在恍惚之內，造化芒昧之中，和雜清濁，變成陰陽二氣，二氣凝結，變而有形，形既成就，變而生育，且從無出有，變而爲生，自有還無，變而爲死，而生來死往，變化循環，亦猶春秋冬夏，四時代序。」

此承老子「道生一，一生二，二生三，三生萬物」〔註35〕之說而衍申，是大道本無生無形無氣，芒昧之中而生氣，氣有陰陽，清濁相雜相沖，凝而爲形，是由無而有，形而有生，生而有死，死後消散，又復有生，是形氣之生死循環不息，如春夏秋冬之時運不已。故老、莊面對生死，乃由天道氣化聚散論，〈知北遊〉云：「人之生，氣之聚也；聚則爲生，散則爲死。若死生爲徒，吾又何患！」〔註36〕成玄英疏：「夫氣聚爲生，氣散爲死，聚散雖異，爲氣則同。」由形氣論，則有死生之悲；由氣化論，則唯氣之聚散，一氣則同，是無死生也。是曰「通天下一氣耳」（〈知北遊〉）。〔註37〕

《莊子‧至樂》將老子抽象式地道體創生萬物的過程，建立具體的展現模式，始爲道體→無生→無形→無氣→有氣→有形→有生→有死的自然義的氣化宇宙生成論，此乃老子氣化宇宙論思想的進展。

> 孔子問於老聃曰：「今日晏閒，敢問至道。」老聃曰：「汝齊戒，疏瀹而心，澡雪而精神，掊擊而知！夫道，窅然難言哉！將爲汝言其崖略。夫昭昭生於冥冥，有倫生於無形，精神生於道，形本生於精，

〔註34〕〔晉〕郭象注，〔唐〕成玄英疏：《南華眞經注疏》（下）（北京：中華書局，1998年），頁359。
〔註35〕高明撰：《帛書老子校注》（北京：中華書局，1996年），頁29。
〔註36〕同註34，頁421。
〔註37〕同註34，頁422。

　　而萬物以形相生，故九竅者胎生，八竅者卵生。」〔註38〕

成玄英疏：「夫昭明顯著之物，生於窅冥之中，人倫有為之事，生於無形之內，精智神識之心，生於重玄之道，有形質氣之類，根本生於精微。」

　　此論道由無形以生有形，形中有精神、形質之類，精神即精智神識之心，此精神為道之所生，而形質又由精神而來。故道的內涵有精神，精神者氣之精微者，精神再由氣以凝為形質，是以精神亦內在於形質之中，而為精智神識之心，故人之成形，乃合內在之精神與外在之形質而成。

　　此承老子「道之為物，惟恍惟惚。惚兮恍兮，其中有象。恍兮惚兮，其中有物。窈兮冥兮，其中有精。其精甚真，其中有信。」〔註39〕之說，乃由氣化宇宙論向心性說的發展。此「精」在道體之中，精氣為陰陽二氣之精微者，使陰陽二氣得相沖和以為形物，此精氣亦內在於形物之中，而為精智神識之心，故人有感官之形質，亦有精智神識之心。是「氣」為道體與人之形質之同體者，「精」則為道體與人之心神之同源者。

　　　棄事則形不勞，遺生則精不虧。夫形全精復，與天為一。天地者，
　　　萬物之父母也，合則成體，散則成始。形精不虧，是謂能移；精而
　　　又精，反以相天。〔註40〕

成玄英疏：「夫形全不擾，故能保全天命，精固不虧，所以復本還原，形神全固，故與玄天之德為一。」又曰：「夫陰陽混合，則成體質，氣息離散，則反於未生之始。」

　　此論「精神說」的修養論，人乃合「形」與「精」而成，故修養論當修「形」之全，養「精」之完，養形在不勞其身，所謂「形勞而不休則弊」，養精在固精不虧，所謂「精用而不已則勞」，因此「形神全固，故與玄天之德為一」，此與「天德為一」之境，名之曰「神」。

　　「形勞而不休則弊，精用而不已則勞，勞則竭。水之性，不雜則清，莫動則平，鬱閉而不流，亦不能清，天德之象也。故曰純粹而不雜，靜一而不變，惔而無為，動而以天行，此養神之道也。」（刻意）〔註41〕成玄英疏：「夫

〔註38〕〔晉〕郭象注，〔唐〕成玄英疏：《南華真經注疏》（下）（北京：中華書局，1998年），頁425。

〔註39〕高明撰：《帛書老子校注》（北京：中華書局，1996年），頁328。

〔註40〕〔晉〕郭象注，〔唐〕成玄英疏：《南華真經注疏》（下）（北京：中華書局，1998年），頁368。

〔註41〕同註40，頁316。

形體精神，稟之有限，而役用無涯，必之死地。故分外勞形，不知休息，則困弊斯生，精神逐物而不知止，必當勞損，損則精氣枯竭矣。」又曰：「聖人心靈皎潔，鑑照無私，法象自然，與玄天合德。」

「精神」說，可看作是繼莊子內篇「心齋」說之後的發展，「心齋」強調要超越耳目感官之知，超越心知之能，而「聽之以氣」，以氣化之道為依，所謂「官知止而神欲行」者。外、雜篇則提出「精神說」，不勞其身，不竭其精，守靜如照，純粹不雜，不受耳目、心知之擾，而上達天道氣化之道，是以感物而動，應而無心，同於天道之運，是曰「天行」。

> 純素之道，唯神是守；守而勿失，與神為一；一之精通，合於天倫。
> 野語有之曰：「眾人重利，廉士重名，賢人尚志，聖人貴精。」故素也者，謂其無所與雜也；純也者，謂其不虧其神也。能體純素，謂之真人。〔註42〕

成玄英疏：「純精素質之道，唯在守神。守神不喪，則精神凝靜，既而形同枯木，心若死灰，物我兩忘，身神為一也」，又云：「既與神為一，非守神也；不虧其精，非貴精也。」

此論真人之守，正是「心齋」的具體呈現，就其內涵而言，為「守神之道」。守神乃精神與形體的凝靜，所謂「形同枯木，心若死灰，物我兩忘，身神為一」之境，乃超越感官、心知，而能與天地之一氣相通之狀態，是能超越物我之別、心知之雜，而能「一與精通，合於天倫」，此曰「神」。此「神」為心性修養義，人能上達此天人相通之狀態，乃不受外物之束縛，而能「獨與天地精神往來，而不敖倪於萬物」〔註43〕便曰「神人」、「至人」。此「神人」、「至人」非天上之異類，乃人之心性修養之有成者而言。

因此「精神說」可謂是外、雜篇，在莊子「心齋說」的繼續發展，也為氣化思想的心性論作深化，影響後世如〈管子〉與〈淮南子〉等著作。此外，上古人格神的「神」義，在《莊子》一書中，更下落為心性修養義之「精神」，也成為心性境界義的「神人」、「至人」一詞，此亦上古鬼神信仰的逐漸演變，道家導向於較理性的方向。

《莊子》全書的氣化思想，在氣化宇宙論方面：將老子氣化宇宙論的雛

〔註42〕〔晉〕郭象注，〔唐〕成玄英疏：《南華真經注疏》（下）（北京：中華書局，1998年），頁318。
〔註43〕同註42，頁617。

形，更明確的發展：道體本無形無生，進而有氣，氣而凝結成形，形與形乃復有生，形氣消散乃死，回歸於元氣，成爲較完整氣化萬物的理論模型。在心性修養論方面，《莊子》全書的成就較大，內篇提出「心齋說」，「無聽之以耳」、「無聽之以心」，當「聽之以氣」的心性修養論。在外、雜篇中，更提出「純素之道」的「精神說」，將「神」下落於心性修養論，豐富氣化心性論的內涵。

二、《孟子》：形氣的道德義「浩然之氣」

孟子言氣甚少，但有受「氣」觀念的影響，而倡所謂「浩然之氣」。「浩然之氣」乃道德之氣，可視爲儒家吸收「氣」的觀念，發展出富儒家特色之氣化修養論。

> 夫志，氣之帥也；氣，體之充也。夫志至焉，氣次焉。故曰：持其志，無暴其氣。」「既曰『志至焉，氣次焉』，又曰『持其志，無暴其氣』者，何也？」曰：「志壹則動氣；氣壹則動志也。今夫蹶者趨者是氣也而反動其心。」〔註44〕

趙歧注：「志，心之所念慮也。氣，所以充滿形體爲喜怒也。志，帥氣而行之，度其可否也。」「何謂志？」孟子云：「仁義而已矣。」〔註45〕故此心之所念慮之志，乃指仁義之心。氣，對心而言，則指形氣之力。故仁義之心當爲氣之將帥，以心帥氣而行仁義之事，故曰「志至焉，氣次焉」，此強調以仁義之心爲存主，而以氣爲從。

朱熹集註：「志固心之所之，而爲氣之將帥，然氣亦人之所以充滿於身，而爲志之卒徒也。故志固爲至極，而氣即次之。人固當敬守其志，然亦不可不致養其氣，蓋其內外本末，交相培養。」〔註46〕朱註承上義，以志爲帥，以氣爲徒，但言人雖當固守其志，亦不可不致養其氣，是「守志」與「養氣」當內外交養，乃得本末相善。

孔子有「血氣」之說〔註47〕，卻無氣化思想。孟子始受氣化思想影響，

〔註44〕 《孟子・公孫丑章句上》（十三經注疏 8，臺北：藝文印書館，1976 年），頁54。

〔註45〕 〔宋〕朱熹：〈孟子集注〉卷三，《四書章句集注》（北京：中華書局，1995年四版），頁 240。

〔註46〕 〔宋〕朱熹：〈孟子集注〉卷三，《四書章句集注》（北京：中華書局，1995年四版），頁 230。

〔註47〕 孔子曰：「君子有三戒：少之時，血氣未定，戒之在色；及其壯也，血氣方剛，

乃言「氣，體之充也」，是接受人之身體乃形氣組成之說。但孟子所重不在「氣」，而在「志」，志以帥氣，是以道德心來主導體氣之行，以爲仁義之事。是孟子將「氣」納入其道德的心性論中，成爲實踐道德的材質義，更進而倡「浩然之氣」說。

> （孟子）曰：「我知言，我善養吾浩然之氣。」「敢問何謂浩然之氣？」
> 曰：「難言也。其爲氣也至大至剛，以直養而無害，則塞于天地之間。
> 其爲氣也配義與道，無是餒也。是集義所生者，非義襲而取之也。
> 行有不慊於心則餒矣。我故曰：告子未嘗知義。以其外之也。必有
> 事焉而勿正，心勿忘，勿助長也。〔註48〕

趙歧注：「至大至剛，正直之氣也。然而貫洞纖微，治於神明，故言之難也。養之以義，不以邪事干害之，則可使滋蔓，塞滿天地之間，布旅德教，無窮極也。」又云：「此氣與道義相配偶俱行，義謂仁義，可以立德之本也。道謂陰陽大道，無形而生有形，舒之彌六合，卷之不盈握，包絡天地，稟授群生者也。言能養道氣而行義理，常以充滿五臟。」又云：「此浩然之氣，與義雜生，從內而出，人生受氣所自有者。」

此論浩然之氣，其根源即爲天地至大至剛之正氣，充塞於天地之間，具普遍義。其次，此浩然之氣內涵爲道義，乃爲道德之氣，此道德之氣既充塞於天地，亦內在於人身之中，乃人稟道氣而自有，非外在得之。人當養浩然之氣，當人行仁義之事，此氣自生，集義而行，此氣滋蔓以至於天地，惟行不義之事，則此氣餒矣。

朱熹集註：「至大初無限量，至剛不可屈撓。蓋天地之正氣，而人得以生者，其體段本如是，惟其自反而縮，則得其所養，而又無所作爲以害之，則其本體不虧，而充塞無間矣。」又曰：「義者，人心之裁制。道者，天理之自然。餒，飢乏而氣不充體也。言人能養成此氣，則其氣合乎道義而爲之助，使其行之勇決，無所疑憚。若無此氣，則其一時所爲，雖未必不出於道義，然其體有所不充，則亦不免於疑懼，而不足以有爲矣。」〔註49〕

戒之在鬥；及其老也，血氣既衰，戒之在得。」《論語・季氏》（十三經注疏，臺北：藝文印書館，1976年），頁149。
〔註48〕《孟子・公孫丑章句上》（十三經注疏8，臺北：藝文印書館，1976年），頁54。
〔註49〕〔宋〕朱熹：〈孟子集注〉卷三，《四書章句集注》（北京：中華書局，1995年四版），頁231。

朱子註強調養浩然之氣的重要，以此氣爲天地之正氣，人得之以生者，其養氣之要在「自反而縮」，自反而無所愧於心，無所愧於仁義，則此氣自養而爲仁義之助，反之則害氣，而得有虧。

「浩然之氣」可謂孟子吸收氣化思想的消化，在天道論方面，浩然之氣充塞於天地，與道爲體，人物稟此道氣以生，是此氣具本體義與創生義。其次，浩然之氣爲天地之正氣，其內涵爲仁義，是此浩然之氣非道家之自然義，而具儒家之道德義。在心性論方面，此「浩然之氣」內在於人身之中，爲吾人之本質，但配仁義俱行，是以養浩然之氣，乃在於集義而行，多行仁義以積，藉由道德之實踐，此氣自滋蔓充塞吾體，乃生「雖千萬人吾往矣」的道德勇氣。但一行不義之事，則此氣即餒消不生，是此氣之養成，須道德實踐之持續、積累，時時戒慎，乃得不失。

> 君子所性，仁義禮智根於心。其生色也，睟然見於面、盎於背。施
> 於四體，四體不言而喻。〔註50〕

趙岐注：「四者根生於心，色見於面。睟然，潤澤之貌。盎，視其背而可知，其背盎盎然盛。流於四體，四體有匡國之綱。口不言，人以曉喻而知之也。」

此雖論仁義禮智四端之善性根生於心，乃孟子「性善說」的重要理據，但孟子似更強調善性之發見於外之氣象，由面以見其潤澤之色，由後以觀其盎然之背，由仁義禮智之心充塞於四體，乃生不言而使人曉喻之象，此乃聖人之氣象。故朱熹註云：「蓋氣質清明，無物欲之累，則性之四德根本於心，其積之盛，則發而著見於外者，不待言而無不順也。」〔註51〕故此「睟然見於面、盎於背。施於四體」之氣象，可謂是「浩然之氣」在人身的養成與德化，是孟子論形氣在道德實踐過程中的道德化。

故「浩然之氣」在孟子思想中，實與「性善說」相輔相成。蓋「性善說」強調仁義禮智乃根於人性之四端，是以人心之四端爲性善之理據，訴之於經驗與同理心之感受。「浩然之氣」則在形質上爲「性善說」之理據，人與萬物皆受天地之正氣以生，此「浩然之氣」當內在於吾人之形質之中，而爲吾性之本有。「性善」說強調當存養擴充吾心之四端，「浩然之氣」則強調要集義而行，是皆重道德之實踐功夫。是以「性善」說與「浩然之氣」說在孟子理

〔註50〕《孟子・盡心章句上》（十三經注疏 8，臺北：藝文印書館，1976 年），頁
233。

〔註51〕〔宋〕朱熹：〈孟子集注・盡心上〉卷十三，《四書章句集注》（北京：中華書
局，1995 年四版），頁 355。

論上，一主心性之感受，一主形氣之必然，相輔相成而皆重其道德之實踐。

黃俊傑先生論孟子「浩然之氣」云：

> 「浩然之氣說」在中國思想史上的地位，是具有關鍵性的轉變，因
> 爲自古來「六氣說」的傳統，雖然均在不自覺中強調了天人合一的
> 觀念，但不管是陰陽家、神仙家或兵家，他們儘管從不同的方向賦
> 予「天人合一」觀念以新風貌，但不可避免地，他們均將「氣」定
> 位在自然性質的展現而已……這樣的「氣」論所造成的危機即是人
> 將被「物化」。所以從這樣的思想史的發展看來，孟子「浩然之氣」
> 的提出，實在具有關鍵性的地位。孟子提出生理性的「氣」是接受
> 理性的「心」之指導，所以「氣」的內涵已經由自然意義的舊說中
> 跳出，轉化爲具有德性內涵的人文意義。也在這種人文意義的架構
> 下，孟子揭發了人的「德性主體」的重要性。〔註52〕

黃氏由氣論思想的演變上，論孟子「浩然之氣」的重要意義，在於跳脫傳統
「六氣說」的自然義，而賦予「氣」以道德意義，在集義、擴充的道德實踐
中，使自然義的形氣，轉化爲道德義的「浩然之氣」，凸顯人文德性的主體性，
誠具重要意義。

孟子的「浩然之氣」說，在氣論思想上的意義，是賦予氣化的道德意義，
扭轉自老子以來論氣化的自然義特色，而提出富儒家特色的氣化道德義主
張。其次，孟子「浩然之氣」也提到道德實踐中，對吾人形質的道德化影響，
故論道德不只是心性本體的問題，也關係到身體的力行與道德化，而這來自
於「集義」的累積，可以說「性善說」與「浩然之氣」是孟子論道德實踐的
內外兩面，「性善說」爲內在心性的存養擴充之理據，「浩然之氣」爲外在形
氣的集義之道德化，故「性善」結合「浩然之氣」方爲內在與外在合一之道
德主體人。

三、《荀子》的氣化修養論：「化性起僞」

荀子承《左傳》「六氣說」，其論「氣」主張自然義，天道本陰陽氣化運
行，萬物爲氣化所生而具形，惟人得形氣又能知義，故最爲貴。天有天之職，
人有人之分，人之分乃在「化性起僞」。因人順氣性而行，則不能不爭，故聖
人制禮樂法度，以治氣養心，以成變化氣質之功，以達至「化性起僞」之人

〔註52〕黃俊傑：《孟子》（臺北：東大圖書公司，1993 年），頁 67。

道價值。

（一）人有氣、有生、有知、有義

荀子合氣化與義理二面，以論人物之形質內涵，有陰陽之氣、有生、有知、有義乃決定水火、草木、禽獸、人之區別，人四者皆具備，故人在氣化組成上最完整。至於人與禽獸的區別，不在氣化的內涵，而在義理面的區分，人能知仁義禮智之道，而禽獸則無義，此在先天義上區分人與禽獸的不同。

> 列星隨旋，日月遞炤，四時代御，陰陽大化，風雨博施，萬物各得其和以生，各得其養以成，不見其事，而見其功，夫是之謂神。皆知其所以成，莫知其無形，夫是之謂天功。唯聖人為不求知天。天職既立，天功既成，形具而神生。好惡、喜怒、哀樂臧焉，夫是之謂天情；耳、目、鼻、口、形，能各有接而不相能也，夫是之謂天官；心居中虛，以治五官，夫是之謂天君；財非其類以養其類，夫是之謂天養；順其類者謂之福，逆其類者謂之禍，夫是之謂天政。暗其天君，亂其天官，棄其天養，逆其天政，背其天情，以喪天功，夫是之謂大凶。聖人清其天君，正其天官，備其天養，順其天政，養其天情，以全其天功。如是，則知其所為，知其所不為矣，則天地官而萬物役矣。其行曲治，其養曲適，其生不傷，夫是之謂知天。〔註53〕

楊倞注：「其所自修政之政，曲盡其治；其所養人之術，曲盡其適；其生長萬物，無所傷害，是謂知天也。言明於人事，則知天物，其要則曲盡也。」

此論荀子之天人職分，天有天之職，天職的內涵為日月星辰之行、四時陰陽風雨博施之化，萬物得其以生養，天職者「不見其事而見其功」、「知惟神而不可測其所以成，莫知其無形」是曰「神」。天有天之職分，故聖人不求知天。此可見荀子對天道的看法，是受到《左傳》「六氣說」的影響，主氣化自然義。

天之生人，所謂「形具而神生」，人之內涵有「天情」、「天官」、「天君」，「天情」者好惡喜怒哀樂之情，「天官」者耳目鼻口感官之能，「天君」者心治五官為之主，此為天功之所成，為人之所受於天者。

人之職分者，「清其天君，正其天官，備其天養，順其天政，養其天情，以全其天功。」天之所司，人不能知，人之所能者，乃稟天之所授，以行其正，以養其生。故清明其心君而不昏亂，不使天官逐於聲色之過，不使天情

〔註53〕〔清〕王先謙：《荀子集解·天論》（北京：中華書局，1981 年），頁 309。

發而過節，則可以任天地役萬物而無窮，此爲人之職分。

荀子的氣化思想，在天道上主自然之氣化論，人物皆爲天道氣化之所生，此爲天職天功之成。與道家氣化宇宙論主張不同者，是荀子不以天道氣化之規律，作爲人文價值的本體，或以之爲人文秩序的規範，或主張人當法天地氣化之則。他承認天道有氣化，人物來自於天地氣化之所生，但人惟不求知天，便割裂了天與人之間的必然性。天有天之職分，人則有人之職分，人沒有必要效法天道，人道有人道的秩序與規範，此有待於人之所爲。

> 水火有氣而無生，草木有生而無知，禽獸有知而無義，人有氣、有生、有知，亦且有義，故最爲天下貴也。力不若牛，走不若馬，而牛馬爲用，何也？曰：人能群，彼不能群也。人何以能群？曰：分。分何以能行？曰：義。故義以分則和，和則一。〔註54〕

此論水火、草木、禽獸、人之分際，水火有氣無生，草木有氣有生而無知覺，禽獸有氣有生有知覺而不知禮義，惟人有氣有生有知而知義，故人最爲貴。人之爲貴在於知「群」、「分」。能「群」，故力不若牛馬，而能合作勝於牛馬；能「分」，故知分際而不爭，乃因知「義」。故人之爲貴在於知「群」、「分」，知禮義規範。

由氣化論，則天功之生物有所別，水火得其氣形而不能自生，草木具氣形而有生，卻無感官之能；禽獸得血氣以有生，並具感官之能而得視聽飛走，但無心以明理，惟知食息；人之爲貴，得血氣以有生，具感官以視聽言動，知聲色之美，有心之君以治五官，以明禮義，故得補天功之不足，以任天地、役萬物，使物各遂其生養。

此由氣化與義理兩面，論人物之形質內涵，有陰陽之氣、有生、有知、有義乃決定水火、草木、禽獸、人之區別，人四者皆具備，故人在氣化組成上最完整。至於人與禽獸的區別，不在氣化的內涵，而在義理面的區分，人能知仁義禮智之道，而禽獸則無義，此在先天上區分人與禽獸的不同。孟子也論人禽之辨，其云：「人之所以異於禽獸者幾希，庶民去之，君子存之。舜明於庶物，察於人倫；由仁義行，非行仁義也。」〔註55〕此可以說在後天義理的實踐上，從人群中再析分君子與庶人，君子由仁義行，庶民若無仁義，

〔註54〕〔清〕王先謙：《荀子集解·天論》（北京：中華書局，1981 年），頁 164。
〔註55〕《孟子·離婁章句下》（十三經注疏 8，臺北：藝文印書館，1976 年），頁 145。

是亦爲禽獸。

故荀子論氣化以成形，在先天上，人與禽獸之內涵即不同，是以在後天上，人之所當爲者，乃在明禮義之群分，否則即如禽獸之爭鬥不休。

> 性者，本始材朴也；僞者，文理隆盛也。無性則僞之無所加，無僞則性不能自美。性僞合，然後聖人之名，一天下之功於是就也。故曰天地合而萬物生，陰陽接而變化起，性僞合而天下治。天能生物，不能辨物也，地能載人，不能治人也；宇中萬物生人之屬，待聖人然後分也。〔註56〕

〈正名篇〉云：「生之所以然者謂之性；性之和所生，精合感應，不事而自然謂之性。性之好惡喜怒哀樂謂之情。情然而心爲之擇謂之慮，心慮而能爲之動謂之僞。慮積焉，能習焉，而後成謂之僞。」〔註57〕楊倞注：「和，陰陽沖和氣也。言人之性，和氣所生，精合感應，不使而自然。言其天性如此也。精合，謂若耳目之精靈與見聞之物合也。感應，謂外物感心而來應也。」又注：「心雖能動，亦在積久習學，然後能矯其本性也。」

人受陰陽和氣以生，稟耳目之精，心受見聞則能感物而動，乃生之自然曰性，性之喜怒哀樂之發曰情，此乃天性。人若順天性而發則不能不爭，是天下不能不亂。聖人乃制禮樂法度，以治人性，以節人情之發，故心須積久習學，以明禮義之道，此曰「僞」。此乃荀子「性惡論」之理據，「性」爲生之所以然，爲氣化所生，性本質素，情之發而過爭，故曰「惡」。「僞」爲後天之禮樂法度，所謂「文理隆盛」也，禮樂法度必建立於人之氣性上，乃有本之則；人之氣性亦須禮樂法度之規範，乃眞適得其性者。

故「禮樂」雖爲外在之規範，而未嘗無氣性之本質在其中。故曰「性僞合」，先天之氣性不能抹滅，後天禮樂之僞不可或缺，是合「先天」與「後天」，合「性」與「僞」，合「氣」與「義」，乃合「天功」與「人職」，此又曰「化性起僞」。

（二）化性起僞

荀子何以認爲「性惡」而可爲善？其關鍵在於「化」。既是天之所予，何以能「化」？因爲天地氣化本變化不已，其曰「天地合而萬物生，陰陽接而變化起」，天地正是陰陽二氣沖和變化而生，此天道氣化思想，亦成爲心性論

〔註56〕〔清〕王先謙：《荀子集解・禮論》（北京：中華書局，1981年），頁366。
〔註57〕同註56，頁412。

修養的基礎，天道貴於變化，人性自然可以「教化」而成，其云：「性也者，吾所不能爲也，然而可化也。」〔註58〕可知此氣化思想在荀子修養論「化性起偽」中，是重要的理論基礎。

> 聖人化性而起偽，偽起而生禮義，禮義生而制法度；然則禮義法度者，是聖人之所生也。故聖人之所以同於眾，其不異於眾者，性也；所以異而過眾者，偽也。夫好利而欲得者，此人之情性也。假之人有弟兄資財而分者，且順情性，好利而欲得，若是，則兄弟相拂奪矣；且化禮義之文理，若是，則讓乎國人矣。故順情性則弟兄爭矣，化禮義則讓乎國人矣。〔註59〕

楊倞注：「言聖人能變化本性而興起矯偽也。」此論聖人之功，聖人感氣性之過而無節，爲世亂之源，故制禮義法度，以人爲之「偽」而行之，以爲群分之則，聖人與眾人皆受天之氣性之以生，此則爲「同」；然聖人積學成德，乃知氣性之過，乃制禮義之偽，此則聖人與眾人之異者。此論聖人與眾人之同異，乃知「性」與「偽」之同異，蓋「性」與「偽」皆本於人之氣性，惟「偽」乃「性」之有節、合理之則也。故人順情性，則兄弟相拂奪；若化性以知禮義之文理，則國人相讓，故「偽」者乃「性」之化也。

〈性惡篇〉云：「古者聖人以人之性惡，以爲偏險而不正，悖亂而不治，故爲之立君上之埶以臨之，明禮義以化之，起法正以治之，重刑罰以禁之，使天下皆出於治、合於善也。是聖王之治而禮義之化也。」〔註60〕此論聖王化性之功，爲之立君以爲勢，制禮義法度以規範人情，以刑賞獎懲善惡，此偏向以外在規範秩序來「化」民以治，以政令之刑罰，賞善罰惡，而具強制性。此可謂由法度以化民以齊，頗具法家之先聲。

（三）治氣養心之術

較深刻的「化性」的功夫，當指內在心性的轉化，所謂「必將有師法之化，禮義之道，然後出於辭讓，合於文理，而歸於治。」〔註61〕即藉由禮樂的學習與師友的薰陶，乃有所謂「治氣養心之術」。

> 治氣養心之術：血氣剛強，則柔之以調和；知慮漸深，則一之以易

〔註58〕〔清〕王先謙：《荀子集解・禮論》（北京：中華書局，1981年），頁143。
〔註59〕〔清〕王先謙：《荀子集解・性惡》（北京：中華書局，1981年），頁438。
〔註60〕同註59，頁440。
〔註61〕同註59，頁435。

> 良：勇膽猛戾，則輔之以道順；齊給便利，則節之以動止；狹隘褊
> 小，則廓之以廣大；卑溼重遲貪利，則抗之以高志；庸眾駑散，則
> 劫之以師友；怠慢僄棄，則炤之以禍災；愚款端愨，則合之以禮樂，
> 通之以思索。凡治氣養心之術，莫徑由禮，莫要得師，莫神一好。
> 夫是之謂治氣養心之術也。〔註62〕

楊倞注：「此皆言修身之術在攻其所短也。」人之氣性或剛強、或慮深、或勇
戾、或迅捷、或狹褊、或貪利、或駑頓懶散，此言情性之剛柔疾徐之不同，
若順其氣性則皆有所偏蔽。故治其氣之偏者，剛強當柔以調和，狹隘當擴已
寬大，駑頓當習以師友，是皆攻其所短，以為修身之則。

此「治氣養心之術」可分三層面而論：「莫徑由禮」者，乃指身之修；「莫
要得師」者，乃指氣性之修；「莫神一好」者，乃指心之修。即是由外在以至
於內在，先身之正，在血氣性情之正，最後達至心之正，是乃成其「化」之
功。

身之修者曰禮，所謂「凡用血氣、志意、知慮，由禮則治通，不由禮則
勃亂提僈；食飲、衣服、居處、動靜，由禮則和節，不由禮則觸陷生疾；容
貌、態度、進退、趨行，由禮則雅，不由禮則夷固僻違，庸眾而野。故人無
禮則不生，事無禮則不成，國家無禮則不寧。」〔註63〕「禮」對荀子而言，
乃為個人到國家的規範，個人包括飲食、居處、言行、容色的合宜優雅，養
生送死之具，父子、夫婦、兄弟、長幼之儀，以致於國家之天子、諸侯、大
夫之節，祭祀、征討之儀等，無不在禮之規範之下。

先秦關於「禮」系統的論述，當推荀子為最，其論「禮」之起云：「禮起
於何也？曰：人生而有欲，欲而不得，則不能無求。求而無度量分界，則不
能不爭；爭則亂，亂則窮。先王惡其亂也，故制禮義以分之，以養人之欲，
給人之求。使欲必不窮於物，物必不屈於欲。兩者相持而長，是禮之所起也。」
〔註64〕故荀子論禮對個人而言，強調是對情性合理的滿足；對群體而言，則
是親疏貴賤的群分而不爭；對國家而言，則是一國之凝聚與社會秩序。因此
「禮」對「治氣養心之術」而言，則是個人行為的規範，即是外在對氣性的
約束力，以求能合理滿足所有人的情性。

〔註62〕〔清〕王先謙：《荀子集解·修身》（北京：中華書局，1981 年），頁 25。
〔註63〕同註 62，頁 23。
〔註64〕同註 62，頁 346。

「治氣養心」的第二層次則是「法師友」，經由師友的薰陶，改變氣性之偏。

> 師法者，所得乎積，非所受乎性，性不足以獨立而治。性也者，吾所不能爲也，然而可化也。積也者，非吾所有也，然而可爲也。注錯習俗，所以化性也；并一而不二，所以成積也。習俗移志，安久移質。並一而不二，則通於神明，參於天地矣。〔註65〕

楊倞注：「言師法之於人，得於外情，非天性所受，故性不足獨立而治，必在因外情而化之。」又曰：「習以爲俗，則移其志，安之既久，則移本質。」此言氣性可因法師友，積習安久而移其本質。

人受氣化以得其生、其氣、其知、其義，乃成吾人之氣性，此「性」人不可爲，此乃天職，乃天之所爲。人順其性則不能無爭，故「性」當合之以「僞」，此「僞」即「性之化」也，故言「性不可爲，然而可化也」。「治氣養心」之術乃所以化性之功，「禮」以正身，「師法」者則所以化性。

「性」無法獨立而治，可因師友之誘感而發善情，因此從師交友，透過學習累積、見賢思齊的過程，便可達到「化性」的轉變本質之功。

「化性」的修養功夫，背後有一氣化理論作基礎，即「同氣相感相應」的觀念。

> 凡姦聲感人而逆氣應之，逆氣成象而亂生焉；正聲感人而順氣應之，順氣成象而治生焉。唱和有應，善惡相象，故君子慎其所去就也。君子以鐘鼓道志，以琴瑟樂心；動以干戚，飾以羽旄，從以磬管。故其清明象天，其廣大象地，其俯仰周旋有似於四時。故樂行而志清，禮脩而行成，耳目聰明，血氣和平，移風易俗，天下皆寧，美善相樂。故曰：樂者，樂也。君子樂得其道，小人樂得其欲。以道制欲，則樂而不亂；以欲忘道，則惑而不樂。故樂者，所以道樂也，金石絲竹，所以道德也。樂行而民鄉方矣。〔註66〕

荀子論「樂」云：「（先王）制雅、頌之聲以道之，使其聲足以樂而不流，使其文足以辨而不諰，使其曲直、繁省、廉肉、節奏，足以感動人之善心，使夫邪汙之氣無由得接焉。」〔註67〕此樂理之闡揚，正有氣化思想爲理論基礎，

〔註65〕〔清〕王先謙：《荀子集解·儒效》（北京：中華書局，1981年），頁143。

〔註66〕同註65，頁381。

〔註67〕同註65，頁379。

蓋人心能感物而應，氣性本得於天地，亦能感物而應，故鄭衛之音來，則使人心淫；〈韶〉、〈武〉之樂作，則使人心莊，故氣性之化則慎其所感之物，故曰「君子慎其所去就也」。

故姦聲來則逆氣應，正聲來則順氣應，是以君子必親其正人，師友以正氣感之，則能感發己之順氣，姦邪之人以逆氣感之，則必感發氣性之惡者，是故君子行必循禮，親必師友，遊必由樂，乃求感動善心，使邪汙之氣無由得接，是爲「同氣相感相應」的理論。

此「同氣相感相應」的氣化理論，可謂荀子治氣化性之說的理論基礎，人之先天情性不能改變，但可透過後天的親師問友、循禮作樂，以感其正氣，避其邪氣，積習日久，便能漸化其氣性之偏，以達至聖人之功。

> 君子養心莫善於誠，致誠則無它事矣。唯仁之爲守，唯義之爲行。誠心守仁則形，形則神，神則能化矣；誠心行義則理，理則明，明則能變矣。變化代興，謂之天德。天不言而人推高焉，地不言而人推其厚焉，四時不言而百姓期焉。夫此有常，以至其誠者也。君子至德，嘿然而喻，未施而親，不怒而威。夫此順命，以慎其獨者也。善之爲道者，不誠則不獨，不獨則不形，不形則雖作於心，見於色，出於言，民猶若未從也，雖從必疑。天地爲大矣，不誠則不能化萬物；聖人爲知矣，不誠則不能化萬民；父子爲親矣，不誠則疏；君上爲尊矣，不誠則卑。夫誠者，君子之所守也，而政事之本也，唯所居以其類至。操之則得之，舍之則失之。操而得之則輕，輕則獨行，獨行而不舍，則濟矣。濟而材盡，長遷而不反其初，則化矣。〔註68〕

楊倞注：「致其誠，在仁義」又曰：「既能變化，則德同於天，馴致於善謂之化，改其舊質謂之變。言始於化，終於變也。猶天道陰陽運行則爲化，春生多落則爲變也。」此論養心之道在致誠，此「誠」乃受〈中庸〉「誠則形，形則著，著則明，明則動，動則變，變則化。唯天下至誠爲能化。」〔註69〕觀念的影響，此「誠」乃守仁行義之實踐義。心爲五官之主，心以仁爲內涵，則能使氣性由形、而神、而化爲善，仁心發而爲義行，則得其條理，義理明則能使氣性化質爲美。

〔註68〕〔清〕王先謙：《荀子集解·不苟》（北京：中華書局，1981年），頁46。
〔註69〕《禮記·中庸》（十三經注疏，臺北：藝文印書館，1976年），頁894。

　　禮以正身，師友乃善氣之感應，仁義則爲內在心性之變化功夫，心以仁爲守，行以義爲宜，積久深化曰形曰神，最後便能達至變化氣質之功，此曰誠，故曰「養心莫善於誠」。是亦惟「誠」之功，乃可以超越天生命定的氣性限制，而成其變化氣質之效。此亦聖人與眾人之別，聖人與眾人皆受氣性以生，但聖人透過禮儀的規範、師友的陶冶、守仁行義的實踐，積久成習，最後達變化氣質以成聖賢，此乃不同於眾人處。

　　人先天氣性之可以變化，乃如天地陰陽運行之變化代興，天道即不斷在變化，遑論人道之修養，自然可以「化性起僞」。此由天道之氣化變化，以論心性之轉化基礎，此處荀子將天道氣化與人道的變化氣質作連結。可以說「同氣相感相應」與「天人氣化相通」可謂是荀子論人氣性得以「化性起僞」的理論基礎。

　　荀子的氣化思想，主要在兩方面：一是天道論，天地陰陽四時星辰運行，氣化成形氣之草木蟲魚鳥獸，以致於人物，皆受氣化之所生，此乃受老莊氣化宇宙論影響，乃取氣化之自然義，荀子歸於「天職」、「天功」，乃人所不可爲的部分。其次，爲心性論的部分，荀子關心者在人道，人之氣性如何「化性起僞」的問題？他倡「禮義法度」的社會秩序義，來規範「性惡」之情性，而有仁義爲外在之疑？

　　實則「禮儀法度」產生於聖人，聖人亦來自人性，故「禮儀法度」實乃本之於人性之生，只是須待「化性起僞」之後乃可得。因此人若只順其情性，則「禮儀法度」確爲外在之約束；但當人「化性起僞」之後，「禮儀法度」實爲內在心性的條理本質，又何仁義外在之疑？

　　荀子氣化思想在心性論中至爲重要，「同氣相感相應」的理論，證明人的氣性，會因外在順氣、逆氣所感，而發其善心、惡心，透過師友、積學的順氣之習，便能久趨於善。「致誠之道」則是另一心性深化的過程，藉由守仁行義的實踐，由形而神，神而化，最後變化其質矣。此由身、由氣、由心、最後至性，以達變化氣質之功，乃得爲聖賢君子，「化性起僞」的修養功夫於焉完成。

　　若說孟子的「浩然之氣」是儒家對氣化主張的吸收與融化，對道家自然義的氣化主張賦予道德化，以凸顯人爲德性主體。荀子的「化性起僞」，則是將氣化主張應用到人形性氣質的修養，透過氣化的特性，重新賦予問學、親師、行仁由義的道德意義，它們不再只是外在的學習，更有促進內在情性轉

化的功能，因而也具有主體性。

荀子「同氣相感」與「天人氣化相通」的氣論思想基礎，乃成就其「化性起偽」的變化氣質之說，而「化性起偽」的荀學主張，則影響《禮記》氣論諸篇甚深，包括〈樂記〉、〈禮運〉都可見到荀學的痕跡，尤其在心性論方面，由喜怒哀樂之七情以論人性，強調「禮樂之道」對形氣心性的感通與節制，莫不可見荀學的影響，可以說《禮記》氣論思想的基礎在荀學，但《禮記》又進一步將氣論擴大到宇宙論、天人關係、禮樂之道及禮樂之治上，其規模較荀學為宏大。

四、論鄒衍「五德轉移說」

「五行」與「陰陽」本為兩組不同的系統，「陰陽」本指「日之明暗」之自然義，後擴大解釋為宇宙氣化的內涵與作用。「五行」在先秦其義多指五種基本物質，如《尚書·洪範》云：「五行：一曰水，二曰火，三曰木，四曰金，五曰土。水曰潤下，火曰炎上，木曰曲直，金曰從革，木爰稼穡」〔註 70〕，乃指自然界五種基本物質及它們的屬性，故「陰陽」與「五行」本為二組不同系統。

將「五行」配合「陰陽」為說，殆始於戰國末年的鄒衍，據《史記·孟荀列傳》：

> 鄒衍睹有國者益淫侈，不能尚德，若大雅整之於身，施及黎庶矣。乃深觀陰陽消息而作怪迂之變，終始、大聖之篇十餘萬言。其語閎大不經，必先驗小物，推而大之，至於無垠。先序今以上至黃帝，學者所共術，大並世盛衰，因載其禨祥度制，推而遠之，至天地未生，窈冥不可考而原也。先列中國名山大川，通谷禽獸，水土所殖，物類所珍，因而推之，及海外人之所不能睹。稱引天地剖判以來，五德轉移，治各有宜，而符應若茲。〔註71〕

鄒衍「五德轉移說」，今未知其詳，由上所述，可以推想其學說理論之龐雜，包括古往今來、天文地理、草木禽獸、甚至天地未生、人之不能睹者，其說雖無法窺知，但其為包羅天地萬物之氣化宇宙論當無疑。特別的是「深觀陰陽消息」與「五德轉移，治各有宜」之文，「五行」由物質義轉變為解釋天地

〔註70〕《尚書》（十三經注疏 1，臺北：藝文印書館，1976 年），頁 169。
〔註71〕〔漢〕司馬遷：《史記》（據武英殿影印本，臺北：藝文印書館，1982 年），頁 939。

人文變化之五種主德的移轉，於是將天地陰陽二氣的消長與五行之德的移轉做結合，以解釋人文世代之興衰，約自鄒衍始。

鄒衍在《漢書‧藝文志》被列為陰陽家，班固云：「陰陽家者流，蓋出於羲和之官，敬順昊天，歷象日月星辰，敬授民時，此其所長也。及拘者為之，則牽於禁忌，泥於小數，舍人事而任鬼神。」〔註72〕近人鄺芷人云：「根據『孟荀列傳』的記述，則鄒衍是把「陰陽」與「五行」配合而立論，……至於他是否最先以陰陽五行合而論之，這就無法稽考了。鄒衍的陰陽五行說大抵主要用來詮釋歷史，他的史觀是採用五行相剋的觀點，解釋歷史的興衰與時代的轉替，這就是史記所謂『五德轉移說』。」〔註73〕

鄒衍的著作今已不可考，觀其大旨，鄒衍似乎是吸收當時以陰陽解釋的天文知識，將陰陽消長的現象，結合五行之說，附會於朝代盛衰興替的規律，自成一套詮釋系統，於是「陰陽」不再只是自然界的消長變化或道家陳述天道的氣化作用而已，它成為戰國末期陳述天道，以附會人道價值的一家之言「陰陽家」。

今鄒衍之著已不得見，惟《呂氏春秋‧應同》篇，略見其概：

> 凡帝王者之將興也，天必先見祥乎下民。黃帝之時，天先見大螾大螻，黃帝曰：「土氣勝」，土氣勝，故其色尚黃，其事則土。及禹之時，天先見草木秋冬不殺，禹曰：「木氣勝」，木氣勝，故其色尚青，其事則木。及湯之時，天先見金刃生於水，湯曰：「金氣勝」，金氣勝，故其色尚白，其事則金。及文王之時，天先見火，赤鳥銜丹書集於周社，文王曰：「火氣勝」，火氣勝，故其色尚赤，其事則火。代火者必將水，天且先見水氣勝，水氣勝，故其色尚黑，其事則水。〔註74〕

「五德轉移」乃述黃帝以來，歷土德、木德、金德、火德，是以五德相剋為說，其論述取代周之火德者，必為水德。至於為何黃帝為土德？周為火德？理由不失牽強。

但此說當時甚為諸侯所重，據《史記‧孟荀列傳》：「騶子重於齊。適梁，惠王郊迎，執賓主之禮。適趙，平原君側行撇席。如燕，昭王擁彗先驅，請

〔註72〕〔漢〕班固：《漢書》（臺北：泰盛書局，1976 年），頁 1734。

〔註73〕鄺芷人：《陰陽五行及其體系》（臺北：文津出版社，1998 年），頁 8。

〔註74〕陳奇猷：《呂氏春秋校釋》（臺北：華正書局，1988 年），頁 677。

列弟子之座而受業，築碣石宮，身親往師之。作主運。其游諸侯見尊禮如此。」〔註75〕可謂聳動一時，鄒衍之說更影響了秦帝國的服制。據《史記‧秦始皇本紀》云：「（秦）始皇推終始五德之傳，以爲周得火德，秦代周德，從所不勝。方今水德之始，改年始，朝賀皆自十月朔。衣服旄旌節旗皆上黑。數以六爲紀，符、法冠皆六寸，而輿六尺，六尺爲步，乘六馬。更名河曰德水，以爲水德之始。」〔註76〕因此「五行」遂脫離原始物質義解釋，成爲與陰陽消長配合，解釋天道運行及朝代五德更替的重要因素，其說隨秦帝國的統一六國，影響當時的思潮。鄒衍「五德轉移」說，雖看似牽強附會，但史遷以爲其有深意焉。〔註77〕

「五行」之義，其本爲物質義，戰國末期鄒衍「五德轉移說」出現後，發生了變化，超越其物質性，成爲四時流行之主，成爲天道運行的元素，更擴大成爲一種分類的原則〔註78〕，更與陰陽配合，成爲人君施政的指導方向。

自氣論思想言之，鄒衍「五德轉移說」將道家所建立陰陽二氣的氣化天道論與「專氣至柔」的修養論思潮，結合「五行」之說，擴大解釋爲朝代興衰存亡的背後變化規律，此「五德轉移」的主張，影響及於《管子》、《呂氏春秋》的政治主張，成爲戰國以至秦漢間的重要思潮，也影響及於漢儒之《淮南子》與《春秋繁錄》之作甚深，更甚者如後世政治體制的改正朔、服儀、居室、方位等，皆須與五德配合，使氣論思想從天道論與修養論擴大至於政治主張。

五、《易傳》的氣化思想：卦爻化的氣論主張

（一）生生爲善的天道觀

《易傳》將自然義的氣化宇宙論，試圖透過卦爻來展現其複雜之情狀，

〔註75〕〔漢〕司馬遷：《史記》（據武英殿影印本，臺北：藝文印書館，1982年），頁940。

〔註76〕同註75，頁120。

〔註77〕《史記‧孟荀列傳》：「或曰，伊尹負鼎而勉湯以王，百里奚飯牛車下而繆公用霸，作先合，然後引之大道。騶衍其言雖不軌，儻亦有牛鼎之意乎？」（臺北：藝文印書館，據武英殿影印本，1982年），頁940。

〔註78〕「漢以前的五行意義分列爲四種，這就是：一、指五種重要的行爲原則。二、指物質的五種物性。三、指自然界中提供人類生活的五種必須的物質條件。四、指分類學的五種基本原則。」鄺芷人：《陰陽五行及其體系》（臺北：文津出版社，1998年），頁23。

因此卦爻的排列，即是符號化的氣化宇宙論，所謂「天地設位，而易行乎其中矣。」〔註79〕

　　天尊地卑，乾坤定矣。卑高以陳，貴賤位矣。動靜有常，剛柔斷矣。方以類聚，物以群分，吉凶生矣。在天成象，在地成形，變化見矣。是故剛柔相摩，八卦相盪。鼓之以雷霆，潤之以風雨；日月運行，一寒一暑。乾道成男，坤道成女。乾知大始，坤作成物。乾以易知，坤以簡能。易則易知，簡則易從。易知則有親，易從則有功。有親則可久，有功則可大。可久則賢人之德，可大則賢人之業。易簡而天下之理得矣。天下之理得而成位乎其中矣。〔註80〕

韓康伯注：「象況日月星辰，形況山川草木也，懸象運轉以成昏明，山澤通氣而雲行雨施，故變化見矣。」又云：「天地之道，不為而善始，不勞而善成。」孔穎達正義曰：「以乾為天陽之氣，萬物皆始在於氣，故云知其大始也。坤作成物者，坤是地陰之形，坤能造作以成物也。初始無形，未有營作，故但云知也。已成之物事可營為，故云作也。」乃主氣化之自然生成宇宙，而以乾坤二卦象之。

　　朱熹云：「天地者，陰陽形氣之實體。乾坤者，易中純陰純陽之卦名也。卑高者，天地萬物上下之位。貴賤者，易中卦爻上下之位也。動者，陽之常。靜者，陰之常。剛柔者，易中卦爻陰陽之稱也。方謂事情所向，言事物善惡，各以類分。而吉凶者，易中卦爻占決之辭也。象者，日月星辰之屬。形者，山川動植之屬。變化者，易中蓍策卦爻，陰變為陽，陽化為陰者也，此言聖人作易，因陰陽之實體為卦爻之法象，莊周所謂『易以道陰陽』此之謂也。」〔註81〕朱氏言聖人法陰陽氣化之形，而以《易》易之卦、爻、位、辭象之，以決其吉凶變化之德。

　　此論聖人法天地之道，以成陰陽二爻，以為八卦相盪，以成其《易》之道。所謂：「《易》有太極，是生兩儀，兩儀生四象，四象生八卦，八卦定吉凶，吉凶生大業。是故法象莫大乎天地，變通莫大乎四時，懸象著明莫大乎日月……天地變化，聖人效之；天垂象，見吉凶，聖人象之。」〔註82〕孔穎達正義云：「太極為天地未分之前，元氣混而為一，即是太初太一也。混元既

〔註79〕《周易・繫辭上》（十三經注疏1，臺北：藝文印書館，1976年），頁150。
〔註80〕同註79，頁143。
〔註81〕〔宋〕朱熹：《易本義》（臺北：世界書局，1993年），頁56。
〔註82〕《周易・繫辭上》（十三經注疏1，臺北：藝文印書館，1976年），頁156。

分，即有天地。四象者，謂金木水火稟天地而有，土則分王四季又地中之別，故惟云四象也。四象生八卦者，若爲震木、離火、兌金、坎水各主一時，又巽同震木，乾同兌金，加以坤艮之土爲八卦也。」此言聖人法天地四時日月之變化，以成太極、兩儀、四象、八卦之卦爻。

《易》乃法天地日月山川草木之萬象，以成陰陽、八卦之變化，試圖解釋天地萬物之情狀，以爲人道吉凶悔吝之則。今則從《易》之陰陽八卦的卦爻之象的背後，觀察其所反映的宇宙論。

「太極」爲太初之元氣，混混爲一，有陰陽二氣在其中，二氣沖和以爲天地，二氣流行以成物之剛柔，天地萬物其中有序，二氣造作其中有常，故在天有雷霆風雨日月運行之寒暑，在地成其小大剛柔之萬物。聖人法之以爲太極、兩儀、四象、八卦之《易》。故知《易》所反映的是「法天地」的思想型態，或受老莊「道法自然」之說的影響，和《左傳》所謂：「（天有）六氣曰陰、陽、風、雨、晦、明」的「六氣說」十分接近。但陰陽二氣的地位提高，風、雨、晦、明成爲雷霆、風雨、日月、山川之具體形氣，可見其較「六氣說」晚出。而其中尚無「陰陽」與「五行之德」配合的觀念。

其次，《易傳》所反映的氣化宇宙觀也有和道家的自然義不同之處，即《易傳》畢竟是儒者之作，將儒家重視的「尊卑」、「貴賤」、「高低之位」的倫理觀賦予在氣化宇宙論中，故《易傳》的宇宙觀乃屬倫理義的氣化宇宙觀。

> 一陰一陽之謂道，繼之者善也，成之者性也。仁者見之謂之仁，知者見之謂之知，百姓日用而不知，故君子之道鮮矣！顯諸仁，藏諸用，鼓萬物而不與聖人同憂，盛德大業至矣哉！富有之謂大業，日新之謂盛德。生生之謂易，成象之謂乾，效法之謂坤，極數知來之謂占，通變之謂事，陰陽不測之謂神。〔註83〕

孔穎達正義曰：「道是生物開通，善是順理養物，故繼道之功者，唯善行也。成之者性也者，若能成就此道者，是人之本性。」此乃以陰陽氣化解釋天道之生物養物，此生養之德便是「善」，此善具於人物便是「性」，成就此善乃人德之所在。

朱熹注：「陰陽迭運者，氣也。其理，則所謂道也。道具於陰而行乎陽。善，謂化育之功。性，謂物之所受。言物生則有性，而各具是道也。」〔註84〕

〔註83〕《周易·繫辭上》（十三經注疏，臺北：藝文印書館，1976年），頁148。
〔註84〕〔宋〕朱熹：《易本義》（臺北：世界書局，1993年），頁58。

此以陰陽迭運之動釋氣之情狀，陰陽氣化之理則所謂「道」也，「道」生養化育之功曰「善」，物皆有所受氣化之理曰「性」，人物之性亦莫不具理於其中，而具是道焉。

　　《周易・說卦》云：「立天之道，曰陰與陽；立地之道，曰柔與剛；立人之道，曰仁與義。」〔註85〕韓康伯注：「陰陽者，言其氣。剛柔者，言其形。變化始於氣象而后成形，萬物資始乎天，成形乎地。故天曰陰陽，地曰剛柔也。」孔穎達正義：「立天之道有二種之氣，曰成物之陰與施生之陽也。其立地之道有二種之形，曰順承之柔與特載之剛也。」言天以陰陽二氣變化成象，氣化成形則成物，形而成物乃具剛柔之性。

　　此論天道乃以陰陽二氣迭運而行，天道無形，而由陰陽二氣變化顯現，是陰陽二氣中自有無形之道以主之。二氣乃成化育之功而生物，是萬物爲氣化之所生，此曰善，所謂「天地之大德曰生」〔註86〕。故天地氣化以化育萬物爲功，此功即天地之大德，是天地氣化乃具有生生義與道德義，而有別於道家之自然義。

　　物受陰陽二氣以生，二氣具於人物之中曰性，此乃由天道氣化論人物之成性，人物之性稟此天地之大德而生，承此善而具於形之內曰「性」，是由天道以論人之性善之源。此將儒家的道德價值「善」，賦予於天道本體，從天道本體論道德價值，可謂擴大先秦儒家論道德之內涵，而以天道陰陽氣化萬物爲生生之「大善」，內具於人身爲「性」，承此善性以建德業曰仁，此乃《易傳》對先秦儒家道德範疇的重新詮釋。

（二）乾、坤二卦之德

　　「生生之謂易，成象之謂乾，效法之謂坤」，天道的內涵是不斷生養化育不息，《易》透過爻位、卦象推演其術數，試圖演繹其生生之萬狀。故「陰陽」二氣之變化，在《易傳》中則「乾」、「坤」二卦象之。

> 大哉乾元！萬物資始，乃統天。雲行雨施，品物流形。大明終始，六位時成，時乘六龍以御天。乾道變化，各正性命，保合大和，乃利貞。首出庶物，萬國咸寧。象曰天行健君子以自強不息。〔註87〕

> 至哉坤元，萬物資生，乃順承天。坤厚載物，德合無疆。含弘光大，

〔註85〕《周易・說卦》（十三經注疏，臺北：藝文印書館，1976年），頁183。
〔註86〕《周易・繫辭下》（十三經注疏，臺北：藝文印書館，1976年），頁166。
〔註87〕《周易・象傳》（十三經注疏，臺北：藝文印書館，1976年），頁10。

品物咸亨。牝馬地類，行地無疆，柔順利貞。君子攸行，先迷失道，
後順得常。西南得朋，乃與類行；東北喪朋，乃終有慶。安貞之吉，
應地無疆。〔註88〕

《易・繫辭下》云：「乾，陽物也；坤，陰物也；陰陽合德而剛柔有體，以體
天地之撰，以通神明之德。」〔註89〕孔穎達正義：「以陰陽相合乃生萬物，或
剛或柔，各有其體。萬物變化，或生或成，是神明之德，易則象其變化之理」，
《易》企圖以卦爻之象，表現天地陰陽氣化，形生剛柔萬物之情狀，以通達
於「天地之德」。「乾」卦以象陽氣之生物，「坤」卦以象陰氣之成物。

　　孔穎達正義論「乾元」、「坤元」之義云：「乾本氣初，故云資始。坤據成
形，故云資生。乃順承天者，乾是剛健，能統領於天。坤是陰柔以和順，承
平於天。」此以乾卦象陽氣之生，生物之始，物雖尚未成形，但已興雲作雨，
鼓動天地之生機，是以萬物各得其性命之正者，即在此受氣之初，此「乾元」
之功。坤卦以象陰氣之成物，陰氣以和順承陽氣之生，以具成剛柔之萬形，
容載萬物之生，此「坤元」之德。

　　故「乾」、「坤」二卦，在氣化思想中即象陰陽之二氣，陰陽二氣在老莊
的氣化思想中，並沒有對此二氣的性質作深入的探討，只視爲氣化宇宙中二
種相互影響的氣，都是自然氣化的一部份。在《易傳》中則對乾、坤二卦作
了詳細的分析，於是陰陽二氣的性質乃被確定。陽氣代表氣化之原動力，是
宇宙生生不息背後最大的動力。陰氣則承陽氣之生意，沖和順承以凝聚成形。
陽氣須陰氣乃得成物，陰氣須陽氣乃得生生，故言「陰陽合德而剛柔有體」，
是陰陽二氣乃缺一不可。故陽氣爲物生之始，陰氣爲生物之成，二氣沖和乃
得生成萬物，故云：「夫乾，其靜也專，其動也直，是以大生焉。夫坤，其靜
也翕，其動也闢，是以廣生焉。」〔註90〕

夫乾，天下之至健也，德行恆易以知險；夫坤，天下之至順也，德
行恆簡以知阻。〔註91〕

乾卦〈象〉曰：「天行健，君子以自強不息。」〔註92〕孔穎達正義云：「天體
之行，晝夜不息，周而復始，無時虧退，故云天行健。此謂天之自然之象，

〔註88〕《周易・象傳》（十三經注疏，臺北：藝文印書館，1976 年），頁 18。
〔註89〕《周易・繫辭下》（十三經注疏，臺北：藝文印書館，1976 年），頁 172。
〔註90〕《周易・繫辭上》（十三經注疏，臺北：藝文印書館，1976 年），頁 149。
〔註91〕《周易・繫辭下》（十三經注疏，臺北：藝文印書館，1976 年），頁 176。
〔註92〕《周易・乾》（十三經注疏，臺北：藝文印書館，1976 年），頁 11。

君子以自強不息，此以人事法天所行，言君子之人，用此卦象，自彊勉力，不有止息。」此論乾卦乃純陽之生發，周而復始，生生不息，以行天地之生生，故曰至健。至健乃乾之德，君子當法乾卦之德，以自強而不息。

坤卦〈象〉曰：「地勢坤，君子以厚德載物。」〔註93〕孔穎達正義云：「君子用此地之厚德，容載萬物。」此論坤卦乃純陰之成物，順承陽氣而生成萬物，兼容並包無物不納，故坤卦之德爲厚德載物，故君子當法坤卦之德，當厚德容載萬物。

此論乾、坤二卦之性，乾以生物不息，坤以成物包載，以其氣性通其德，乾曰至健，坤曰厚德，故君子法乾之德曰自強不息，法坤之德曰厚德載物。此論乾坤二卦之性，次論乾坤二卦之德，再落實於人道之修養，此時已由自然義之氣化論，轉變爲儒家道德實踐的修養論，是乾坤二卦不再只是氣化生生與成物之性，更成爲儒家吸收氣化思想再重新詮釋的道德修養論，即最後君子所取於乾坤二卦乃其「自強不息」與「厚德載物」之德，這是《易傳》氣化修養論的特色。

（三）天人合德

孔子少言性與天道〔註94〕，但先秦儒家自〈中庸〉以來，便多論「天地之德」。〈中庸〉云：「誠者，天之道也。思誠者，人之道也。」〔註95〕孟子曰：「盡其心者，知其性也。知其性，則知天矣。」〔註96〕即天道的價值義在「誠」，天以「誠」爲道，人則以「思誠」回應天道之德，「思誠」落實在心性論上，即透過盡心，以知善性，經由善性的擴而充之，以應天道之德，此以「至誠」、「盡性」連結天人關係，初步建立儒家道德義的天人理論。至於荀子則主張「明於天人之分」〔註97〕，以天道爲自然義，持天人不相干的理性態度。

〔註93〕《周易・坤》（十三經注疏，臺北：藝文印書館，1976 年），頁 19。
〔註94〕子貢曰：「夫子之文章，可得而聞也；夫子之言性與天道，不可得而聞也。」〔清〕阮元：《論語・公冶長》（十三經注疏，臺北：藝文印書館，1976 年），頁 43。
〔註95〕《禮記・中庸》（十三經注疏，臺北：藝文印書館，1976 年），頁 894。
〔註96〕《孟子・盡心上》（十三經注疏，臺北：藝文印書館，1976 年），頁 228。
〔註97〕《荀子・天論》：「天行有常，不爲堯存，不爲桀亡。……故明於天人之分，則可謂至人矣。」梁啓雄：《荀子簡釋》（臺北：木鐸出版社，1988 年），頁 220。

　　《易‧繫辭下》云：「乾，陽物也；坤，陰物也；陰陽合德而剛柔有體，以體天地之撰，以通神明之德。」孔穎達正義論「神明之德」云：「萬物變化，或生或成，是神明之德，易則象其變化之理」〔註98〕，《易》企圖以卦爻之排列，表現天地陰陽氣化，形生剛柔萬物之情狀，更進而探究卦爻之理，以呈現「天地之德」，而主「天地之大德曰生」〔註99〕。是以「生生不息」爲天地之大德，此生生之德，落實在道德修養上，乃有《易‧乾》象辭：「天行健，君子以自強不息。」〔註100〕的主張，此乃戰國儒者自天道論及人道修養之新詮釋。

> 《易》與天地準，故能彌綸天地之道。仰以觀於天文，俯以察於地理，是故知幽明之故；原始反終，故知死生之說；精氣爲物，遊魂爲變，是故知鬼神之情狀。與天地相似，故不違；知周乎萬物而道濟天下，故不過；旁行而不流，樂天知命，故不憂；安土敦乎仁，故能愛。範圍天地之化而不過，曲成萬物而不遺，通乎晝夜之道而知，故神無方而《易》無體。〔註101〕

孔穎達正義曰：「聖人作易與天地相準，謂準擬天地，則乾健以法天，坤順以法地之類。能補合牽引天地之道，用此易道也。陰陽精靈之氣，氤氳積聚而爲萬物也。遊魂爲變者，物既積聚，極則分散，將散之時，浮遊精魂，去離物形而爲改變，則生變爲死，成變爲敗。能窮易理，盡生死變化，以此之故，故能知鬼神之內外情狀也。天地能知鬼神任其變化，聖人亦窮神盡性，是與天地相似。聖人无物不知，是知周於萬物，天下皆養是道濟天下也。聖人之德，應變旁行，无不被及，而不有流移淫過。順天施化是歡樂於天，識物始終是自知性命。法則天地以施其化，成就萬物而不有遺棄，通曉於晝夜之道而无事不知也。作易者因自然之神以垂教，欲使聖人用此神道，以被天下，雖是神之所爲亦是聖人所爲。」此言天地由乾坤二德以生養萬物，由氣之聚散以知鬼神之情變，聖人法天地之道，窮神盡性，順天施化以垂教化。

　　朱熹注：「易書卦爻具有天地之道，陰精陽氣聚而成物，神之伸也，魂遊魄降，散而爲變，鬼之歸也。知周萬物者，天也，道濟天下者，地也。天地

〔註98〕《周易‧繫辭下》（十三經注疏，臺北：藝文印書館，1976 年），頁 172。
〔註99〕同註 98，頁 166。
〔註100〕《周易‧乾》（十三經注疏，臺北：藝文印書館，1976 年），頁 11。
〔註101〕《周易‧繫辭上》（十三經注疏，臺北：藝文印書館，1976 年），頁 147。

之化无窮，而聖人爲之範圍，不使過於中道，所謂裁成者也。」〔註102〕

　　此論聖人作易乃在彌綸天地之道，彌綸有補合牽引之意，天地之道的內涵爲氣化宇宙論，由仰察俯觀天文地理而來，故「天地之德」乃法天地氣化之理以爲德，由氣化之生生以明生養萬物之德，由氣之聚散以明生死鬼神之理，故天周流无窮，地生養萬物，聖人乃知周窮理，道濟天下爲大業，故由天地氣化之流行，乃知晝夜生死鬼神之道，故聖人樂天知命、安土敦仁以爲德，故知天地之化，守天地之德，乃能合於天地之德者。

　　《易傳》吸收氣化思想以建立其道德義的氣化天道論，再由此氣化天道論以詮釋道德修養，其論「人」之價值，亦由人合於「天地之德」者命之。

　　　夫大人者，與天地合其德，與日月合其明，與四時合其序，與鬼神
　　　合其吉凶。先天而天弗違，後天而奉天時。天且弗違，而況於人乎？
　　　況於鬼神乎？〔註103〕

朱熹注：「人與天地鬼神本无二理，特蔽於有我之私，是以梏於形體而不能相通，大人无私，與道爲體，曾合彼此先後之可言哉。先天不違，謂意之所爲，默與道契。後天奉天，謂知理如是，奉而行之。」

　　孔子論「人」云：「志於道，據於德，依於仁，遊於藝。」〔註104〕是以文化義之優游，論君子之涵養。孟子論「君子」云：「君子所以異於人者，以其存心也。君子以仁存心，以禮存心。」〔註105〕是以君子當存心養性，擴充仁義禮智四端之心，乃重其道德心性義。荀子論「人」云：「水火有氣而無生，草木有生而無知，禽獸有知而無義，人有氣、有生、有知，亦且有義，故最爲天下貴也。」〔註106〕荀子論「人」乃由物種之別始，人則獨具氣、生、知且有義，故最爲貴，反映其重理性認知與道德規範。

　　《易傳》論「人」之價值，則由氣化天道論始，先論天地之道，再論陰陽、日月、四時、鬼神之理，推而上達於天地之德，人之所以爲大者，乃能與天地之道合德，乃能法天地氣化之德，進而能知周萬物生養天下，故《易傳》論「人」之價值在與天地合其德，順天地、陰陽、四時、鬼神之德，以德造福天下，乃得回應於天地之德。

〔註102〕〔宋〕朱熹：《易本義》（臺北：世界書局，1993年），頁57。
〔註103〕《周易・乾》（十三經注疏，臺北：藝文印書館，1976年），頁17。
〔註104〕《論語・述而》（十三經注疏，臺北：藝文印書館，1976年），頁60。
〔註105〕《孟子・離婁下》（十三經注疏，臺北：藝文印書館，1976年），頁153。
〔註106〕梁啓雄：《荀子簡釋》（臺北：木鐸出版社，1988年），頁109。

　　故儒家論「人」由文化義之君子，至孟子明人禽之辨的仁義禮智四端之心的發揚，到荀子「化性起偽」改變氣質的聖賢，至《易傳》乃以天地萬物爲一體氣化，以道濟天下爲盡性大業，可見其先秦儒家論「人」之內涵乃逐步深化、擴大的思想脈絡。

　　《易傳》以「與天地合其德，與日月合其明，與四時合其序，與鬼神合其吉凶。」論人的思想特色，影響所及者爲《禮記》。〈禮運〉篇論「人」云：「人者，其天地之德，陰陽之交，鬼神之會，五行之秀氣。」〔註107〕乃結合天道氣化之說，鬼神義及禮樂之根源義，更擴及到人與家、國、天下的連結，以達人與天地、山川、鬼神、人倫社會的和諧，可謂是秦漢之際儒者在儒家論「人」議題上的開展。

　　錢穆先生論及《易傳》所開創之「新宇宙觀」的意義，其云：

> 惟自戰國晚世，下迄秦皇、漢武之間，道家新宇宙觀既確立，而陰陽家言又不符深望，其時之儒家，則多采取道家新說，旁及陰陽家，而更務爲變通修飾，以求融會於孔孟以來傳統之人生論，而儒家面目亦爲之一新。……故論戰國晚世以迄秦皇、漢武間之新儒，必著眼於其新宇宙觀之創立，又必著眼於其所采莊老道家之宇宙論而重加彌縫補綴，以曲折會合於儒家人生觀之舊傳統，其鎔鑄莊老激烈破壞之宇宙論以與孔孟中和建設之人生論凝合無間，而成爲一體，實此期間新儒家之功績也。予謂此時期之新儒，以《易傳》與《小戴禮記》中諸篇爲代表。〔註108〕

錢氏十分肯定《易傳》與《禮記》在秦漢之際所開創的新宇宙觀，對於儒家的貢獻。今由《易傳》的氣論思想切入，可更深入展現其價值與特色，在它開創以卦爻爲詮釋系統的氣化論，這是以陰陽五行爲詮釋符號的系統下，另一套詮釋氣化宇宙圖像的詮釋符號，故「陰、陽二氣」在《易傳》中爲「乾、坤二卦」所取代，「天之六氣」成爲乾、坤、震、離、兌、坎、巽、艮之八卦，由八卦進一步演繹爲天地萬象。其次，《易傳》雖吸收氣化思想，但反映的氣化宇宙觀並非自然義的宇宙觀，而是重視尊卑、貴賤、動靜、剛柔、吉凶的道德義的宇宙觀。故《易傳》演繹的宇宙觀，最終在說明天地之德，天具剛

〔註107〕《禮記‧禮運》（十三經注疏，臺北：藝文印書館，1976 年），頁 432。
〔註108〕錢穆：〈易傳與小戴禮記中之宇宙論〉，《中國學術思想史論叢》（二）（臺北：東大圖書公司，1981 年再版），頁 23。

健不息之能，地厚德載物以生養，故君子法天地之德「天行健，君子以自強不息」，故云：「大人者，與天地合其德，與日月合其明，與四時合其序，與鬼神合其吉凶。」〔註109〕此乃《易傳》對人內涵與德業的擴大詮釋，人不再僅限於文化義的君子或心性良知的核心價值，人當以天地萬物爲一體，法天地之德，合日月四時之時序，敬服山川鬼神，乃得審其吉凶之福，此乃《易傳》在氣論思想上的意義。

六、《管子》的氣化思想：「刑德說」與「精氣說」

《管子》的氣論思想可分天道論與心性論二方面述之：天道論方面，以〈四時〉、〈五行〉篇爲主，以四時結合五行之德，並提出「刑德說」的政治主張。心性論方面，以〈內業〉篇爲主，主要爲「精氣說」，「精氣」取代陰陽二氣的地位，成爲天道氣化的內涵，也內具於吾人之心性中，「存精守中」成爲道家重要修養論主張。

（一）諸家論《管子》的成書與內容

《管子》諸篇作者爲何？其說紛紜。早在宋代，葉適已疑其「非一人之筆，亦非一時之書」〔註110〕，朱熹亦云：「《管子》非仲所著。仲當時任齊國之政，事甚多，稍閑時，又有三歸之溺，絕不是閑功夫著書的人。著書者是不見用之人也，其書老莊說話亦有之，想只是戰國時人收拾仲當時行事言語之類著之。并附以他書。」〔註111〕是以戰國之書目之。

近代學者羅根澤說他不是管仲之書，卻保存各家學術最多，應該是戰國秦漢間「政治思想家、陰陽家、儒、法、道、兵、雜、理財各家所作」〔註112〕，爲戰國諸家之雜集。郭沫若以《管子》非管仲之書，是一種雜燴，非一時一地一人之作，是戰國年間一批零碎著作的總集，包括齊國舊檔案及漢時齊地所匯獻的書，內容到儒法名陰陽農各家都有，可謂戰國秦漢間文字的總匯。〔註113〕

〔註109〕《周易・乾》（十三經注疏，臺北：藝文印書館，1976年），頁17。
〔註110〕〔宋〕葉適：《習學記言》（《四庫全書珍本》三集，臺北：臺灣商務印書館出版，1971年），頁1。
〔註111〕〔宋〕朱熹：《朱子語類・戰國漢唐諸子》（臺北：文津出版社，1986年），頁3252。
〔註112〕羅根澤：《管子探源》（臺北：里仁書局，1981年11月），頁5～11。
〔註113〕郭沫若：《管子集校・敘錄》（北京：人民出版社，1985年），頁1。

　　馮友蘭則從形式與內容推論，說他是稷下學術中心的論文總集，中心思想爲黃老思想〔註114〕。馮氏以地域言之，以爲乃齊稷下之學；以思想言，則爲黃老之說。

　　蒙文通云：「《管子》中的〈心術〉、〈內業〉、〈白心〉等篇，我以前認爲是愼到、田駢的學說，也有同志從"白心"二字著眼，認爲這幾篇是宋鈃、尹文的學說。如果從或使論來看，也可以說是接子的學說，〈白心〉一篇把"或使"理論闡發的很明透，以見前論，此不贅述。總的來說，這些學者都是黃老派，他們同在稷下，必然相互影響，說這幾篇是黃老派的學說就可以了，似不必確認其爲何人的書。」〔註115〕蒙氏承馮氏之說，而更析分〈心術〉、〈內業〉、〈白心〉等篇，確爲黃老思想。

　　張岱年云：「《管子》四篇既非宋妍、尹文著作，也非愼到著作，而是戰國時期齊國管仲學派的著作。」〔註116〕張氏則以管仲學派之作目之。

　　陳麗桂以「《管子》的撰作時間非一時，約當戰國中晚期至秦漢之間，作者非一人，大抵是齊國稷下先生或管仲學派（齊法家）所作，地點在齊，而以稷下學宮爲中心，至其思想成色則以法家爲主（原十八篇）而參合各家，是黃老學派與法家結合的產物。」〔註117〕陳氏則在黃老學說之外，提出乃黃老結合法家之作，其時代約戰國至秦漢間。

　　陳鼓應云：「今本《管子》有些篇敘述管仲的遺說，成書較早（如〈大匡〉、〈中匡〉、〈小匡〉篇）；本文關注的《管子》四篇成書當在戰國中期以後。有關四篇年代，筆者同意張岱年先生的看法，認爲其年代"當在《老子》以後，荀子以前。〈心術〉等篇中談道說德，是受老子的影響；而荀子所謂虛一而靜學說又是來源於〈心術〉等篇。」〔註118〕陳氏則析分《管子》篇章中有早期之作及晚期之作，並提出受老子思想及對荀子學說的影響。

　　總結其說，則《管子》成書時代約當戰國末至秦漢之間，作者非一時

〔註114〕馮有蘭：〈稷下黃老之學的精氣說──道家向唯物主義的發展〉（《中國哲學史新編》第二冊第十七章）（臺北：藍燈文化，1991年12月），頁214～215。
〔註115〕蒙文通：《古學甄微》（成都：巴蜀書社，1987年），頁256。
〔註116〕張岱年：《中國哲學史史料學》（北京：三聯書局，1982年6月），頁50。
〔註117〕陳麗桂：〈《管子》中的黃老思想〉，《戰國時期的黃老思想》第三章（臺北：聯經出版事業公司，1991年），頁113。
〔註118〕陳鼓應：〈《管子》四篇的道論〉，《管子四篇詮釋──稷下道家代表作解析》（北京：商務印書館，2006年），頁28。

一人，當為齊稷下學宮的學術論叢，內容龐雜，包括儒家、道家、法家、陰陽家、兵家等內容，反映戰國晚期的學術合流的趨向。在氣化思想的發展史上，〈四時〉、〈五行〉、〈內業〉反映戰國氣化宇宙論與心性論思想的進展。

（二）〈四時〉、〈五行〉篇的氣化主張：「刑德說」

1. 由「陰陽」、「五行」論四時之德

〈四時〉篇乃承〈夏小正〉的〈月令〉資料的發展，如〈夏小正〉論正月云：

	天　象	鳥　獸	蟲　魚	草　木	農　事	王　事
正月	時有俊風寒 日滌凍塗 鞠則見 初昏參中 斗柄縣在下	雁北鄉 雉震呴 田鼠出 獺獻魚 鷹則為鳩雞桴粥	啓蟄 魚陟負冰	囿有見韭采芸 柳稊 梅、杏、杝桃 則華	農緯厥耒農 率均田初服 於公田	初歲祭耒始 用騮

〈夏小正〉乃為較原始的〈月令〉資料，它翔實的紀錄正月中的天象變化、鳥獸、蟲魚、草木及相應之農事與王事，此〈月令〉資料的目的，顯然是在農事，正印證《尚書・堯典》「歷象日月星辰，敬授人時。」〔註 119〕之說，至於天象節令、日月星辰的變化，只是客觀的紀錄，還沒有發展出背後運行的理論說法。

《管子・四時》篇則將〈夏小正〉十二月的天文自然界的客觀記錄，簡化為春夏秋冬四季，而有進一步的發展。今將其內容整理製表如下：

季節	方位	主	氣	相生	德	事	政	災
春	東	星	風	木、骨	喜嬴	其事號令，修除神位，謹禱弊梗，宗正陽，治隄防，耕芸樹藝。正津梁，修溝瀆，甃屋行水，解怨赦罪，通四方。	春三月以甲乙之日發五政：一政、曰論幼孤，舍有罪。二政、曰賦爵列，授祿位。三政、曰凍解修溝瀆，復亡人。四政、曰端險阻，修封疆，正千伯。五政、曰無殺麑夭，毋蹇華絕芋。五政苟時，春雨乃來。	春行冬政則雕，行秋政則霜，行夏政則欲

〔註 119〕《尚書・堯典》（十三經注疏 1，臺北：藝文印書館，1976 年），頁 19。

夏	南	日	陽	火、氣	施舍修樂	其事號令，賞賜賦爵，受祿順鄉，謹修神祀，量功賞賢，以動陽氣。九暑乃至，時雨乃降，五穀百果乃登，此謂日德。	是故夏三月以丙刃之日發五政：一政、曰求有功發勞力者而舉之。二政、曰開久墳，發故屋，辟故窌，以假貸。三政、曰令禁扇去笠毋扱免，除急漏田廬。四政、曰求有德賜布施於民者而賞之。五政、曰令禁置設禽獸，毋殺飛鳥，五政苟時，夏雨乃至。	夏行春政則風，行秋政則水，行冬政則落
	中央			土	土生皮肌膚	土德實輔四時入出，以風雨節土益力	其德和平用均，中正無私。實輔四時，春嬴育，夏養長，秋聚收，冬閉藏。大寒乃極，國家乃昌，四方乃服，此謂歲德。日掌賞，賞爲暑，歲掌和，和爲雨。	
秋	西	辰	陰	金、甲	憂哀、靜正、嚴順，居不敢淫佚	其事號令，毋使民淫暴，順旅聚收，量民資以畜聚，賞彼群幹，聚彼群材，百物乃收，使民毋怠。所惡其察，所欲必得。我信則克。此謂辰德。辰掌收，收爲陰。	秋三月以庚辛之日發五政：一政、曰禁博塞，圉小辯，鬥譯跽。二政、曰毋見五兵之刃。三政、曰愼旅農，趣聚收。四政、曰補缺塞坼。五政、曰修牆垣，周門閭，五政苟時，五穀皆入。	秋行春政則榮，行夏政則水，行冬政則耗
冬	北	月	寒	水、血	淳越溫怒周密	其事號令，修禁徙民，令靜止。地乃不泄。斷刑致罰，無赦有罪，以符陰氣。大寒乃至，甲兵乃強，五穀乃熟，國家乃昌，四方乃備，此謂月德。月掌罰，罰爲寒。	冬三月以壬癸之日發五政：一政、曰論孤獨，恤長老。二政、曰善順陰，修神祀，賦爵祿，授備位。三政、曰效會計，毋發山川之藏。四政、曰捕姦遁，得盜賊者有賞。五政、曰禁頡徙，止流民，圉分異。五政苟時，冬事不過，所求必得，所惡必伏。	冬行春政則泄，行夏政則雷，行秋政則旱

　　觀察〈四時〉篇，可知其對自然界的星象蟲魚鳥獸的紀錄大爲減少，取而代之者，爲因應節候變化的人事措施與施政，是由〈夏小正〉時的不違農

事，漸轉爲宗教祭祀、工事興作與生活作息的配合，而特別強調的部分，便
是政治施政方面，故春夏秋冬四時皆有因時施行之五政，違者甚至有災異降
臨之殃。因此〈四時〉篇，可說是藉由〈月令〉來作爲政治施政的指導，實
則爲政治主張。

其次，值得注意者，〈四時〉篇不重自然界的紀錄，轉而以方位、陰陽、
五行來詮釋節候背後的變化。故論「春」云：「東方曰星，其時曰春，其氣曰
風。風生木與骨，其德喜嬴，而發出節時。」〔註120〕房玄齡註：「東方陰陽之
氣和雜之時，故爲星。時物蠢而生也。陽動而陰寒爲風也。木爲風而發暢。
春德喜悅長嬴，爲發生之節也。」此非客觀性的歲時記錄，而是在解釋爲何
有春之節令，何以春時草木滋生？此乃試圖建立理論以解釋歲時節令之狀。
故以星德主春，其氣爲風，其德主生，故物蠢而生。其云春氣曰風，夏氣曰
陽，秋氣曰陰，冬氣曰寒，乃以陰陽氣化解釋節令之變化。

　　是故陰陽者，天地之大理也；四時者，陰陽之大經也；刑德者，四
　　時之合也。刑德合於時則生福，詭則生禍。〔註121〕

房玄齡註：「天地用陰陽爲生成，陰陽更用於四時之間爲緯也。」老莊以陰陽
二氣解釋宇宙之氣化聚散生物，即「天地之大理」，故陰陽二氣對氣化宇宙論
而言，乃天道的內涵，二氣之聚散乃生物之過程。〈四時〉篇更將陰陽二氣之
消長，以詮釋歲時節令之流變。此可謂是陰陽氣化思想的進一步應用，從天
道論落實到節氣之變。此說影響深遠，《呂氏春秋‧十二紀》、《淮南子‧時則
訓》、《禮記‧月令》皆承其說，而各有所取。

此外，「五行」被用來詮釋四時之德，春：「其氣曰風。風生木與骨」，
夏：「其氣曰陽，陽生火與氣」，秋：「其氣曰陰，陰生金與甲」，冬：「其氣曰
寒，寒生水與血」，春生草木故以木德，夏氣燥熱故以火德，秋以陰凝故以金
德，冬以嚴寒故以水德，其比附之跡可循，惟「四時」配「五行」尚漏土
德，無法完全搭配。爲配合五行之全，乃於夏之後，另立一中央土以補之。
故〈四時〉篇乃建立以「陰陽」配合「五行」詮釋節令變換與主德之理論，
但土德的設計難免牽強，不可不謂爲理論缺陷。故〈五行〉篇乃修正爲將
木、火、土、金、水五行之德，平均分配在一年之中，如此則各德當令七十

〔註120〕黎翔鳳撰，梁運華整理：《管子校注‧四時》（北京：中華書局，2006 年），
　　　　頁 842。
〔註121〕同註120，頁 838。

二日，其云：

> 日至，睹甲子木行御，天子出令，命左右士師內御，總別列爵，論
> 賢不肖士吏，賦秘，賜賞於四境之內，發故粟以田數。出國衡，順
> 山林，禁民斬木，所以愛草木也。然則冰解而凍釋，草木區萌，贖
> 蟄蟲卵菱，春辟勿時，苗足本。不癘雛鷇，不夭麑□，毋傅速。亡
> 傷繈褓，時則不凋，七十二日而畢。睹丙子，火行御，天子出令，
> 命行人內御。令掘溝澮津舊塗，發臧任君賜賞，君子修游馳以發地
> 氣，出皮幣，命行人修春秋之禮於天下，諸侯通，天下遇者兼和。
> 然則天無疾風，草木發奮，鬱氣息。民不疾而榮華蕃，七十二日而
> 畢。睹戊子，土行御，天子出令，命左右司徒內御，不誅不貞，農
> 事為敬。大揚惠言，寬刑死，緩罪人。出國司徒令，命順民之功力
> 以養五穀，君子之靜居，而農夫修其功力極。然則天為粵宛，草木
> 養長，五穀蕃實秀大，六畜犧牲具。民足財，國富，上下親，諸侯
> 和，七十二日而畢。睹庚子，金行御，天子出令，命祝宗選禽獸之
> 禁，五穀之先熟者，而薦之祖廟與五祀，鬼神饗其氣焉，君子食其
> 味焉。然則涼風至，白露下，天子出令，命左右司馬衍組甲厲兵，
> 合什為伍以修於四境之內。諜然告民有事，所以待天地之殺斂也。
> 然則晝炙陽，夕下露，地競環，五穀鄰熟，草木茂實，歲農豐，年
> 大茂，七十二日而畢。睹壬子，水行御，天子出令，命左右使人內
> 御御其氣，足則發而止，其氣不足，則發攔瀆盜賊，數剝竹箭，伐
> 檀柘，令民出獵禽獸，不釋巨少而殺之，所以貴天地之所閉藏也。
> 然則羽卵者不段，毛胎者不□，孕婦不銷棄，草木根本美，七十二
> 日而畢。〔註122〕

房玄齡註：「春當九十日，而今七十二日而畢者，則季月十八日屬土位故也。」
黎翔鳳案：「甲子木，丙子火，庚子金，壬子水，各七十二日。凡三百六十日
為一歲，四時以五行配，祇有此數。」可知這樣的設計，完全是為了配合五
行之故，只是自然的規律為四時，今強行減去各季節十八日，以為土德之日，
似有未洽。故後世之《呂氏春秋·十二紀》、《淮南子·時則訓》均未採行其
說，而將土德獨立處理。

〔註122〕黎翔鳳撰，梁運華整理：《管子校注·五行》（北京：中華書局，2006 年），
頁 868。

　　「五行」原始本爲物質義，鄒衍始將陰陽消長與「五行」之德結合，以
解釋朝代興替之事，《管子》更將「五行」附會上節氣與方位，所謂「東方曰
星，其時曰春，其氣曰風。風生木與骨」、「南方曰日，其時曰夏，其氣曰陽，
陽生火與氣」、「西方曰辰，其時曰秋，其氣曰陰，陰生金與甲」、「北方曰月，
其時曰冬，其氣曰寒，寒生水與血」〔註123〕，故《管子》已初步將「五行」
配合「陰陽」，應用在政治主張上。至《呂氏春秋》十二紀將「五行」再進一
步擴大搭配五帝、五神、五蟲、五音、五數、五味、五臭、五味、五物、五
德等，使「五行」超越了基本的物質性，也不再是工作執掌，而成爲一種分
類的原則。〔註124〕

　　陰陽二氣之消長，乃在解釋四季之流轉，「五行」之德則爲了衍申人事的
因應：

　　（春）其德喜嬴，而發出節時，其事號令，修除神位，謹禱獎梗，
宗正陽，治隄防，耕芸樹藝。正津梁，修溝瀆，甃屋行水，解怨赦
罪，通四方。〔註125〕

　　（夏）其德施舍修樂，其事號令，賞賜賦爵，受祿順鄉，謹修神祀，
量功賞賢，以動陽氣。〔註126〕

　　中央曰土，土德實輔四時入出，以風節土益力，土生皮肌膚，其德
和平用均，中正無私。〔註127〕

　　（秋）其德憂哀、靜正、嚴順，居不敢淫佚，其事號令，毋使民淫
暴，順旅聚收，量民資以畜聚，賞彼群幹，聚彼群材，百物乃收，
使民毋怠。所惡其察，所欲必得，我信則克，此謂辰德。〔註128〕

　　（冬）其德淳越溫怒周密，其事號令，修禁徙民，令靜止，地乃不
泄。斷刑致罰，無赦有罪，以符陰氣，大寒乃至，甲兵乃強，五穀

〔註123〕《管子》（新編諸子叢書，臺北：國立編譯館，2002年2月），頁961。
〔註124〕鄺芷人：〈五行與樂律〉，《陰陽五行及其體系》第五章（臺北：文津出版社，1998年），頁23。
〔註125〕黎翔鳳撰，梁運華整理：《管子校注·四時》（北京：中華書局，2006年），頁842。
〔註126〕同註125，頁846。
〔註127〕黎翔鳳撰，梁運華整理：《管子校注·五行》（北京：中華書局，2006年），頁867。
〔註128〕同註125，頁851。

乃熟，國家乃昌，四方乃備，此謂月德。月掌罰，罰爲寒。〔註129〕
房玄齡註：「春德喜悅長贏，爲發生之節。」「陽氣主仁，故行恩賞以助之。」
「土無不載，無不生，故和而用均也。」「秋氣悽惻，故以憂恤哀憐爲德。」
「冬時花葉凋落，唯報幹存焉，故以淳質爲德。」春德以木，草木滋蕃，故
當解怨赦罪；夏德以火，陽氣主仁，故以施捨修樂、賞賜論功；中央以土，
無不載無不生，當中正無私；秋氣以金德，天地以肅，當靜正嚴順，討伐有
罪；冬氣嚴寒，水德當令，其德溫怒，當斷刑致罰，無赦有罪。

故四時配以「五行」之德，實乃老莊「法天地」之具體落實化，老莊云：
「道法天地」尚屬玄思之道契與人生境界的上達。但《管子・四時》篇則成
爲具體的條目，春當法其生機之木，夏當法其長養之火，土當法其無不載之
和，秋當法其悽惻哀憐之情，冬當法其肅殺刑罰之義，是法天地四時之自然
情狀，而分別以木、火、土、金、水五行之德命之，由五行之德再進一步引
伸擴大其生活作息，此可謂承〈夏小正〉之月令以指導農事的傳統，擴大爲
建立陰陽五行的天道理論，以指導人道生活規範的企圖，可謂是氣化思想在
政治施政上的落實。

2. 五德生五政

《管子・四時》由「五行」之德的理論，再進一步提出「五政」之說，
針對君王的因時施政，提出其政治主張：

> 是故春三月以甲乙之日發五政：一政曰論幼孤，舍有罪；二政曰賦
> 爵列，授祿位；三政曰凍解修溝瀆，復亡人；四政曰端險阻，修封
> 疆，正千伯；五政曰無殺麑夭，毋蹇華絕芋。五政苟時，春雨乃
> 來。〔註130〕

> 夏三月以丙丁之日發五政：一政曰求有功、發勞力者而舉之。二政
> 曰開久墳，發故屋，辟故窌，以假貸。三政曰令禁扇去笠，毋扱免，
> 除急漏田廬。四政曰求有德、賜布施於民者而賞之。五政曰令禁罝
> 設禽獸，毋殺飛鳥。五政苟時，夏雨乃至也。〔註131〕

> 秋三月以庚辛之日發五政：一政曰禁博塞，圉小辯，鬥譯訣。二政
> 曰毋見五兵之刃。三政曰慎旅農，趣聚收。四政曰補缺塞圻。五政

〔註129〕黎翔鳳撰，梁運華整理：《管子校注・四時》（北京：中華書局，2006 年），
　　　　頁 854。
〔註130〕同註 129，頁 843。
〔註131〕同註 129，頁 847。

日修牆垣，周門閭，五政苟時，五穀皆入。〔註132〕

冬三月以壬癸之日發五政：一政曰論孤獨，恤長老。二政曰善順陰，修神祀，賦爵祿，授備位。三政曰效會計，毋發山川之藏。四政曰捕姦遁、得盜賊者有賞。五政曰禁遷徙、止流民、圉分異。五政苟時，冬事不過，所求必得，所惡必伏。〔註133〕

「五政」的設計，當是順應五行之德而來，其內容包括：農事、祭祀、工事、施政、禽獸等，範圍廣泛，基本上皆因時順事而爲。如農事方面：春嬴育、夏養長、秋聚收、冬閉藏，此承〈夏小正〉「不違農時」的傳統而來。工事方面：春修溝瀆封疆，夏求有勞之功，秋修牆垣門閭，冬則閉藏。施政方面：春則護幼孤，赦有罪，以順生氣，夏則求賢德，賜布施以助盛陽之養，秋則禁博塞，圉小辯，勿見五兵之刃，冬則恤孤獨長老，捕姦遁、得盜賊。物種方面：春主生氣，故無殺麛夭，毋蹇華絕芋；夏則盛陽爲養，故令禁罝設禽獸，毋殺飛鳥，冬主閉藏，故毋發山川之藏。

五政之施皆順其當季之氣化之理，即春、夏多施德行惠，擴及人之幼弱物與護禽獸之生養；秋、冬天地肅殺則法刑罰以正。故其施政乃主「刑德說」。

3. 刑德說

「刑德說」乃自氣化天道論而來，或可視作道、法二家之調和，乃藉天道以論人道，由陰陽二氣與五行之德表現天道之理，再將此理應用在人君之施政，而得春夏當以德惠施民爲主，秋冬當以促民收聚，斷刑致罰爲主，春、夏、秋、冬各以五政施令，乃成「刑德」之說，並配合「災異」之說以貫徹的政治主張。

道生天地，德出賢人，道生德，德生正，正生事。是以聖王治天下，窮則反，終則始。德始於春，長於夏；刑始於秋，流於冬。刑德不失，四時如一，刑德離鄉，時乃逆行。作事不成，必有大殃。月有三政，王事必理，以爲久長。不中者死，失理者亡。國有四時，固執王事。四守有所，三政執輔。〔註134〕

房玄齡註：「法道則成德也，德脩則理自正，正直則事幹，皆順時而成，故如一。」此言聖王之治天下，乃法道而爲德，以德理事，而乃順天道之四時流行而施政，

〔註132〕黎翔鳳撰，梁運華整理：《管子校注・四時》（北京：中華書局，2006 年），頁 851。

〔註133〕同註132，頁 855。

〔註134〕同註132，頁 857。

故春夏施德賞賜，秋冬以刑罰禁姦，故天道與人道如一，國乃長久。

老子云：「道生之，德畜之，物形之，勢成之，是以萬物莫不尊道而貴德。」〔註135〕河上公注：「道生萬物。德一也，一生布氣而畜養。一為萬物設形象也，一為萬物作寒暑之勢以成之。」此言天道之功，天道以生萬物，以氣成萬物之形，成寒暑之節以畜養萬物，故萬物莫不尊道貴德。

此「刑德」之政治學說，涵蓋天地之道，以至於人道、物道，胸懷博大，但其不必然為法家之說，以其施政之範圍廣泛，並不特別強調「法」之為要，順天地之道、因時而施政，才是〈四時〉、〈五行〉二篇作者之用心所在。

「刑德說」可謂融合道家天道論、法家賞罰之道及儒家德治主張而成，乃藉天道以論人道，由刑德以繩國家。其先條理天地萬物之規律，以陰陽二氣與五行之德表其規律，再將此規律應用在人君之施政，而得春夏以德惠施民為主，秋冬則以促民收聚，斷刑致罰為主，春、夏、秋、冬各以五政施令，乃成「刑德」之說，以配合四時施政的政治理論，並有不按時節施政便生災異之說。

〈四時〉、〈五行〉篇思想的來源複雜，吸收〈夏小正〉月令思想、道家氣化天道論、陰陽家合五行之說、法家賞罰觀念、儒家德治主張諸說而成。〈四時〉、〈五行〉的基本結構乃採〈夏小正〉以時令順序為主，但其不在「以授民時」的農事上，故不取〈夏小正〉十二月的方式，而採春夏秋冬四季呈現。其次，〈四時〉、〈五行〉篇雖有氣化天道觀，但不取道家天道的主體，而強調「順時」的觀念，乃將陰陽二氣落實在四時節令之流轉上，另吸收「五行」之名以為四時之德，以為施政的依據，吸收法家賞罰之術，卻不強調以「法」為尚，吸收儒家日用常行之祭祀、修禮、興學等活動，融會而成「刑德說」的政治主張。

〈四時〉、〈五行〉之說，最直接的影響便是《呂氏春秋》，在《呂氏・十二紀》中「四時」成為十二紀，「五政」拓展為人君施政的十二月令，建立成更龐大的政治理論，使「法天地」的政治思想，達到高峰。

（三）〈內業〉篇：「精氣說」

1.天出其精，地出其形

「精」的提出，始於老子。莊子外、雜篇，乃將精氣說推進於心性修養，

〔註135〕高明撰：《帛書老子校注》（北京：中華書局，1996年），頁72。

言「精」乃人身精氣神識之由來，內在於形氣之中，當「形全精復」以通於天。《管子・內業》正式提出「精氣說」，成為氣化思想演進中重要的修養功夫，影響後世深遠。

> 凡物之精，此則為生，下生五穀，上為列星。流於天地之間，謂之鬼神；藏於胸中，謂之聖人。是故民氣，杲乎如登於天，杳乎如入於淵，淖乎如在於海，卒乎如在於己。是故此氣也，不可止以力，而可安以德；不可呼以聲，而可迎以音。敬守勿失，是謂成德。德成而智出，萬物果得。〔註136〕

〈內業〉云：「精也者，氣之精者也」〔註137〕，房玄齡註：「氣之尤精者為之精。」可知「精」為氣之精微者，為「氣」的內涵。老子云：「道之為物，惟恍惟惚。惚兮恍兮，其中有象。恍兮惚兮，其中有物。窈兮冥兮，其中有精。其精甚真，其中有信。」〔註138〕河上公注：「道唯窈冥無形，其中有精，實神明相薄，陰陽交會也。」可知「精」於道體之中，為陰陽交會之神用。故為陰陽二氣之精微者，此為「精」在氣化宇宙論上的作用。

「精」在道體之中，精氣為陰陽二氣之精微者，使陰陽二氣得相沖和以為形物，此精氣亦內在於形物之中。〈內業〉所論偏於「精」之形下義，即在形物之中的價值，其云：「凡物之精，此則為生，下生五穀，上為列星」，是皆為形物層之事，陳鼓應註釋云：「天地萬物都有精氣，萬物賴它獲得生命。」〔註139〕言下至五穀、上至列星，此精氣無不內聚於形物之中，流布於天地之間，萬物莫不得精氣以生，是此精氣具內在心性義與普遍義。

> 凡人之生也，天出其精，地出其形，合此以為人；和乃生，不和不生。察和之道，其精不見，其徵不醜，平正擅匈，論治在心，此以長壽。〔註140〕

房玄齡註：「言稟精於天，地出衣食，以養成其形，合天地精氣以成人，二氣和乃成其生。」此論人之成形，乃源於天地，天以其精，地以其形，合天地之精氣與形質而為人，是為天地人一體，同源於精氣。

〔註136〕黎翔鳳撰，梁運華整理：《管子校注・內業》（北京：中華書局，2006 年），頁 931。

〔註137〕同註 136，頁 937。

〔註138〕高明撰：《帛書老子校注》（北京：中華書局，1996 年），頁 328。

〔註139〕陳鼓應：〈內業注譯與詮釋〉，《管子四篇詮釋——稷下道家代表作解析》（北京：商務印書館，2006 年），頁 90。

〔註140〕同註 136，頁 945。

老子云：「道生一，一生二，二生三，三生萬物。萬物負陰而抱陽，沖氣以爲和。」〔註141〕老子論道體之生物，以陰陽二氣沖和以生。〈內業〉篇中無陰陽二氣之名，或其有意提高「精氣」的地位，以精氣作爲道體之內涵，創生萬物之本質，以成其「精氣說」。

陳鼓應先生云：

> "精氣"這一概念在稷下道家另一作品《管子・水地》篇中亦已提出，但〈水地〉主要是將水和地視爲萬物的本原。新近出土郭店楚墓竹簡中的古佚書《太一生水》，亦是以水爲萬物的本原。由此可知，道家的萬物生成論至戰國中期形成了兩大系統：一是尚氣，一是尚水。尚水思想因其本身的理論限制未能得到發展。尚氣說，因"氣"具有可感知的性質，卻又視之不見，聽之不聞，可解釋性遠超過尚水論，故能得到發展。〔註142〕

陳氏論《管子》諸篇之宇宙生成論，〈水地〉主水與地爲萬物之源，〈內業〉主精氣說，二家可視爲道家發展宇宙論的兩個方向，而「氣」以其獨特性得以發展，即「氣」本身不可形不可聞見，卻可感知其無所不在的特色，既具形上道體的性質，又具可感知之形物的特色，是以具有發展性，而「尚水說」乃漸湮沒。

〈內業〉主「精氣說」，從宇宙生成論而言，精氣生人物，流行於天地；從內在心性論言，精氣具於人物之中，人物稟精氣以生，失其精氣則死。故自修養論而言，人要保身之長久，便當長存精氣而不失，至於精氣要如何守？其云：「此氣也，不可止以力，而可安以德」，「敬守勿失，是謂成德」，此「德」偏道家之「尊道貴德」義，非儒家之道德義，乃法天地之道而有所得者。

> 天主正，地主平，人主安靜。春秋冬夏，天之時也。山陵川谷，地之枝也。喜怒取予，人之謀也。是故聖人與時變而不化，從物而不移，能正能靜，然後能定。定心在中，耳目聰明，四枝堅固，可以爲精舍。精也者，氣之精者也。氣道乃生，生乃思，思乃知，知乃止矣。〔註143〕

〔註141〕高明撰：《帛書老子校注》（北京：中華書局，1996 年），頁 29。
〔註142〕陳鼓應：〈內業注譯與詮釋〉，《管子四篇詮釋——稷下道家代表作解析》（北京：商務印書館，2006 年），頁 92。
〔註143〕黎翔鳳撰，梁運華整理：《管子校注・內業》（北京：中華書局，2006 年），頁 937。

房玄齡註:「平分四時,天之正也。均生萬物,地之平也。無爲無不爲,人之安靜也。」「心者,精之所舍。」

此論天、地、人、心之價值。天以四時運行不止,天以「正」爲德;地均養萬物,無不該載,其德爲「平」;人有喜怒取予之情,處時變化與從物役物之間,當法天之正,法地之平,以天道之德爲依,乃能順時不失,從物不移,人如此則能「定」。定於無偏無私天道之德曰「中」,如此乃得耳目四體之靈明,乃得守精氣之不失,精氣在人身曰心,心能生思,思能生知,知止乃定。故人之德在心,心主則可以爲精舍,心能思而應變曰智,智能執一而不失,乃不過知而失生,則能使萬物。此乃由天道之德以論心性之靈明,其對人之心知的探討值得注意,與荀子論心「虛壹而靜」〔註144〕之說相輝映,反映戰國末期對人心的探討深度。

另論人德之修養,人德源於天地之德,天之德爲正,地之德爲平,故人當能正能靜,然後能定,此爲法天地之德的觀念。老子:「人法地,地法天,天法道,道法自然。」〔註145〕畢竟抽象。「正」與「平」較「自然」要平實的多,也更適宜在施政上落實。其與《易傳》:「天行健君子以自強不息」〔註146〕的觀念相似,只是〈內業〉法天地之「正」、「平」近於法家,《易傳》則爲儒家道德精進不已的剛健之德,未知孰之先後?

2.心者,精之所舍

〈內業〉篇論心之作用,心能思、能知、能應變成智,使物而不爲物使,是《管子·內業》的稷下學者對人心理智的肯定,也是對老子「絕聖棄智」〔註147〕思想的修正。心之所思在能執一而不失生,即心能守正、靜、進而知止有定,則能爲精舍,故人之能存其精氣而不失者,唯在於心。

形不正,德不來。中不靜,心不治。正形攝德,天仁地義,則淫然

〔註144〕「人何以知道?曰:心。心何以知?曰:虛壹而靜。心未嘗不臧也,然而有所謂虛;心未嘗不兩也,然而有所謂一;心未嘗不動也,然而有所謂靜。人生而有知,知而有志。志也者,臧也;然而有所謂虛,不以所已臧害所將受謂之虛。心生而有知,知而有異,異也者,同時兼知之;同時兼知之,兩也;然而有所謂一,不以夫一害此一謂之壹。心,臥則夢,偷則自行,使之則謀,故心未嘗不動也;然而有所謂靜,不以夢劇亂知謂之靜。未得道而求道者,謂之虛壹而靜。」〔清〕王先謙:《荀子集解·解蔽》(北京:中華書局,1981年),頁395。

〔註145〕高明撰:《帛書老子校注》(北京:中華書局,1996年),頁353。

〔註146〕《周易·象傳》(十三經注疏1,臺北:藝文印書館,1976年),頁10。

〔註147〕《周易·象傳》(十三經注疏1,臺北:藝文印書館,1976年),頁311。

而自至。神明之極照乎知，萬物中義守不忒。不以物亂官，不以官
亂心，是謂中得，有神自在身，一往一來，莫之能思，失之必亂，
得之必治。敬除其舍，精將自來。精想思之，寧念治之。嚴容畏敬，
精將至定，得之而勿捨，耳目不淫，心無他圖。正心在中，萬物得
度。道滿天下，普在民所，民不能知也。〔註 148〕

此論存養精氣之法，分形與心兩方面：形在成德，當法天之仁與地之義，故
當「嚴容畏敬」、「耳目不淫」以修身，依仁由義以成德，則精至而定，此由仁
義之德以規範形氣之行以成德，此以「仁義」為天地之德，似較「天主正，
地主平」更具道德義。其次，在治心方面，心當守中乃靜，執神明之知，不逐
物之來往，不隨感官之圖，「精想思之，寧念治之」，故乃得正心在中，精將
自來以存心。故存養精氣乃合形之成德與心之守中，則自能存精而久生。

「心」之內涵，〈內業〉篇有深入的探討，所謂：「我心治，官乃治；我
心安，官乃安。治之者心也，安之者心也，心以藏心，心之中又有心焉。彼
心之心，音（意）以先言，音（意）然後形，形然後言，言然後使，使然後
治。不治必亂，亂乃死。」〔註 149〕此論「心」為感官之主，心治感官則治，
心安感官則安，而具主宰性，心的內涵也最複雜，所謂「心以藏心，心之中
又有心」此碰觸到心的理性面、感性面與更深層的道德本心的問題。又論及
心之所發，其先為意念，意念加以思維組織乃得為言語，發為言語乃得影響
啟發他人，能受人啟發乃得治理。此論心之運作發動與影響力的問題。以上
總論心之內涵與作用，可謂《管子‧內業》在心性論思想上的深度，也對先
秦心性思想有所推展。

〈內業〉始倡「精氣說」，但在《莊子》外、雜篇已多論「精」之義，如
〈在宥〉：「必靜必清，無勞女形，無搖女精，乃可以長生。」〈達生〉云：「棄
事則形不勞，遺生則精不虧。夫形全精復，與天為一。」是已主「養形守精」
之說。故〈內業〉倡「精氣說」，當有受《莊子》外、雜篇之影響。但〈內業〉
不重「陰陽」而獨重「精氣」，論述精氣天道論與修養論上的作用，最後歸其
主宰於「心」，並對「心」內涵發動，有一番深入的探討，對後世《呂氏春秋》、
《淮南子》有深遠影響。

〔註 148〕黎翔鳳撰，梁運華整理：《管子校注‧內業》（北京：中華書局，2006 年），
　　　　頁 937。
〔註 149〕同註 148，頁 938。

　　《管子》的氣論思想可分天道論與心性論述之：天道論方面，以〈四時〉、〈五行〉篇爲主，將天道氣化觀念做初步的落實，以陰陽氣化消長詮釋時令的變化，並將其結合五行之德，再進一步附會於政治理論，春夏以長養施惠之「德政」爲主，秋多則以收聚肅殺之「刑罰」爲斷，乃提出「刑德說」的政治主張，乃吸收道家、陰陽家、法家、儒家之說而成。心性論方面，以〈內業〉篇爲主，主要爲「精氣說」，「精氣說」源自莊學外、雜篇，此或承老子「萬物負陰而抱陽說」的進一步發展，「精氣」取代陰陽二氣的的地位，成爲天道氣化的內涵，也內具於吾人之心性中，「存精守中」成爲道家重要修養論主張。

　　這兩部分並不自成體系，可以看出是出自於不同學派的成果，〈四時〉、〈五行〉可謂較偏向法家、儒家與陰陽家派的合作，影響後世如《呂氏春秋》十二紀的著成。〈內業〉則可以說是道家莊子學派的進一步發展，影響後世如《淮南子》。從《管子》書中氣論思想的分歧來看，也可看出此書確有可能是出自多家學派的合集。

七、《呂氏春秋》十二紀：合天道、地道、治道之「圓道說」

　　「圓道說」爲《呂氏春秋》十二紀合天道、地道、人道之規律而提出的主張。「圓道」即是周而復始的規律，天有天之圓道，地有地之圓道，人亦有人世之圓道。故此「圓道說」是在自然義的氣化宇宙論的基礎上，發展而爲人君施政的規範，成爲結合天、地、人而爲一體的龐大政治體系。

（一）「太一」的實然世界

　　「太一」的內容，包括日星的升降變動，天氣之暖、炎、涼、寒，鳥獸之生長遷徙，草木由初生以致凋落，此爲「太一」之整體，乃實然世界之豐富。

> 太一出兩儀，兩儀出陰陽，陰陽變化，一上一下，合而成章，渾渾
> 沌沌，離而復合，合而復離，是謂天常。天地車輪，終則復始，極
> 則復反，莫不咸當，日月星辰，或疾或徐，日月不同，以盡其行，
> 四時代興，或暑或寒，或短或長，或柔或剛，萬物所出，造於太一，
> 化於陰陽，萌芽始震，凝寒以形。〔註150〕

「道也者，至精也，不可爲形，不可爲名，彊爲之謂之太一。」〔註151〕「太」

〔註150〕陳奇猷：《呂氏春秋校釋‧仲夏紀》（臺北：華正書局，1988年），頁255。
〔註151〕同註150，頁256。

者名其極致，「一」者強調其絕對性，「不可爲形」以其具無所不在的普遍性，「不可爲名」表其不能以名言限定，它是宇宙最高的創造主體。高誘注：「太一，道也」，「兩儀，天地也」〔註152〕，「太一」創造天地，天地有陰陽兩種作用，「合而成章」是陰氣與陽氣會相生種種萬物，「離而復合，合而復離」正是說明陰陽二氣相合創生、相離封閉、再合而新生，造就日月星辰四時寒暑變換，其周而復始，萬物相生不息，此即天地運行之常道。

此明顯爲自然義的氣化宇宙論，「太一」、「兩儀」、「陰陽」合而成章，以爲日月星辰、四時代興，萬物受氣以成形，短、長、剛、柔，萬象森然。值得注意者，是此氣化自然宇宙論有其規律，所謂「離而復合，合而復離，是謂天常」，此言陰陽二氣之聚散，以生生萬物。又云：「天地車輪，終則復始，極則復反，莫不咸當」，乃言天地日月四時之運行乃周而復始，各當其位，故天道氣化有常態，日月四時之運有規律，即天道能被具體的掌握。

老子對「道」的描述，所謂「視之不見名曰夷。聽之不聞名曰希。搏之不得名曰微」〔註153〕，較偏哲理性的詮釋。《呂氏春秋》十二紀對於「太一」天道的內涵卻十分具體，它吸收古代天文學與自然觀察的經驗，將日月星辰的變動，四時節氣的變化，蟲魚鳥獸的殊同，種種萬形萬狀，盡可能的展現出來，於是「太一」不再爲不可見、不可聞的抽象天道，它即是周遭的天象、地文、蟲魚鳥獸的總和，乃爲實然之世界。

天之日星有規律，地之鳥獸也有規律，茲紀錄《呂氏春秋》十二紀紀首每一時節，天氣、鳥獸、蟲魚及草木之種種，可歸納爲一表，呈現其變化之情狀：

季節	天　氣	鳥　獸	蟲　魚	草　木
孟春	東風解凍	獺祭魚，鴻雁來	蟄蟲始動，魚上冰	草木萌動
仲春	始雨水，日夜分，雷始電	倉庚鳴，鷹化爲鳩，玄鳥至	蟄蟲咸動，啓戶始出	桃始華
季春	虹始見，時雨將降，下水上騰	田鼠化爲駕		桐始華，萍始生
孟夏	立夏		螻蟈鳴，蚯蚓出	王瓜生，苦茱秀

〔註152〕〔漢〕高誘注，〔清〕畢沅校：《呂氏春秋》（上海：上海古籍出版社，1996年12月），頁75。

〔註153〕高明撰：《帛書老子校注》（北京：中華書局，1996年），頁282。

仲夏	小暑，日長至	鵙始鳴，反舌無聲，鹿角解	螳螂生，蟬始鳴，半夏生，木堇榮	
季夏	溫風始至	鷹乃學習	蟋蟀居壁	腐草爲螢，樹木方盛
孟秋	涼風至，白露降，立秋	鷹乃祭鳥	寒蟬鳴	
仲秋	涼風生，日夜分，雷始收聲	候雁來，玄鳥歸，群鳥養羞	蟄蟲俯戶	
季秋	霜始降	候雁來賓，豺則祭獸戮禽	爵入大水爲蛤	菊有黃華，草木黃落
孟冬	水始冰，地始凍，虹藏不見，立冬	雉入大水爲蜃		
仲冬	冰益壯，地始坼，日短至	鶡鴠不鳴，虎始交		芸始生，荔挺出，蚯蚓結，鹿角解，水泉動
季冬	冰方盛，水澤復，日窮於次，月窮於紀，星回於天，數將幾終	雁北鄉，鵲始巢，雉雊，雞乳		

「太一」的內容，不僅包括日星的變化，其觀察的是整個實然世界的變動，天氣之暖、炎、涼、寒，鳥獸之生長遷徙，草木由初生以致凋落，此爲「太一」之整體，乃實然世界之豐富，故「太一」創造天地，陰陽二氣相生相凝以成萬物，或剛或柔或寒或暑，乃成天地四時，萬物或凝而成形，或散而衰亡，天地如車輪之轉「終則復始、極則復反」，此爲「太一」之內涵。

（二）陰陽二氣

陰陽二氣在老莊中多爲天道生化萬物之內涵，在《管子・四時》篇中已被應用在解釋四時之消長，至於《呂氏春秋》十二紀更落實到四季、三時、十二月中，以陰陽二氣之消長，解釋天地四時氣化之運行。

> 黃鐘之月，土事無作，慎無發蓋，以固天閉地，陽氣且泄。大呂之月，數將幾終，歲且更起，而農民無有所使。太蔟之月，陽氣始生，草木繁動，令農發土，無或失時。夾鐘之月，寬裕和平，行德去刑，無或作事，以害群生。姑洗之月，達道通路，溝瀆修利，申之此令，嘉氣趣至。仲呂之月，無聚大眾，巡勸農事，草木方長，無攜民心。蕤賓之月，陽氣在上，安壯養俠，本朝不靜，草木早槁。林鐘之月，草木盛滿，陰將始刑，無發大事，以將陽氣。夷則之月，修法飭刑，選士屬兵，詰誅不義，以懷遠方。南呂之月，蟄

蟲入穴，趣農收聚，無敢懈怠，以多爲務。無射之月，疾斷有罪，

當法勿赦，無留獄訟，以亟以故。應鐘之月，陰陽不通，閉而爲

冬，修別喪紀，審民所終。〔註154〕

此由音樂之十二律以應節令之十二月，乃以陰陽二氣之消長論節氣盛衰，仲冬之時，陽氣且洩，愼無發蓋，孟春時陽氣始生，季春時嘉氣促至，仲夏時陽氣最烈，季夏時陰氣將至，以遏陽氣之盛，至於孟冬陰氣陽氣不通，閉而成冬，是由陰氣與陽氣之盛衰消長，演繹出每個時令的季節變化。

《呂氏春秋》十二紀吸收陰陽二氣之說，解釋天道之變化，「萬物所出，造於太一，化於陰陽。」〔註155〕高誘注：「造，始也；太一，道也；陰陽，化成萬物者也。」萬物乃「太一」所始生，萬物的內涵是陰陽二氣，此二氣相互作用，乃化育成形以成萬物，二氣之消長盛衰，乃成歲時之流轉，故陰陽二氣是造就萬物的本質，也是四時變換流轉的動力。

茲歸納《呂氏春秋》十二紀陰陽二氣之變化製表，以明其陰陽消長與時令之關係：

四　時	節　候	陰　　陽　　之　　氣
春	孟春	天氣下降，地氣上騰，天地和同。
	季春	生氣方盛，陽氣發泄。
夏	仲夏	陰陽爭，死生分。
秋	孟秋	立秋，天地始肅。
	仲秋	殺氣浸盛，陽氣日衰。
冬	孟冬	立冬。天氣上騰，地氣下降，天地不通，閉而成冬。
	仲冬	陰陽爭。
	季冬	日窮於次，月窮於紀，星迴於天，數將幾終，歲將更始。

此可發現節令之轉換與陰陽二氣離合相爭有密切關係，春夏之生氣，來自陽氣下降，陰陽相爭，陽氣盛而陰氣衰，秋冬則陰氣漸長，陰陽二氣復爭，陰氣日盛，陽氣則衰，是以殺氣浸盛，以至陰陽相隔不通，待來春陽氣復降，陽氣復爭勝，歲乃更始。故陰陽二氣既相交復相離，週而復始，形成四時寒

〔註154〕陳奇猷：《呂氏春秋校釋・季夏紀》（臺北：華正書局，1988 年），頁 325。

〔註155〕〔漢〕高誘注，〔清〕畢沅校：《呂氏春秋・仲夏紀》（上海：上海古籍出版
　　　社，1996 年 12 月），頁 255。

暑節氣之變化。

> 天地有始，天微以成，地塞以形。天地合和，生之大經也。以寒暑日
> 月畫夜知之，以殊形殊能異宜說之。夫物合而成，離而生。知合知成，
> 知離知生，則天地平矣。平也者，皆當察其情，處其形。〔註156〕

陰陽二氣上下消長，造成歲時節令之流轉，此為天道節氣之循環。《管子·內業》篇云：「凡人之生也，天出其精，地出其形，合此以為人。」〔註157〕是人物之所生也來自陰陽二氣之所凝，且萬物各不同種類形貌，卻皆各具其性、各擅其能，互不相擾相害，此為地道之規律。故陰陽二氣之消長造成四時寒暑晝夜的不同，陰陽二氣之離合形成萬物之殊類殊形，盛衰生死，合而成形，離則消散，故知陰陽之相生相離，可知萬物死生之情狀，因萬事萬物皆由陰陽二氣所作用而成。

老子云：「天下萬物生於有，有生於無。」〔註158〕河上公注：「天地神明，蜎飛蠕動，皆從道生，道無形，故言生於無也。」老子強調「無」的道體的超越性。《呂氏春秋》十二紀所演繹的宇宙論乃從天地之「有」開始，即從天地之實有處論，實有以前是何狀態？是「虛」是「無」？《呂氏春秋》十二紀置而不論，以其重視的是實然世界的存在。此實然世界必有一初始，天由積微而始生，地由充塞凝結而成形，積微正是從「有」開始，由積微以致於成形，成就萬物，陰陽二氣相和相盪乃得生生不息，此乃天地生生之常道。陰陽二氣不是「無」，陰陽二氣是「無形」卻是「有」的作用，它是「無」的道體與「有」的實然世界中間的媒介，當它相合則成形而成萬物，相離則復歸於無形之氣，此作用卻屬實有，由寒暑日月晝夜皆陰陽消長循環可知，由萬物紛紜萬象，異形異質卻各據性能可見，因此陰陽之相盪相和，知萬物之相凝相生，則可知天地萬物生死盛衰之情狀。

（三）圓道說

「圓道說」為《呂氏春秋》十二紀承老莊「法天地」及結合《管子·四時》「刑德說」而成。「圓道」即是周而復始的規律，天有天之圓道，地有地之圓道，人亦有人世之圓道。故此「圓道說」是在自然義的氣化宇宙論的基

〔註156〕陳奇猷：《呂氏春秋校釋·有始覽》（臺北：華正書局，1988 年），頁 657。
〔註157〕《管子》（新編諸子叢書，臺北：國立編譯館，2002 年 2 月），頁 1078。
〔註158〕王卡點校：《老子道德經河上公章句》（北京：中華書局，1960 年 8 月），頁 162。

礎上，發展而爲人君施政的規範，是天與人在氣化宇宙中皆爲圓道所統攝，成爲結合天、地、人而爲一體的龐大政治體系。

> 日夜一周，圓道也。月躔二十八宿，軫與角屬，圓道也。精行四時，一上一下，各與遇，圓道也。物動則萌，萌而生，生而長，長而大，大而成，成乃衰，衰乃殺，殺乃藏，圓道也。雲氣西行云云然，冬夏不輟，水泉東流，日夜不休，上不竭，下不滿，小爲大，重爲輕，圓道也。〔註159〕

《呂氏春秋》十二紀所展現的天地四時萬物的變化，可謂集先秦對自然觀察的詳實紀錄，從星象的變化始，《十二紀》詳細的紀錄下一年四季、十二個時期，日星在晨、午、昏的不同位置，而其位置就由環繞在黃道周圍的二十八宿星表示，由太陽在黃道上周而復始的變化，爲天文日星運行之「圓道」。日夜的循環、一年春夏秋冬四時的更替，爲時令節氣之「圓道」。植物的萌芽、生長、成熟、蕭瑟、衰敗，新生，爲草木死生終始之「圓道」。蟲魚鳥獸從蟄伏、始動、過盛、遷徙，生死、年年復始，乃鳥獸之「圓道」。天文日星之圓道，四時節氣之圓道，鳥獸草木之圓道，天地間盡是無數的圓道在運行，它們的運行規則也許個個不同，但周而復始、不斷生生變化，似乎是共同的特色，此乃《呂氏春秋》十二紀自然義的宇宙觀「圓道說」。

自然義的「圓道」說，有三點意義：第一，它表現一個豐富的實然世界，此世界包含日月星象、四時節氣、草木蟲魚鳥獸種種，可說是以整個天地萬物爲內容。二、這個實然的世界乃爲動態的世界，日月星辰會運行，四時會變化，蟲魚鳥獸會相生相死，乃動態的宇宙觀。第三，這個動態的世界有規律，日星有運行的軌跡，四時有一定的次序，蟲魚鳥獸有固定的作息，它們共同的特色是會週而復始、生生不息，是爲「圓道觀」。故整個宇宙包含日星蟲魚鳥獸人物皆在其中，其運行不息，其中自有規律在主導，如圓圓之周而復始，此爲自然義「圓道說」的特色。

老子云：「反者道之動，弱者道之用」〔註160〕，老子提出道體運行是周行而不殆，可視爲圓道思想的先驅，而重視的是「有生於無」，強調在「有」

〔註159〕陳奇猷：《呂氏春秋校釋・季春紀》（臺北：華正書局，1988 年），頁 171～172。

〔註160〕王卡點校：《老子道德經河上公章句》（北京：中華書局，1960 年 8 月），頁161。

的世界，背後那「無」的道體。值得注意的是，《呂氏春秋》十二紀之「圓道」說，不僅強調其規律義，更重視的是圓道本身的內容，故其論旨不是萬物背後的「無」，而是「圓道」本身的內涵，即周而復始、生生不息的「生」，所謂「天地合和，生之大經也」。〔註161〕

　　《呂氏春秋》十二紀雖受道家影響，但不著重在道家清虛靜守的哲理觀照上，它著重的是實然世界的存有，所重在整個天地萬物的運行，其胸懷的是整個世界的「生與養」，如何去建立一個兼養萬物的人倫社會，不是個人修養境界上的「無」，不是追求哲理關照、精神境界上的超越，而是積極去建立實然世界的人文規範。

　　故《呂氏春秋》十二紀是在《管子》的基礎上，吸收鄒衍「陰陽五行」之說，建立一套嚴密的人道規範，以成其「法天地」思想的具體實踐。其吸收陰陽五行之說配合節氣方位應用在政治上，建立所謂「天道圓，地道方」的天人相應的政治體系。如春季為木德，正色為青，正位主東，天氣下降，地氣上騰，天地合同，草木萌動。故天子衣青衣，服倉玉，立春時迎春於東郊，祈穀天帝，親載耕耒，布民農事。夏時盛德在火，其神祝融，其色為赤，其位南方，故天子衣朱衣，服赤玉，立夏時迎夏於南郊，樹木方盛，水潦盛昌，祈祀山川百源。秋季盛德在金，主位西方，正色為白，天子衣白衣，載白旂，迎秋於西郊，天地始肅，陽氣日衰，促民收斂，多積聚。冬季盛德在水，主位在北，正色為黑，天子衣黑衣，服玄玉，迎冬於北郊，天氣上騰，地氣下降，天地不通，命百官，謹蓋藏，以下製表以明其大略：

四時	節候	陰　　陽	五　　行	施　　政
春	孟春	天氣下降，地氣上騰，天地和同，草木繁動。	盛德在木，立春之日，天子迎春於東郊，載青旂，衣青衣，服青玉。	命相布德和令，行慶施惠，下及兆民，慶賜遂行，命布農事，命田舍東郊，皆脩封疆。
	仲春	始雨水，雷乃發，聲始電。		安萌芽，養幼少，存諸孤，省囹圄，去桎梏，無肆掠，止獄訟。
	季春	生氣方盛，陽氣發泄，時雨將降，下水上騰。		布德行惠，發倉廩，賜貧窮，振乏絕，開府庫，出幣帛，周天下，勉諸侯，聘名士，禮賢者，婦使以勸蠶事，令百工，審五庫之量。

〔註161〕陳奇猷：《呂氏春秋校釋》（臺北：華正書局，1988年），頁657。

夏	孟夏	立夏	盛德在火，立夏之日，天子迎夏於南郊，載赤旂，衣朱衣，服赤玉。	贊傑俊，遂賢良，舉長大，行爵出祿，必當其位。
	仲夏	小暑至，日長至，陰陽爭，死生分。		君子齋戒，處必掩，身欲靜無躁，止聲色，薄滋味，退嗜慾，定心氣，百官靜，事無刑，以定晏陰之所成。
	季夏	溫風始至，樹木方盛，水潦盛昌，土潤溽暑，大雨時行		命漁師伐蛟取鼉，令四監大夫合百縣之秩芻，以養犧牲，命婦官染采。
	中央	其日戊己。其帝黃帝。其神后土。其蟲倮。其音宮。律中黃鐘之宮。其數五。其味甘。其臭香。其祀中霤。祭先心。天子居太廟太室，乘大輅，駕黃騮，載黃旂，衣黃衣，服黃玉，食稷與牛。其器圜以揜。		
秋	孟秋	立秋，天地始肅，涼風至，白露降。	盛德在金，立秋之日，天子迎秋於西郊，載白旂，衣白衣，服白玉。	命將帥選士厲兵，以征不義，命有司修法制，命理瞻傷察創視折審斷，決獄訟，嚴斷刑。命百官始收斂，完提防，備水潦，修宮室，坿牆垣，補城郭。
	仲秋	日夜分，殺氣浸盛，陽氣日衰，水始涸。		養衰老，命司服具飭衣裳，命有司申嚴百刑，命宰祝巡行犧牲，天子乃儺，以達秋氣，命有司趣民收斂，務蓄菜，多積聚。
	季秋	霜始降，寒氣總至，草木黃落。		申嚴號令，命百官貴賤無不務入，以會天地之藏，無有宣出。百工休，大饗帝，嘗犧牲，合諸侯，制百縣，天子教以田獵，以習五戎獀馬，乃趣獄刑，毋留有罪。
冬	孟冬	立冬 水始冰，地始凍，天氣上騰，地氣下降，天地不通，閉而成冬。	盛德在水，立冬之日，迎冬於北郊，載玄旂，衣黑衣，服玄玉。	賞死事，恤孤寡。命太卜禱祠龜策占兆審卦吉凶。命百官謹蓋藏，命司徒循行積聚，無有不斂。坿城郭，戒門閭，修楗閉，慎關籥，固封璽，備邊境，完要塞，謹關梁，塞蹊徑，飭喪紀，辨衣裳，審棺槨，營丘壟。命工師效功，陳祭器，按度程。大飲蒸，祈來年于天宗，大割祠于公社及門閭，饗先祖五祀。命將率講武，命水虞漁師收水泉池澤之賦。
	仲冬	冰益壯，地始坼。日短至，陰陽爭，諸生蕩。		命有司土事無作，無發蓋藏，無起大眾，以固而閉。命閹尹申宮令。命大酋秫稻必齊，麴糵必時。君子齋戒，處必弇，身欲寧，去聲色，禁嗜慾，安形性，事欲靜，以待陰陽之所定。

季多	日窮於次，月窮於紀，星迴於天，數將幾終，歲將更始。		命有司大儺，旁磔，出土牛，以送寒氣。命漁師始漁，命司農計耦耕事，修耒耜，具田器。命樂師大合吹而罷。天子乃與卿大夫飭國典，論時令，以待來歲之宜。命太史次諸侯之列，賦以犧牲，以供皇天上帝社稷之享。命同姓之國，供寢廟之芻豢。令宰歷卿大夫至於庶民土田之數，而賦之犧牲。

　　這樣的天道架構衍申出人君的施政方向：春夏之時，陽氣爲盛，生氣盎然，乃木德之生，火德之長爲盛，故施政也以「行德施惠、勸學尊師」爲主；秋冬陰氣爲殺，金德水德當令，則以「講武論刑、收斂謹藏」爲宗，其說顯然直承《管子・四時》「刑德說」而來。

　　秦自商鞅變法後，在嚴刑峻法下成爲一「路不拾遺」的強國，呂不韋身爲秦國宰相，正當秦國即將統一六國之際〔註162〕，卻主張要「施德行義」，這對一向只重「刑名法術」的秦國來說，無疑是很有深意的。傅武光先生論《呂氏春秋》之著書動機，云：「（呂氏春秋）無論就積極方面之自揭政治理想言，或就消極方面之抨擊秦政缺失言，皆顯見有爲一代之興王立法之意，再證以十二月紀，而此意更顯。」亦揭此意。〔註163〕

　　徐復觀先生《兩漢思想史》論及《呂氏春秋》云：

> 呂氏春秋十二紀紀首，正吸收了夏小正及周書的周月、時訓，加以整理，而另發展了鄒衍的思想，以此爲經，再綜合了許多因素及政治行爲，以組織成「同氣」的政治理想的系統。〔註164〕

徐氏清楚陳述出《呂氏春秋》十二紀的學術淵源，深受「夏小正」、「周書」的影響，此乃就其吸收前代天文、曆法及自然觀察記錄而言，另外發展「鄒衍」思想，則指其吸收陰陽二氣消長，以及後起的五行之說，最後結合成一「同氣的政治理想系統」，「同氣」是就萬物皆受陰陽二氣所化育而言，強調

〔註162〕《史記・秦始皇本紀》：「（始皇）年十三歲，莊襄王死，政代立爲秦王，當是之時，秦地已并巴、蜀、漢中，越宛有郢，置南郡矣，北收上郡以東，有河東、太原、上黨郡，東至滎陽、滅二周，置三川郡。呂不韋爲相，封十萬戶，號曰文信侯。招致賓客游士，欲以并天下。」〔漢〕司馬遷：《史記》（臺北：藝文印書館，據武英殿影印本，1973 年），頁 115。

〔註163〕傅武光：《呂氏春秋與諸子的關係》（臺北：東吳大學，1993 年 2 月），頁 74。

〔註164〕徐復觀：〈呂氏春秋及其對漢代學術與政治的影響〉，《兩漢思想史》（臺北：學生書局，1974 年 5 月），頁 14。

「政治理想」說明其目的是爲了落實在施政上，此乃其人文政治義之「圓道說」。

從上所述，可知《呂氏春秋》十二紀在論述政治理想之前，先有一套完整的天道思想「圓道觀」，它吸收「夏小正」、「周書」的天文自然知識，使其陳述天道的內容具體而有論據。同時也深受道家思想影響，以天地萬物爲懷，以「太一」之道爲宰，卻降低了道家論天道的抽象義，具體彰顯實然世界的「圓道」眾理。吸收鄒衍思想，以陰陽二氣爲「太一」之內涵，以陰陽消長演繹圓道規律，再引伸爲五行之德、神、帝、味、聲、服、色等生活作息之相應，再及於施政之刑德上，構成一套嚴密的政治理論。

由氣論思想言，《呂氏春秋》十二紀的「圓道說」，乃自然義的氣化宇宙論與政治論的結合。「圓道說」有承自〈夏小正〉的月令傳統，也受到鄒衍「五德轉移說」、《管子》〈四時〉、〈五行〉篇，也有儒家禮樂思想的影響，可以說氣論思想在政治理論上的全面落實，配合十二月令的時序與施政，成爲一部嚴密龐大的施政行事曆。

第三節　先秦氣論思想的特色

論先秦氣論思想的特色，分兩方面論述之：一是由學派入手，分論道家、儒家及其他諸家的氣論主張，二是由氣論思想路徑分析，可分爲自然義、道德義、卦爻義與政治義等四種不同的氣論模式。

一、先秦氣論思想的發展

先秦氣論思想的發展，有道家、儒家及《左傳》、鄒衍、《管子》、《呂氏春秋》等的氣論主張。道家氣論思想的特色，表現在氣化的天道論、存養的修養論；儒家的氣論思想特色，在其道德義的氣化論，變化氣質的修養論。《左傳》屬自然義的氣化論，鄒衍、《管子》、《呂氏春秋》則較偏向於政治義的氣論主張。

（一）道家的氣論思想

道家的氣論思想以老子、莊子及《管子・內業》爲主，建立以道體、陰陽二氣或精氣爲內涵的自然義氣化天道論，在修養論則主張要寡欲、存養精氣，以上達於造化之一氣爲其特色。

1. 自然義的氣化天道論

老子云：「道生一，一生二，二生三，三生萬物。萬物負陰而抱陽，沖氣以爲和。」〔註165〕以天道爲主體，以陰陽二氣爲內涵，以氣化爲創生萬物的模式，開創道家氣化宇宙論的雛形。老子所重在超越之道體，論述「道法自然」之價值，萬物皆受道體之精氣以生，成形後，在人身中有精氣、魂魄之內涵，故人當專氣致柔，乃得養生，開創道家以「存養」爲主的修養論。

《莊子》在氣化宇宙論方面：將老子氣化宇宙論的雛形，做有系統的論述，〈至樂〉云：「察其始而本無生，非徒無生也而本無形，非徒無形也而本無氣。雜乎芒芴之間，變而有氣，氣變而有形，形變而有生，今又變而之死，是相與爲春秋冬夏四時行也。」〔註166〕道體本無形無生，進而有氣，氣凝結成形，形與形乃復有生，形氣消散乃死，回歸於元氣，成爲完整氣化過程的理論模型。

《管子‧內業》承《莊子》「精神說」，提高「精氣」的重要，甚至超過陰陽二氣的地位，其云：「凡物之精，此則爲生，下生五穀，上爲列星。流於天地之間，謂之鬼神；藏於胸中，謂之聖人。」〔註167〕「精氣」在氣化宇宙論爲天道本體創生之作用，爲陰陽二氣之精微，氣化成形之後，以爲五穀、列星、流於天地之間，內具於萬物之中，爲心性之內涵，故「精氣」實爲連結氣化天道與人道的關鍵，因此「精氣說」是在陰陽二氣之後，氣化宇宙論的進一步發展。

故先秦道家氣化天道論的發展，是建立天道絕對本體，天道創生宇宙萬物的過程，是由「無」到「有」，從「有」到「眾有」，再從「有」還「無」的過程，「精氣」、「陰陽二氣」乃天道由「無」到「有」的關鍵，是乃所謂「氣化」，氣化成形之後，物與物生乃爲「形化」，氣聚形生、形盡氣散是爲生死，復歸於造化之一氣，此爲先秦道家氣化天道論的特色。

2. 存養的修養論

老子由「道法自然」初步建立道家的氣化宇宙論，下落於人世則主聖人「行無爲之事」，反對五色、五音、五味之追逐，在修養論上亦有：「見素抱

〔註165〕高明撰：《帛書老子校注》（北京：中華書局，1996 年），頁 29。

〔註166〕〔晉〕郭象注，〔唐〕成玄英疏：《南華眞經注疏》（上）（北京：中華書局，1998 年），頁 359。

〔註167〕黎翔鳳撰，梁運華整理：《管子校注‧內業》（北京：中華書局，2006 年），頁 931。

樸，少私寡欲。」〔註168〕「專氣致柔」〔註169〕之說。但若論道生萬物，萬物負陰而抱陽，道與物可透過如何的修養論以連結？則老子卻無太大發揮。

道家氣化修養論的開創，始於莊子。《莊子·內篇》首倡「心齋說」，所謂：「若一志，無聽之以耳而聽之以心，無聽之以心而聽之以氣！聽止於耳，心止於符。氣也者，虛而待物者也。唯道集虛。虛者，心齋也。」〔註170〕莊子開創以「心」連接「天道」與「人道」，連接的關鍵便在「聽之以氣」，天與人同質於「氣」，天與人相通於「氣」，「心齋」便能超越形氣之限制，上達天地一氣之流行，此天人相通之境界，又名之曰「神」。

《莊子》外、雜篇在氣化修養論上，又進一步提出「精神說」。「精」乃承老子論天道：「其中有精，其精甚眞。」〔註171〕之說。「精」爲陰陽二氣之精微者，所謂：「精神生於道，形本生於精」〔註172〕，是合「精」與「形」乃成人身。「形」爲人具體之形質血氣，「精」爲無形之心知神識，故「精神說」乃論人有形形質與無形神識的存養，所謂「形全精復，與天爲一」〔註173〕，是以「精」作爲天與人的連結，影響後世「精氣說」的發展。

《管子·內業》承《莊子》而提「精氣說」，「精氣」爲陰陽二氣之精微，氣化成形之後，內具於萬物之中，而爲心性之內涵，故「精氣」實爲連結氣化天道與人道的關鍵，因此「精氣說」在修養論的要點，是如何存養精氣於形氣之中，以相通於天地之精氣？〈內業〉云：「是故此氣也，不可止以力，而可安以德；不可呼以聲，而可迎以音。敬守勿失，是謂成德。德成而智出，萬物果得〔註174〕。故「安之以德，敬守勿失」是謂「成德」。此「成德」乃循道家「尊道貴德」之意，非儒家之道德義，因此掌握天道價值，進而以之爲人道修養，其云：「天主正，地主平，人主安靜。春秋多夏，天之時也。山陵川谷，地之枝也。喜怒取予，人之謀也。是故聖人與時變而不化，從物而不移，能正能靜，然後能定。定心在中，耳目聰明，四枝堅固，可以爲精舍。」

〔註168〕高明撰：《帛書老子校注》（北京：中華書局，1996 年），頁 314。
〔註169〕同註 168，頁 262。
〔註170〕〔晉〕郭象注，〔唐〕成玄英疏：《南華眞經注疏》（上）（北京：中華書局，1998 年），頁 82。
〔註171〕同註 168，頁 328。
〔註172〕同註 170，頁 425。
〔註173〕同註 170，頁 368。
〔註174〕黎翔鳳撰，梁運華整理：《管子校注·內業》（北京：中華書局，2006 年），頁 931。

〔註175〕法天地之「正」與「平」，如時變而不化，從物而不移，是曰有定，定而能靜，心靜則耳目四肢之形亦安，是形與心乃可以爲「精舍」。又云：「精也者，氣之精者也。氣道乃生，生乃思，思乃知，知乃止矣。」〔註176〕形氣如精舍，乃合於道，合道乃生思，思乃成智，智乃知止。《管子‧內業》「靜」、「定」、「知」、「止」之說，乃論心之存養精氣之功夫，承襲道家之修養論。此與《禮記‧大學》論「大學之道，在明明德，在親民，在止於至善。」的道德修養論內涵不同。

　　道家的氣論思想在天道論與修養論，強調「道」的主體、絕對、普遍義，由道體之「無」經由氣化的過程而爲「有」，「精氣」、「陰陽二氣」扮演其中轉化的角色，人物稟道體之氣而成形，氣之聚散乃成生死情變，而復歸於一氣而已，此乃自然義的氣化宇宙論。落實至人道之修養，則人與天地乃一氣之同質一體，故人之養生乃在存養精氣，人的超越也在於跳脫形氣之拘，而以天地一氣看待造化之流行，則生死、物我、剛柔、大小，無不在此視野下消融一體，此爲道家氣論思想的特色。

（二）儒家的氣論思想

　　儒家的氣論思想，以孔子、孟子、荀子、《易傳》爲主，其在天道論的主張爲道德義的氣化天道觀，在心性論的修養上則主張要變化氣質，以循禮義之道而行。

1. 德性的氣化天道觀

　　孔子有「血氣」之說，無氣化主張。孟子則受氣化思想影響，而倡「浩然之氣」，其云：「其爲氣也至大至剛，以直養而無害，則塞于天地之間。」〔註177〕乃將儒家之道德義，賦予自然義的氣化思想，凸顯道德主體的價值。至於「浩然之氣」充塞於天地之間，其如何形塑萬物？萬物與浩然之氣的關係又爲何？孟子皆未申論之，孟子的「浩然之氣」說，在氣論思想上的意義，是賦予氣化的道德意義，扭轉自老子以來論氣化的自然義特色，而提出富儒家特色的氣化道德義主張，可知此乃道德義的宇宙論。

〔註175〕黎翔鳳撰，梁運華整理：《管子校注‧內業》（北京：中華書局，2006 年），頁 937。

〔註176〕同註 175，頁 937。

〔註177〕《孟子‧公孫丑章句上》（十三經注疏 8，臺北：藝文印書館，1976 年），頁 54。

　　荀子的氣化思想，天道論主張天人分職，以天地陰陽四時運行不息，草木蟲魚鳥獸，以致於人物，皆受氣化之所生，此乃受老莊氣化宇宙論影響，取氣化之自然義，荀子歸於「天職」、「天功」者，乃人所不可爲的部分。論人禽之生，則由氣化之內涵論。〈天論〉云：「水火有氣而無生，草木有生而無知，禽獸有知而無義，人有氣、有生、有知，亦且有義，故最爲天下貴也。」〔註 178〕水火只有氣、草木有氣有生、禽獸有氣有生有知、人有氣有生有知有義，故最爲貴，似乎物種受氣有別故貴賤也不同，而以人最爲貴，凸顯以人爲德性主體的特色。至於爲何只有人能知義，荀子沒有進一步追問？

　　《易傳》則吸收氣化思想初步建立儒家的氣化宇宙論，〈繫辭上〉云：「一陰一陽之謂道，繼之者善也，成之者性也。」〔註 179〕〈說卦〉云：「立天之道，曰陰與陽；立地之道，曰柔與剛；立人之道，曰仁與義。」〔註 180〕《易傳》吸收陰陽氣化思想，而以乾坤八卦名之，由乾德之剛健不已、坤德之柔順載物，以論天地生生之大德，此爲天地之道。《易傳》所演述爲自然義的氣化宇宙論，但在自然義的氣化宇宙論中，萃取其剛健不息、厚德載物之道德義，以爲人道之修養論，初步建立起儒家道德義的氣化宇宙論。

　　《易傳》的氣論思想特色，在它開創以卦爻爲詮釋系統的氣化論，這是以陰陽五行爲詮釋符號的系統之外，另一套詮釋氣化宇宙圖像的詮釋符號，故陰陽二氣在《易傳》中爲乾、坤二卦所取代，「天之六氣」成爲乾、坤、震、離、兌、坎、巽、艮之八卦，由八卦進一步演繹爲天地萬象。其次，《易傳》雖吸收氣化思想，但反映的氣化宇宙觀並非自然義的宇宙觀，而是重視尊卑、貴賤、動靜、剛柔、吉凶的道德義的宇宙觀。故《易傳》演繹的宇宙觀，最終在說明天地之德，天具剛健不息之能，地厚德載物以生養，故君子法天地之德「天行健，君子以自強不息」。

　　先秦儒家氣論思想的發展，可以發現孔、孟、荀有受到氣化思想影響，如孔子提到「血氣心知」，孟子提到「浩然之氣」，荀子提到「人有氣有生有知有義」的主張，但並未建構一套儒家式的完整的氣論思想體系，其基本方向在肯定人的道德價值。孟子由「浩然之氣」之集義存養，以凸顯人之德性

〔註 178〕〔清〕王先謙：《荀子集解・王制》（北京：中華書局，1981 年），頁 164。
〔註 179〕《周易・繫辭上》（十三經注疏 1，臺北：藝文印書館，1976 年），頁 148。
〔註 180〕同註 179，頁 183。

主體義。荀子則由氣化之內涵有別上，以明人禽之辨，即人與禽獸在先天受氣之內涵上就不同，唯有人得以明禮義之道，此亦先天上肯定人之價值，此價值是在知曉禮義之道的德性意義上予以肯認。故孟、荀二家皆在德性主體上肯定人之價值，惟途徑不同爾。

　　《易傳》才正式建立儒家式的氣化天道論，其確立以太極、兩儀、四象、八卦爲氣化宇宙的模型，但其所重不在氣化生生萬物的過程，而在其背後所呈現的天地之德性。故君子當法天地剛健不息、厚德載物之德，故儒家之所重仍在道德意義的詮釋，只是此時不在心性，而在探討天道義的道德意義。故先秦儒家的氣論思想，在天道論方面，乃爲德性義的天道觀。

2. 變化氣質的修養論

　　儒家氣化修養論的發展，以孟子「浩然之氣」說最早，「浩然之氣」與「性善說」相爲表裡，「浩然之氣」由集義而生，「性善說」由四端之心而發，對內以發四端之心，對外以爲善集義，合內外存養擴充，方爲完整之道德人典型。

　　荀子的氣化修養論曰「化性起僞」，「化性起僞」的目的便是「變化氣質」，儒家的氣化修養論自成理論體系者，約始於荀子。「化性起僞」的功夫由外而內有三層次：一是循聖人所制訂之禮法規範，賞善罰惡，此爲外在的約束力，乃氣性中「知義」的學習。第二爲師友薰陶，其背後的氣化理論爲「凡姦聲感人而逆氣應之，逆氣成象而亂生焉；正聲感人而順氣應之，順氣成象而治生焉。唱和有應，善惡相象，故君子愼其所去就也。」〔註181〕此爲「同氣相感相應」的氣化思想，故親師友乃感應善性之情，善行積習則至於化性矣。第三爲「變化氣質」，其理論基礎爲「天地爲大矣，不誠則不能化萬物；聖人爲知矣，不誠則不能化萬民。」〔註182〕天地以誠而變化代興，則人亦可因積習至誠而變化氣質，此乃「化性起僞」之功。

　　故荀子氣化思想在心性論中至爲重要，「同氣相感相應」的理論，證明人的氣性，會因外在順氣、逆氣所感，而發其善心、惡心，透過師友、積學的順氣之習，便能久趨於善。「致誠之道」則是心性深化的過程，藉由守仁行義的實踐，由形而神，神而化，最後變化其質矣。此由身、由氣、由心、最後至性，以達變化氣質之功，乃得爲聖賢君子，「化性起僞」的修養功夫於焉完成。

　　若說孟子的「浩然之氣」是儒家對氣化主張的吸收與融化，對道家自然

〔註181〕〔清〕王先謙：《荀子集解‧樂論》（北京：中華書局，1981年），頁381。
〔註182〕〔清〕王先謙：《荀子集解‧不苟》（北京：中華書局，1981年），頁46。

義的氣化主張賦予道德化，以凸顯人為德性主體。荀子的「化性起偽」，則是將氣化主張應用到人形性氣質的修養，透過氣化的特性，重新賦予問學、親師、行仁由義的道德意義，它們不再只是外在的學習，更有促進內在情性轉化的功能，因而也具有主體性。

荀子「化性起偽」實乃儒家的氣化道德修養論，人雖稟氣而能知義，但知義的過程要透過學習、薰陶、至誠實踐的功夫，透過知識的啟發、師友的影響，再加上踐行累積的過程，最後達於化性之功。故性與偽非為二物，二者皆為氣質，惟「性」為自然義的氣質，「偽」為道德義的氣質，二者同質而表現有別而已。故荀子為儒家開創另一條透過知識、學習，以變化氣質的修養途徑，其背後實有氣化理論為依據。

《易傳》演繹的宇宙觀，最終在說明天地之德，天具剛健不息之能，地厚德載物以生養，故君子法天地之德「天行健，君子以自強不息」，故云：「大人者，與天地合其德，與日月合其明，與四時合其序，與鬼神合其吉凶。」〔註183〕此乃《易傳》對人內涵與德業的擴大詮釋，人不再僅限於文化義的君子或心性良知的核心價值，人當以天地萬物為一體，法天地之德，合日月四時之時序，敬服山川鬼神，乃得審其吉凶之福，此乃《易傳》論人之成德在儒家思想意義上的擴大。

先秦儒家氣化修養論的發展，可以「變化氣質」為大方向，孟子雖主「性善」與「浩然之氣」，修養工夫則在擴充四端之心、在集義以為道德性體；荀子主「性惡」，在修養上更以氣化思想為根據，主張「化性起偽」；《易傳》則將人的道德義擴充至於天地、日月、四時、鬼神，以彰顯天人合德之義，是以變化人之情性而與天地之德相通為共同趨向。

（三）其他諸家的氣論思想

其他諸家包括《左傳》、鄒衍、《管子》、《呂氏春秋》等的氣論主張，《左傳》「天生六氣」屬自然義的氣化論，鄒衍「五德轉移說」乃將陰陽與五行作結合，以論人世之興替，《管子》〈四時〉、〈五行〉篇與《呂氏春秋》十二紀，乃將自然義的月令資料，轉向政治義的氣論主張。

1.《左傳》的自然氣化說

《左傳》有「天生六氣」之說，乃屬自然義的氣化宇宙觀，「六氣曰陰、

〔註183〕《周易・乾》（十三經注疏 1，臺北：藝文印書館，1976 年），頁 17。

陽、風、雨、晦、明也。」〔註184〕「天有六氣」可說是在老子「陰陽」二氣基礎上擴充而成，又比附五味、五聲、五行及人之喜怒哀樂六情，擴大氣論思想的指攝範圍，將天道連結於人道之生，充實氣化宇宙論的內涵。

《左傳》昭公元年，秦醫和所謂：「天有六氣，降生五味，發爲五色，徵爲五聲。淫生六疾。」〔註185〕首論天之六氣與人的關係，人承天之六氣而有五味、五聲、五色之感官，但「淫生六疾」，即過度不節以逐感官之欲乃生疾病，是以「不淫」爲養身之道，是認同人之性情本然，但主張有所節制，此由氣化成形以論養身之論，即主張順自然情性，但要有所節制的修養觀。

2. 鄒衍：政治義的氣化宇宙觀

鄒衍「五德轉移說」，今未知其詳，據史記〈孟荀列傳〉所記，可以推想其學說之龐雜，包括古往今來、天文地理、草木禽獸、甚至天地未生、人之不能睹者，其說雖無法窺知，但其爲包羅天地萬物之氣化宇宙論當無疑。特別的是「五德轉移，治各有宜」之說，此爲「五行」由物質義，轉爲解釋人文世代轉移之五種主德的關鍵，從此陰陽氣化思想與五行之德結合，以解釋人文世代之興衰。此乃自然義的氣化宇宙論，逐漸轉向政治義的氣化宇宙論的開始。

3. 《管子》：「刑德說」的政治氣化論

《管子》諸篇非一時一人之作，內容也龐雜諸說，其氣化思想多存〈四時〉、〈五行〉、〈內業〉等篇，其氣論思想可分二派：〈內業〉篇的「精氣說」爲莊學的修養論，故附於道家修養論的發展來看；〈四時〉、〈五行〉則屬自然義的氣化宇宙論轉向爲政治義的氣化宇宙論，是爲「刑德說」主張的政治氣化論。

〈四時〉受〈夏小正〉月令資料的影響，制爲春、夏、秋、冬四時之節序，以爲君王施政之則。〈夏小正〉之月令乃客觀記錄自然界、天文、鳥獸、草木的時序變化。〈四時〉不重其月令資料的自然時序，乃在建立以陰陽、五行之德、方位之名，以解釋四時節序的流轉，以及與節氣相應之五行之德，春以木德，夏以火德，秋以金德，冬以水德，中央爲土德，進而由五行之德以生五政，春夏以施惠行賞爲德，秋冬以斷獄刑罰爲主，是乃主張「刑德說」。

〔註184〕《左傳》（十三經注疏，臺北：藝文印書館，1976年），頁709。
〔註185〕同註184，頁709。

故《管子・四時》實則爲一政治主張，乃藉氣化宇宙論之規律，作爲其「刑德說」的理論根據，這是自然義的氣化宇宙論衍生下的政治主張。

4. 《呂氏春秋》十二紀：「圓道說」的政治氣化論

《呂氏春秋》十二紀，其說結合自然義的氣化宇宙論，以陰陽配合五行之德，構成十二月紀時序之施政藍圖，而名之曰「圓道說」，是爲戰國末期政治氣化論的代表作。其說從二條脈絡而來：一是〈夏小正〉的月令傳統，經過《管子・四時》篇的改造，最後形成十二月令的嚴密，其吸收〈夏小正〉對自然界的客觀記錄而有所增補，使其對自然觀察的掌握更具說服力，影響後世〈月令〉及〈二十四節氣〉的催生。二是吸收《管子・四時》「刑德說」以陰陽五行詮釋五政之模式，構成一套包括祭祀、方位、食息、服色、音律及四時之施政細則，可謂鉅細靡遺的將人道之生活作息全納入其規範之下，可謂是將氣化宇宙論的規範全然落實於人道的政治規範中，是自然的氣化宇宙論與人道政治論結合的顛峰。

《呂氏春秋》的氣化宇宙論曰「圓道說」，其氣化修養論多承自老莊及《管子・內業》之說，而主「反己說」，其云：「何謂反諸己也？適耳目，節嗜欲，釋智謀，去巧故，而游意乎無窮之次，事心乎自然之塗，若此則無以害其天矣。無以害其天則知精，知精則知神，知神之謂得一。凡彼萬形，得一後成。故知一，則應物變化，闊大淵深，不可測也。德行昭美，比於日月，不可息也。」〔註 186〕此「己」非耳目感官逐物不反之己，乃節制耳目之欲，釋智謀巧故，遊於天道自然之「眞己」，乃超越形氣感官之能，上達於氣化天道之「一」者，所謂「知精」、「知神」，以至於「得一」者。此與《管子・內業》心之定、靜、知、止的心境相似。

惟《呂氏春秋》「反己說」的修養論，乃針對人君而發，其云：「昔上世之亡主，以罪爲在人，故日殺僇而不止，以至於亡而不悟。三代之興王，以罪爲在己，故日功而不衰，以至於王。」〔註 187〕亡主罪人，故日殺而不悟，以至於亡國；興主知反己，故日功不衰，以至於王天下，是《呂氏》一書本爲有秦一代之典制而作，是對秦主有深意焉。惟就氣化修養論而言，本圖透

〔註186〕〔漢〕高誘注，〔清〕畢沅校：《呂氏春秋・季春紀》（上海：上海古籍出版社，1996 年 12 月），頁 49。

〔註187〕〔漢〕高誘注，〔清〕畢沅校：《呂氏春秋・季春紀》（上海：上海古籍出版社，1996 年 12 月），頁 49。

過心之修養功夫，以存養精氣，以上達天地氣化之道者，至於《呂氏》乃有往人君駕馭之術的修養發展。

二、論先秦氣論思想的路徑模式

先秦氣論思想的路徑模式，主要有四種不同的路徑：自然義的氣化論、道德義的氣化論、卦爻義的氣化論與政治義的氣化論。自然義的氣化論乃以自然天道氣化的規律爲主體，道德義的氣化論則將天道氣化的內容，賦予道德意義，成爲道德修養的目標，卦爻義的氣化論則以卦爻的排列展現氣化的內容，而歸納其天人合德之義，政治義的氣化論則是將自然義的氣化論，轉向作爲政治主張的模式。

（一）自然義的氣化論

先秦氣化宇宙論的發展，以自然義的氣化宇宙論開始，老子由自然天的觀察中，提出自然天乃爲「道體」的運行，萬物由「無」到「有」，乃由陰陽二氣化生，初步提出自然義的氣化宇宙論。

《左傳》「天有六氣」之說，則是在陰陽二氣的基礎上，進而提出「風、雨、陰、陽、晦、明」作爲天象變化的元素，並將其連結於人道之五味、五聲、五色、六疾等，豐富自然氣化論的內容。

莊子自然宇宙論上提出「察其始而本無生，非徒無生也而本無形，非徒無形也而本無氣。雜乎芒芴之間，變而有氣，氣變而有形，形變而有生，今又變而之死，是相與爲春秋多夏四時行也。」〔註188〕無氣、無形、無生，變爲有氣、有形、有生、有死，建立自然氣化成物死生的理論模型。但莊學更著重在對自然義的氣化宇宙論的修養層面，提出「心齋說」與「精神說」，強調盡量減少人爲情緒、物質、名貨的干擾，而能與造化自然之一氣流行。

管子〈內業〉提出「精氣說」，以精氣作爲道體的作用，做爲人物存養的內涵，以精氣連結天道論與修養論，是陰陽二氣的進一步發展，可視作莊學之論，亦爲自然義的氣化宇宙論發展。

故自然義的氣化宇宙論，基本上爲道家氣化宇宙論的路徑模式，以天道自然爲主體，是以天道自然氣化的規律爲主體，具陰陽二氣或精氣爲生化之作用，萬物乃自然氣化之聚散，氣聚則生，氣散則死復歸一氣，萬物以時生

〔註188〕〔晉〕郭象注，〔唐〕成玄英疏：《南華眞經注疏》（上）（北京：中華書局，1998 年），頁 359。

長滅息，人亦爲此氣化主體所生，故人與天道萬物在氣化上爲一體本同質，透過消解人爲情識之修養論，方能超越形氣之限制，乃得上達於天地之一氣，此乃自然義的氣化宇宙論氣論特色。

（二）道德義的氣化論

先秦儒家氣論思想則屬道德義的氣化論特色，孔子雖少言「性與天道」，沒有明顯的氣論思想，其云：「天何言哉？四時行焉，百物生焉，天何言哉？」〔註189〕又云：「天生德於予，桓魋其如予何？」〔註190〕可知孔子乃經由道德的實踐，自然對天道生出道德義的感受，此雖非氣論思想，但奠定儒家面對天道氣化的大方向，乃以道德義爲歸趨。

孟子提出「浩然之氣」的主張，以「浩然之氣」充塞於天地之間，至大至剛，此乃道德義的氣化天道觀，但孟子沒有進一步說明浩然之氣如何生化萬物？也沒有說明此浩然的氣化宇宙如何生養萬物？惟直接論人稟浩然之氣而生，當「集義」、「存養」，使個人除四端之心的「性善」能發端，更使自己的形氣轉爲浩然之氣的具體表現，故孟子的「性善說」與「浩然之氣說」實爲道德實踐的內在與天人一體之根據，孟子以天地爲道德義的浩然之氣，人則爲浩然之氣彰顯道德義的道德主體。

荀子沒有「浩然之氣」的說法，荀子的氣化認知乃接受當時道家自然義的氣化論，其論人與物由氣化而生，其云：「水火有氣而無生，草木有生而無知，禽獸有知而無義，人有氣、有生、有知，亦且有義，故最爲天下貴也。」〔註191〕是由陰陽二氣凝爲水火，草木受氣成形而有生機，禽獸受氣成形，有生息，有耳目知覺，惟人最爲貴，人受氣成形，有生息、有耳目知覺，更有能知義理的心知。故水火、草木、禽獸皆受自然氣化論之賦予與限制，水火有其性，草木順時生，禽獸則弱肉強食，惟人可以超越自然氣化論的限制，以人知義之故，故能「化性起僞」，建立一套合理的人倫規範，此曰「禮義之道」。

故對荀子而言，天道爲自然義的氣化論，但人道卻是道德義的「禮義之道」，只有人可以超越自然義的氣化情性，在人世中表現出更合理的道德秩序，故荀子主「天人分職」，天有天之職分，人有人之分際，天人不相擾。

〔註189〕《論語·陽貨》（十三經注疏，臺北：藝文印書館，1976 年），頁 157。
〔註190〕《論語·述而》（十三經注疏，臺北：藝文印書館，1976 年），頁 63。
〔註191〕〔清〕王先謙：《荀子集解·王制》（北京：中華書局，1981 年），頁 164。

故荀子的氣論思想可以說是在自然義的氣化宇宙上，建立起道德義的人倫世界。

荀子由氣化之內涵上，明人禽之辨，人與禽獸在先天受氣之內涵上就不同，唯有人得以明禮義之道，此亦先天上肯定人之價值，此價值是在知曉「禮義之道」的道德意義上予以肯認。故孟、荀二家皆在德性主體上肯定人之價值，惟途徑不同爾。

儒家的氣論思想至於戰國才有所發展，恐受當時思潮影響，不得不有所回應，儒家試圖以道德義賦予氣論思想，故孟子扭轉自然義的氣化論爲浩然之氣的道德義氣論思想。荀子則在自然義的氣論思想上，論「化性起僞」由「同氣相感」與「天地至誠變化」的氣化之說，強調人之氣質可以透過道德規範、師友薰陶、積習實踐的修養功夫而改變爲「僞」，而實行「禮義之道」，建立道德義的人倫秩序。故孟、荀皆吸收氣論思想，而提出富儒家特色具道德義的氣論主張。至於漢儒則進一步將氣論思想貫注在禮樂之道中，發展出禮樂之道的氣論思想，可謂道德義氣化論的另一路線的發展。

（三）卦爻義的氣化論

《易傳》的氣論思想特色，在它開創以卦爻爲詮釋系統的氣化論，這是以陰陽五行爲詮釋符號的氣論系統之外，另一套詮釋氣化宇宙圖像的詮釋符號，陰、陽二氣在《易傳》中爲乾、坤二卦所取代，「天之六氣」成爲乾、坤、震、離、兌、坎、巽、艮之八卦，由八卦的排列演繹爲天地之森羅萬象，這是《易傳》以卦爻論氣化在形式上的開創性。

《易傳》所演述爲自然義的氣化宇宙論，但在自然義的氣化宇宙論中，卻以儒家所重視的尊卑、貴賤、動靜、剛柔、吉凶的道德義，詮釋此自然義的氣化宇宙觀。故《易傳》演繹的宇宙觀，最終在說明天地之德，天具剛健不息之能，地則厚德載物以生養，故君子當法天地之德，是以「天行健，君子以自強不息」。故《易傳》是由自然義的氣化論中，萃取其剛健不息、厚德載物之道德義，以爲人道之修養論，建立起儒家道德義的氣化宇宙論，而以卦爻方式呈現。

故《易傳》可視作儒家孟、荀的道德氣化論之外，另一路由卦爻來表現道德義的氣論思想路徑。但孟、荀皆以人爲德性的主體，《易傳》的道德義，建立在卦爻所反映的「天人合德」的義理上，卦爻扮演「天地之德」與「人德」的溝通，就其氣論思想的主張而言，卦爻之變正是天地之德的具體表現，

因此《易傳》所反映的是一種「天人合德」的道德性，代表先秦儒家道德義的氣論模式的另一路。

（四）政治義的氣化論

中華民族自古以農立國，農作與天之寒暑、地之肥瘠、四時節令關係密切，是以早在《尚書‧堯典》即記載堯帝：「乃命羲、和，欽若昊天；歷象日月星辰，敬授人時。」〔註192〕由天之星辰以定春夏秋冬之四時以成歲。《易傳》亦云：「古者包犧氏之王天下也，仰則觀象於天，俯則觀法於地，觀鳥獸之文，與地之宜。」〔註193〕此雖言八卦之作，但可知先民當時仰觀天象、俯察地理、觀鳥獸蟲魚以為記錄，是很自然的事，此由今日《大戴禮記‧夏小正》的資料中，尚可窺其一二，因此遠古先民對當時天文、地理、草、木、蟲、魚、鳥、獸、歲時節令的觀察，，反應的是客觀的自然現象，先民在此節氣變化中試圖找出可「敬授人時」的規律，乃慢慢形成原始的〈月令〉資料。〈月令〉本非某一家派所獨有，乃客觀而長期的實然世界的觀察，後遂為戰國諸家學派所吸收，重新賦予新的氣論意義，此類多屬政治主張的學說，而〈月令〉也成為其學說的自然氣化論的依據，這類氣論思想以《管子》、《呂氏春秋》為代表。

鄒衍「五德轉移說」乃首將「陰陽」與「五行」結合，以陰陽氣化和五行相剋說，以成其世代交替之說，此乃將人世之興衰推與天命，要人君掌握天命便能主宰世局，這不能不說是氣論思想的歧出。但其說對戰國末期影響頗大，氣化思想逐漸被導向於政治主張，《管子‧四時》、《呂氏春秋》十二紀皆在這股思潮下應運而生。

《管子》〈四時〉、〈五行〉篇藉四時以述五行之德，再論四時五政之施，而提出「刑德說」的主張，是藉自然義的氣化論轉向政治論的發展。此一思潮至於《呂氏春秋》十二紀，配合蟲魚鳥獸十二月令的變化，結合太一、陰陽、五行、五神、五帝、五味、五色、五聲的詮釋，由自然義氣化宇宙論的「圓道說」，再擴及於人君四時十二月紀之施政，成為政治主張之「圓道說」，使自然義的氣化論轉向為政治義的氣化論之思潮達到顛峰。

自然義的氣論思想特色，是要人超越形氣之限制，回歸自然造化之一氣流行。政治義的氣論思想，則是借天以治人，先由〈月令〉資料展現自然義

〔註192〕《尚書‧堯典》（十三經注疏1，臺北：藝文印書館，1976年），頁21。
〔註193〕《易‧繫辭下》（十三經注疏1，臺北：藝文印書館，1976年），頁166。

的氣化宇宙論，再由陰陽之消長、五行之德之轉移以詮釋氣化天道的變化，最後將此規律作為人道政治的規範，故《管子》由春夏之生養、秋冬之肅殺而提「刑德說」的施政主張，配合五德五政的施行；《呂氏春秋》十二紀由十二月令的規律提出人君服色、居室、祭祀、修禮、興學、發兵、犒賞等行儀，若不按時令而行，更有災異發生，是借由自然義的氣論思想，來作為人道政治規範的氣論模型。

　　縱論上述先秦氣論思想的路徑模式，可以約略理出先氣論思想的發展，即自然之氣→道德之氣→卦爻之氣→政治之氣的演變脈絡，自然義的氣化論，可以說是氣論思想的醞釀期，先民仰觀日月星辰，風雲變幻，俯察四時變化，生長滅息，自然孕育而生自然義的氣化思想，由自然義的天地之氣，落實而為人、物之生理形質之氣，再由形質生理之氣論其道德之發，此乃道德義的氣論思想的萌芽，由道德義的氣論思想發展中，藉由卦爻以呈現其氣化之情狀，以論天人之德，此乃卦爻義的氣論發展，最後，將自然義的氣論思想，詮釋政治思想的主張，而反映時代特色，此乃政治義的氣論思想的興起。故先秦氣論思想，可謂中國氣論思想重要的醞釀發展的階段。

第三章　《禮記》的成書及其氣論諸篇

　　《禮記》四十九篇，形成爲今日所見之篇章，歷來眾說紛紜。實則《禮記》材料的累積，按其時代先後，大致可析分爲三階段：孔子與弟子論禮之作，七十子與其弟子論禮之作，漢儒論禮之作三部份。這三部份的材料，時間上最早可推之於春秋末期，經歷戰國諸儒之論，歷秦火、楚漢之禍，下至於漢世，至於西漢宣帝戴德、戴聖之檢擇編纂而成書。其篇章累積之過程約四百年，在此過程中材料或混雜錯簡散佚，乃生後世之紛紜。

第一節　《禮記》的成書與其命意

　　論《禮記》非一時一人一地之作，乃集先秦以至秦漢諸儒之所論而成。今集前賢之見，略論於下：

一、漢代《禮經》之傳

　　孔穎達《禮記正義》引鄭玄《六藝論》：「今《禮記》行於世者，戴德、戴聖之學也。德傳《記》八十五篇，則《大戴禮》是也。戴聖傳《禮》四十九篇，則此《禮記》是也。」〔註1〕清楚載明今本《禮記》爲戴聖所傳四十九篇。此外《正義》所引鄭玄《三禮目錄》，于《禮記》四十九篇之下逐一徵引劉向《別錄》，說明諸篇分屬於制度、通論、明堂陰陽、喪服、世子法、祭祀、樂記、吉事等類，可見西漢晚期劉向校書時，《禮記》便已成書。

　　但戴聖不是《禮記》作者，他只是「傳《禮》四十九篇」，他是編者或

〔註1〕《禮記》（十三經注疏5，臺北：藝文印書館，1976年，頁11。

也有著述在其中？戴聖稟師承所傳的《禮記》篇章，又從何而來？鄭玄都沒有交代，以致後世滋生爭論。今上溯戴德、戴聖之師承，《史記・儒林傳》：

> 諸學者多言禮，而魯高堂生最本。禮固自孔子時而其經不具，及至秦焚書，書散亡益多，於今獨有士禮，高堂生能言之。〔註2〕

司馬遷云：「高皇帝誅項籍，舉兵圍魯，魯中諸儒尙講誦習禮樂，弦歌之音不絕。」〔註3〕是魯經楚漢相爭以至於漢，猶講頌禮樂弦歌之音，可見魯地儒風不衰，漢初學者尙多言禮，而魯高堂生最本。故漢儒傳《禮》之作，始於魯高堂生，傳者爲《士禮》，乃今《儀禮》，即《漢書・藝文志》之所謂「經」。《漢書・儒林傳》云：

> 漢興，魯高堂生傳《士禮》十七篇。而魯徐生善爲頌。孝文時，徐生以頌爲禮官大夫，傳子至孫顏、襄。襄，其姿性善爲頌，不能通經。延頗能，未善也。襄亦以頌爲大夫，至廣陵內史。延及徐氏弟子公戶滿意、柏生、單次、皆爲禮官大夫。而瑕丘蕭奮，以《禮》至淮陽太守。諸言《禮》爲頌者由徐氏。〔註4〕

> 孟卿，東海人也。事蕭奮，以授后蒼、魯閭丘卿。蒼說《禮》數萬言，號曰《后氏曲臺記》，授沛、聞人通漢子方、梁戴德延君、戴聖次君、沛慶普孝公。孝公爲東平太傅。德號大戴，爲信都太傅；聖號小戴，以博士論石渠，至九江太守。由是《禮》有大戴、小戴、慶氏之學。通漢以太子舍人論石渠，至中山中尉。普授魯夏侯敬，又傳族子咸，爲豫章太守。大戴授琅邪徐良斿卿，爲博士、州牧、郡守、家世傳業。小戴授梁人橋仁季卿，楊榮子孫。仁爲大鴻臚，家世傳業，榮琅邪太守。由是大戴有徐氏，小戴有橋、楊氏之學。
> 〔註5〕

高堂生傳《士禮》十七篇，今存于《儀禮》。皮錫瑞云：「漢初所謂《禮》，即今十七篇之《儀禮》，而漢不名《儀禮》，專主經名，則曰《禮經》。合記而言，

〔註2〕〔漢〕司馬遷：《史記・儒林列傳》（據武英殿影印本，臺北：藝文印書館，1982 年），頁 1277。

〔註3〕〔漢〕司馬遷：《史記・儒林列傳》（據武英殿影印本，臺北：藝文印書館，1982 年），頁 1273。

〔註4〕〔漢〕班固：《漢書・儒林傳》（臺北：鼎文書局，1997 年 10 月），頁 3614。

〔註5〕同註4，頁 3615

則爲禮記。許愼、盧植所稱禮記，皆即《儀禮》與篇中之記，非今四十九篇《禮記》。其後《禮記》之名爲四十九篇之記所奪，乃以十七篇之《禮經》別稱儀禮。」〔註6〕故知漢初所謂《禮》、《禮經》皆指《儀禮》而言，非今《禮記》之名。

《士禮》十七篇，其論「士」之禮：如〈士冠禮〉、〈士昏禮〉、〈士相見禮〉、〈士喪禮禮〉、〈士虞禮〉等，另有論諸侯之禮：如〈燕禮〉、〈大射〉、〈聘禮〉、〈公食大夫〉、〈覲禮〉等，並不全然爲「士」禮；其次，其內容多載具體行禮之儀則、器物之名。《四庫全書》著錄《儀禮注疏》十七卷，〈提要〉云：「漢鄭玄注，唐賈公彥疏。《儀禮》出殘闕之餘。高堂生所傳者，謂之今文。魯恭王壞孔子宅，得亡《儀禮》五十六篇，其字皆以篆書之，謂之古文。」〔註7〕《漢書·藝文志》另載有《禮古經》五十六卷，班固云：「《禮古經》者，出於魯淹中及孔氏，學七十（與十七）篇文相似，多三十九篇。」〔註8〕此即先秦古文《禮經》，惜今不存。但可證高堂生所傳《士禮》十七篇，其有所本，而今文《儀禮》則賴鄭玄之注得存。

據《漢書·儒林傳》所述，則漢代禮學之傳始於魯高堂生，其所傳的典籍爲高堂生所授之《士禮》十七篇，其後以后蒼之傳禮最具影響力，后蒼傳聞人通漢、戴德、戴聖、慶普，由是禮有大戴、小戴、慶氏之學。大戴再傳有徐氏之學，小戴再傳有橋、楊之學，是爲禮學在漢代的傳衍。值得注意者，是漢代禮學無論大戴、小戴、慶氏、徐氏、橋氏、楊氏之學皆源於后蒼。其次，諸家之禮學，其依據之經典同爲高堂生所傳之《士禮》十七篇，則諸家之學的不同，便在各家對《士禮》的不同詮釋上，如「蒼說《禮》數萬言，號曰《后氏曲臺記》」。

以上論漢代禮學之師承，戴德、戴聖二家皆受學於后蒼，同受《士禮》十七篇之經，可知此師承實爲《士禮》十七篇，即所謂《禮經》的師承。惟上述師承可以說明戴德與戴聖皆爲漢代禮家之傳承者，他們編纂解釋《禮經》之說以授弟子，這是合理的。但須知此爲《儀禮》的傳承，並非《禮記》的傳承，《禮記》非高堂生、后倉甚至戴德、戴聖所著，他們只是「傳」，「傳」表示「前有所承」。

〔註6〕　〔清〕皮錫瑞：《經學通論》（臺北：河洛出版社，1974 年 12 月），頁 69。
〔註7〕　《儀禮》（十三經注疏 4，臺北：藝文印書館，1976 年），頁 1。
〔註8〕　〔漢〕班固：《漢書·藝文志》（臺北：鼎文書局，1997 年 10 月），頁 1710。

二、論《禮記》篇章的來源

在漢代的文獻中，對於《禮記》的來源記載不清楚，戴德與戴聖又何由得傳八十五篇與四十九篇之記？即《禮記》的文獻從何而來？近人徐復觀云：

> 兩《戴記》中有的是出於古文而改隸爲今文，有的則漢初以來即爲今文，有的則出於漢初的儒者，今不可得而詳考。兩戴乃各就自己可以入手的材料，於宣帝時各自加以整理編纂成書。未編纂成書以前，有的已單篇流行於社會。賈誼已引〈王制〉、〈學記〉、〈曲禮〉。公孫弘〈乞骸骨疏〉已引有〈中庸〉，其他在宣帝前稱「記」、稱「傳」、稱「禮」而加以援引者甚多，即反映此種事實。〔註9〕

由徐氏的考證，則《禮記》的篇章確「前有所承」，以《禮記》成書以前，其單篇已在流行，可證《禮記》一書的來源爲前代的典籍。考漢代的論禮典籍，班固《漢書‧藝文志‧六藝略》有：

> 《禮古經》五十六卷，《經》七十篇　原注：「后氏、戴氏」。《補註》「劉敞曰、此七十與後七十，皆當作十七。」
>
> 《記》百三十一篇　原注「七十子後學者所記也」。
>
> 《明堂陰陽》三十三篇　原注「故明堂之遺事」。
>
> 《王史氏》二十一篇　原注「七十子後學者」。
>
> 《曲臺后倉》九篇
>
> 《中庸說》二篇
>
> 《明堂陰陽說》五篇
>
> 《周官經》六篇　原注「王莽時劉歆置博士」。
>
> 《軍禮司馬法》百五十五篇
>
> 《封禪議對》十九篇　原注「武帝時也」。
>
> 《議奏》三十八篇　原注「石渠」。
>
> 凡《禮》十三家五百五十五篇
>
> 《易》曰：「有夫婦父子君臣上下，禮義有所錯。」帝王質文，世有損益。至周曲爲之防，事爲之制。故曰：「《禮經》三百，威儀三千。」及周之衰，諸侯將踰法度，惡其害己，皆滅去其籍，自孔子時而不

〔註9〕徐復觀：〈西漢經學史〉，《中國經學史的基礎》（臺北：學生書局，1982年），頁167。

具。至秦大壞。漢興，魯高堂生傳《士禮》十七篇。迄孝宣世，后
倉最明。戴德、戴聖、慶普皆其弟子，三家立於學官。《禮古經》者，
出於魯淹中及孔氏，學七十（與十七）篇文相似，多三十九篇。及
《明堂陰陽》、《王史氏記》所見，多天子諸侯卿大夫之制，雖不能
備，猶瘉倉等推《士禮》而致於天子之說。〔註10〕

《漢書‧藝文志》所載，值得注意者，有「《記》百三十一篇，《明堂陰陽》
三十三篇，《王史氏》二十一篇」，班固注：「七十子後學者所記」。另不爲《漢
志》所錄，而陸德明引劉向《別錄》云：「古文《記》二百四篇」〔註11〕，則
此二百四篇古文論禮之《記》，亦屬此類先秦七十子後學論禮資料。至於《曲
臺后倉》九篇，《封禪議對》十九篇，《議奏》三十八篇則爲漢儒議禮之作，
這些都有可能爲戴德、戴聖所傳。《漢志》中其他如〈樂〉、〈論語〉、〈儒家〉
類典籍，亦可能有論禮之作，如：

　　《樂記》二十三篇。

　　《論語》古二十一篇。出孔子壁中，兩《子張》。

　　《齊說》二十九篇。

　　《魯夏侯說》二十一篇。

　　《魯安昌侯說》二十一篇。

　　《魯王駿說》二十篇。

　　《孔子家語》二十七卷。

　　《孔子三朝》七篇。

　　《子思》二十三篇。名人及，孔子孫，爲魯繆公師。

　　《曾子》十八篇。名參，孔子弟子。

　　《漆雕子》十三篇。孔子弟子漆雕啓後。

　　《宓子》十六篇。名不齊，字子賤，孔子弟子。

　　《景子》三篇。說宓子語，似其弟子。

　　《世子》二十一篇。名碩，陳人也，七十子之弟子。

　　《李克》七篇。子夏弟子，爲魏文侯相。

　　《公孔尼子》二十八篇。七十子之弟子。

　　《孟子》十一篇。名軻，鄒人，子思弟子，有《列傳》。

〔註10〕　〔漢〕班固：《漢書‧藝文志》（臺北：鼎文書局，1997 年 10 月），頁 1709。
〔註11〕　〔唐〕陸德明：《經典釋文‧序錄》（臺北：鼎文書局，1972 年 9 月），頁 11。

《孫卿子》三十三篇。名況，趙人，爲齊稷下祭酒，有《列傳》。

《羋子》十八篇。名嬰，齊人，七十子之後。〔註12〕

可知漢代前有所承的先秦儒者或漢儒論禮之作，數量亦頗可觀。故戴德傳八十五篇之《大戴禮》，戴聖傳四十九篇之《禮記》，二書的來源極可能採擇上述前代或當代儒者論禮之作而得，這一部份可能才是《禮記》篇章眞正的來源。高明先生云：

> 孔子的弟子和他們以後的學者，把孔子以及他們自己論禮的話記載下來，後來經人纂輯成書。最初的纂輯者，據張揖《上廣雅表》所說，是叔孫通。最早的輯本，見於著錄的，是劉向《別錄》所載的「古文《記》二百四篇」和班固《漢書藝文志》所載的「《記》百三十一篇」。后倉論禮，有《后氏曲臺記》一書。后倉的弟子戴德所輯論禮的文字，有八十五篇，叫做《大戴禮記》。后倉的另一弟子戴聖——他是戴德的姪子——所輯論禮的文字，有四十九篇，叫做《小戴禮記》，這就是現在通行的《禮記》。至於孔子的弟子和他們以的學者包括一些什麼人？可能是子游、子夏、子張、子貢、曾子、子思、樂正子春、公孫尼子、仲梁子這些人以及他們的同門、同調、弟子和後學，包括孟子和荀子兩派的學者以及「秦漢之際」的儒生。今本《禮記》可能取材於「古文《記》二百四篇」或「《記》百三十一篇」，甚或其中也有一部份是取材於《后氏曲臺記》的，但我們不能確指今本《禮記》全部只是取材於那一部書。〔註13〕

高氏論《禮記》的作者與來源，溯之於孔子及其後學，如子游、子夏、子張、子貢等弟子及門下弟子，也包括孟子與荀子學派及秦漢諸儒，可謂集孔子以後，至秦漢爲止，各時代儒生論禮的總集。至於纂輯者，張揖推於漢初叔孫通，高氏保留其說。仍從鄭玄之論，以爲后倉弟子戴德輯八十五篇爲《大戴禮記》，戴聖輯四十九篇爲《小戴禮記》，即爲今日通行之《禮記》。最後，論及今本《禮記》的取材問題，高氏主張包括「古文《記》二百四篇」或「《記》百三十一篇」，甚或《后氏曲臺記》都有可能，但已不能確指。

楊天宇先生則自《通典》所引，漢宣帝石渠論經學異同之會議中，諸禮家引〈記〉之說以證，其云：

〔註12〕〔漢〕班固：《漢書・藝文志》（臺北：鼎文書局，1997年10月），頁1711。

〔註13〕高明：《禮學新探》（臺北：學生書局，1978年9月），頁31。

可見當時的禮家，皆各掌握有若干禮的《記》文（如《曲禮》、《王
制》、《雜記》等）的抄本，這些記文當爲禮家所習見，而且實際上
不亞於經的權威性，故在石渠這種最高級別的議論經義的場合，能
爲禮家所公開引用以爲議論的依據。今所見《禮記》四十九篇的初
本，很可能就是這個時期由戴聖抄輯而成的。〔註14〕

由上述可知：第一，鄭玄明白指出《禮記》爲戴聖所「傳」，並非爲戴聖所著，
則其所傳當有所源，即從前代之典籍編纂之。第二，據《漢書藝文志》所錄
前代典籍，禮記可能採自「記百三十一篇」或其他儒家類之篇章，據《經典
釋文》則有「古文《記》二百四篇」，皆有可能爲戴聖所收，收錄於《禮記》
之中。第三，楊氏所證漢儒禮家引「記」之情況，可知先秦確有論「禮」之
「記」在漢儒間流傳，或亦有后倉或當時禮家所增補的「記」在其中，且爲
當時禮家所認可。以上材料皆有可能爲《禮記》篇章的來源。

三、《禮記》的成書與其命意

（一）《禮記》篇章成形的三階段

自文獻上考察，最早紀錄《禮記》作者？當推《史記・孔子世家》：

孔子之時，周室微，而禮樂廢、詩書缺。追迹三代之禮，序書傳，
上紀唐虞之際，下至秦繆，編次其事。曰：「夏禮，吾能言之，杞不
足徵也。殷禮，吾能言之，宋不足徵也。足則吾能徵之矣」觀殷、
夏所損益，曰：「後雖百世可知也。」以一文一質，周監二代，郁郁
乎文哉！「吾從周。」故書傳、禮記自孔氏。〔註15〕

司馬遷以爲「禮記自孔氏」。此「禮記」非今日之《禮記》，乃泛指紀錄禮樂
之典籍，乃統稱之名。雖然司馬遷這段話，與今日《禮記》的作者問題沒有
直接關係，但卻點出《禮記》的淵源，即記禮之典籍傳自於孔子。

周文化的衰微，「禮樂廢，詩書缺」，於是孔子乃觀夏禮、殷禮之所損
益，以傳周文之禮，其云：「天下有道，則禮樂征伐自天子出；天下無道，則
禮樂征伐自諸侯出。……天下有道，則政不在大夫。天下有道，則庶人不

〔註14〕楊天宇：〈論《禮記》四十九篇的初本確爲戴聖所編纂——兼駁洪業所謂
　　　　"《小戴記》非戴聖之書"說〉，《經學探研錄》（上海：上海古籍出版社，
　　　　2004 年 11 月），頁 254。

〔註15〕〔漢〕司馬遷：《史記・孔子世家》（據武英殿影印本，臺北：藝文印書館，
　　　　1982 年），頁 770。

議。」〔註16〕故孔子傳周文禮樂典章，實爲天下之有道而爲。

　　自三代記禮之文獻而言，孔子時已嘆：「夏禮，吾能言之，杞不足徵也；殷禮，吾能言之，宋不足徵也。文獻不足故也，足則吾能徵之矣。」〔註17〕即使孔子當時也有「文獻不足」之嘆，可見三代古禮典籍恐早已不存？是以司馬遷論記禮典籍之淵源，推始於孔子。

　　今日《論語》中尚保存有孔子與弟子論「禮」之紀錄，如林放問「禮之本」？子曰：「大哉問！禮，與其奢也，寧儉；喪，與其易也，寧戚。」〔註18〕《禮記・禮器》亦論「禮之本」而云：「先王之立禮也，有本有文。忠信，禮之本也；義理，禮之文也。」〔註19〕可發現此命題更明確與完備。此外，宰我與孔子討論「三年之喪」的必要〔註20〕，《禮記》中更有一篇〈三年問〉，進一步探討「三年之喪」的問題，其中云：「上取象於天，下取法於地，中取則於人，人之所以群居和壹之理盡矣。故三年之喪，人道之至文者也，夫是之謂至隆。是百王之所同，古今之所壹也，未有知其所由來者也。孔子曰：「子生三年，然後免於父母之懷；夫三年之喪，天下之達喪也。」〔註21〕其雖引孔子之言，但解釋的卻已經是另一套理論系統，此可以發現由《論語》「論禮」到《禮記》「論禮」的相承與軌跡。

　　故司馬遷以爲「禮記自孔氏」之說，乃就《禮記》之淵源而言，故論《禮記》的原始資料，乃始於孔子與其弟子論禮之言談與命題，是有可能的。如《漢志》所載「《曾子》十八篇。名參，孔子弟子。《宓子》十六篇。名不齊，字子賤，孔子弟子。」等作品，其中有可能爲《禮記》所收錄。

　　孔子沒後，儒學漸盛，更顯於當世。《史記・儒林列傳》云：

　　自孔子卒後，七十子之徒散游諸侯，大者爲師傅卿相，小者友教士

〔註16〕《論語・季氏》（十三經注疏8，臺北：藝文印書館，1976年），頁147。
〔註17〕《論語・八佾》（十三經注疏8，臺北：藝文印書館，1976年），頁27。
〔註18〕同註17，頁26。
〔註19〕《禮記・禮器》（十三經注疏5，臺北：藝文印書館，1976年），頁449。
〔註20〕宰我問：「三年之喪，期已久矣。君子三年不爲禮，禮必壞；三年不爲樂，樂必崩。舊穀既沒，新穀既升，鑽燧改火，期可已矣。」子曰：「食夫稻，衣夫錦，於女安乎？」曰：「安。」「女安則爲之！夫君子之居喪，食旨不甘，聞樂不樂，居處不安，故不爲也。今女安，則爲之！」宰我出。子曰：「予之不仁也！子生三年，然後免於父母之懷。夫三年之喪，天下之通喪也。予也有三年之愛於其父母乎？」《論語・陽貨》（十三經注疏8，臺北：藝文印書館，1976年），頁157。
〔註21〕《禮記・三年問》（十三經注疏5，臺北：藝文印書館，1976年），頁962。

大夫，或隱而不見。故子路居衛，子張居陳，澹臺子羽居楚，子夏居西河，子貢終於齊。如田子方、段干木、吳起、禽滑釐之屬，皆受業於子夏之倫，為王者師。是時獨魏文侯好學。後陵遲以至於始皇，天下並爭於戰國，儒術既絀焉，然齊魯之閒，學者獨不廢也。於威、宣之際，孟子、荀卿之列，咸遵夫子之業而潤色之，以學顯於當世。〔註22〕

《莊子·天下》論當世學術云：「其在於《詩》《書》《禮》《樂》者，鄒、魯之士搢紳先生多能明之。《詩》以道志，《書》以道事，《禮》以道行，《樂》以道和，《易》以道陰陽，《春秋》以道名分。」〔註23〕《韓非子·顯學》篇亦云：「自孔子之死也，有子張之儒，有子思之儒，有顏氏之儒，有孟氏之儒，有漆雕氏之儒，有仲良氏之儒，有孫氏之儒，有樂正氏之儒。」〔註24〕此皆描述儒學在戰國末期已為當世顯學之盛況，如此諸儒競起之學風，各家之儒師與弟子必有相當之論禮著作產生，故至於荀子，乃得有嚴謹完備的論禮之作〈禮論〉產生。

　　故自孔子死後至於秦漢帝國的統一，其間雖然經過秦焚書與禁書之禍〔註25〕，亦可能有一部份論禮典籍被保存下來，除《荀子·禮論》外，其他如《呂氏春秋》即有儒者論禮之作在其中〔註26〕。此外，《漢書·藝文志》：「魯共王壞孔子宅，欲以廣其宮，而得古文《尚書》及《禮記》、《論語》、《孝經》凡數十篇，皆古字也。」〔註27〕此皆逃過秦禍而流傳至漢的先秦古文論

〔註22〕　〔漢〕司馬遷：《史記·儒林列傳》（據武英殿影印本，臺北：藝文印書館，1982 年），頁 1273。

〔註23〕　〔清〕王先謙：《莊子集解·天下》（臺北：東大圖書公司，2004 年），頁 302。

〔註24〕　〔清〕王先謙：《韓非子集解·天下》（臺北：藝文印書館，1983 年），頁 707。

〔註25〕　《史記·秦始皇本紀第六》（三十四年）：「臣（李斯）請史官非秦記皆燒之。非博士官所職，天下敢有藏詩、書、百家語者，悉詣守、尉雜燒之。有敢偶語詩書者市。以古非今者族。吏見知不舉者與同罪。令下三十日不燒，黥為城旦。所不去者，醫藥卜筮種樹之書。若欲有學法令，以吏為師。」制曰：『可』。」〔漢〕司馬遷（據武英殿影印本，臺北：藝文印書館，1982 年），頁 125。

〔註26〕　如《呂氏春秋·仲夏紀》云：「先王之制禮樂也，非特以歡耳目、極口腹之欲也，將以教民平好惡、行理義也。」〔漢〕高誘注，〔清〕畢沅校：《呂氏春秋》（上海：上海古籍出版社，1996 年 12 月），頁 81。

〔註27〕　〔漢〕班固：《漢書·藝文志》（臺北：鼎文書局，1997 年 10 月），頁 1706。

禮之作，凡數十篇。又《漢書・景十三王傳》：「（河間）獻王所得書，皆古文先秦舊書，《周官》、《尚書》、《禮》、《禮記》、《孟子》、《老子》之屬，皆經傳說記，七十子之徒所論。」〔註 28〕或後世出土，或保存於先秦典籍者，皆有不少先秦諸儒論禮之篇章得存於後。

故陸德明《經典釋文》引劉向《別錄》云：「古文《記》二百四篇」〔註 29〕，班固《漢書・藝文志》云：「《記》百三十一篇」，班固注「七十子後學者所記也」〔註 30〕，其他如《漢志》所載：「《子思》二十三篇、《漆雕子》十三篇，《景子》、《世子》二十一篇，《李克》七篇、《公孔尼子》二十八篇，《芈子》十八篇。」或七十子或其弟子之論禮，約略可代表這階段的論禮著作來源。

此部分可視為《禮記》資料的第二個來源。即孔子死後到秦漢帝國統一之間，約二百年的時間，所累積下來的儒者論禮之作品。而其作者為何？或正如班固所云：乃「七十子之徒所論」，作者或即韓非子所謂子張，子思，顏氏，孟氏，漆雕氏，仲良氏，孫氏，樂正氏諸儒與其弟子所論。今考之於《禮記》諸篇，確多見子張、子思、子游、曾子、樂正子春、孟獻子諸儒與其弟子之名在其中。

第三部分為漢儒論禮之作，這一部份賴《史記》、《漢書》的記載，較為明確清楚，如《曲臺后倉》九篇，《封禪議對》十九篇，《議奏》三十八篇，皆為漢儒議禮之作。

綜合上述分析，則《禮記》篇章的來源可大致釐清，主要有三部份：第一部份，傳禮的典籍始於孔子，即論禮的最原始資料乃孔子與弟子論禮之說；第二部分，自孔子沒，以至於秦漢統一之間，是為七十子之徒所論之說；第三部分，則為漢儒論禮之作。

故論《禮記》所採篇章的來源，按其時代先後，大致可析分為三階段：孔子與弟子論禮之作，七十子與其弟子論禮之作，漢儒論禮之作三部份。這三部份的材料，時間上最早可推之於春秋末期孔門師生，經戰國七十子之徒並起，歷秦火、楚漢之爭，下至於漢世，至於西漢宣帝時期，戴德、戴聖之檢擇編纂而成書。這段時間長達約四百年，在此過程中累積的論禮篇章自然

〔註 28〕〔漢〕班固：《漢書・景十三王傳》（臺北：鼎文書局，1997 年 10 月），頁 2410。
〔註 29〕〔唐〕陸德明：《經典釋文・序錄》（臺北：鼎文書局，1972 年 9 月），頁 11。
〔註 30〕〔漢〕班固：《漢書・藝文志》（臺北：鼎文書局，1997 年 10 月），頁 1709。

可觀，其間雖歷戰火焚書之禍，仍有一部份留存至於漢世，而爲劉向《別錄》、班固《漢書·藝文志》、孔宅出土或河間獻王所收錄，最後又爲戴德、戴聖所採擇編纂，而成《大戴禮》與《禮記》。

　　因此論《禮記》其書，乃知其非一時一人一地之作，其時間始於春秋末，以迄漢宣帝時期，長達約四百年的累積，作者涵蓋孔門師生、七十子之徒以及後學，甚至秦漢諸儒之所論，最後爲戴聖收錄四十九篇，而成《禮記》一書。王鍔先生云：

> 通過考察，《禮記》四十九篇中，〈哀公問〉等十四篇是春秋末期至戰國前期的文獻，其中〈仲尼燕居〉等四篇是孔子所作，〈曾子問〉等二篇是曾子的著作，〈坊記〉等四篇是子思的著作，〈樂記〉是公孫尼子的著作，〈奔喪〉等十九篇是戰國中期的文獻，〈深衣〉等七篇是戰國中晚期的文獻，〈文王世子〉等三篇是戰國晚期整理成的文獻，〈檀弓〉等三篇是戰國晚期的文獻。西漢宣帝甘露三年（前 51）至漢成帝陽朔四年（前 21）之間，戴聖完成了《禮記》四十九篇的編選工作。〔註 31〕

王氏對《禮記》四十九篇的時代斷定，或待文獻史料進一步確認，但其方向當予以肯定。由上述論《禮記》篇章的來源與成形的三階段，可以知道，論《禮記》一書的複雜性。

　　因此，不可將《禮記》四十九篇視作同一時空背景下的材料，基本上如王氏所言，當以篇章爲單位，須先理清其篇章之大致時代先後，才能較清楚的疏理其說。因爲《禮記》的篇章來源爲自孔子與其弟子，七十子之徒，以至於漢儒論禮之作。中間經歷漫長的時間，加上諸儒各自的傳承述作，又經秦火、戰禍的散亂，復經劉向校書、班固《漢志》所錄，最後由漢儒戴聖集結成書。這些篇章在前代就不是有系統的論著與編排，又遭時難，復經漢儒的幾番整理採擇，其中或散亂、顛倒、錯簡〔註 32〕，再經戴聖的整理採擇而成。因此不可忽略期間漫長的時間性，與眾多儒者所述作的獨特性。甚至，

〔註 31〕王鍔：《《禮記》成書考·緒論》（北京：中華書局，2007 年 3 月），頁 19。

〔註 32〕王鍔以爲「四十九篇在傳鈔流傳中，難免會增加一些字句，或在整理時經過增加刪改，或將數篇合併爲一篇，或經經傳合而爲一，或將旁批和注文衍入正文，或將一些有關或無關的文字竄入正文，這是先秦文獻流傳中不可避免的現象。」《《禮記》成書考·緒論》（北京：中華書局，2007 年 3 月），頁 19。

即使同一篇章，也會有不同時代，不同儒者的論述，甚或漢儒自己的詮釋夾雜在其間，此乃處理《禮記》材料的複雜性。

故就《禮記》氣論思想的研究而言，孔子尚未論及氣論，氣論思想興於老子，《左傳》之時，於戰國中期莊子、鄒衍、《易傳》、《管子》而盛，至於秦《呂氏春秋》而爲顯學，影響及於漢世，因此關於《禮記》氣論思想的材料，多爲《禮記》篇章中較爲晚出的作品，當爲七十子後學之作，以至於漢儒之論「禮」佔主要部分。

（二）諸家之論《禮記》

1.論叔孫通撰《禮記》之說

魏・張揖《上廣雅表》云：「周公著《爾雅》一篇，爰暨帝劉、魯人叔孫通撰置《禮記》，文不違古。」〔註33〕始言「魯人叔孫通撰置《禮記》。清儒陳壽祺乃據其說，云：「通（叔孫通）撰輯《禮記》，此其顯證。稚讓（張揖字）之言，必有所據。……通本秦博士，親見古籍，嘗作《漢儀》十二篇及漢禮器制度。而《禮記》乃先秦舊書，聖人及七十子微言大義，賴通以不墜，功亞河間。《漢志》禮家闕其書，且沒其名，何也？」〔註34〕清儒皮錫瑞〈論《禮記》始撰於叔孫通〉，云：「《禮記》爲叔孫通所撰說，始見於張揖，揖以前無此說，近始發明於陳壽祺，壽祺以前亦無此說。」〔註35〕於是有叔孫通撰《禮記》之說。

叔孫通本秦博士，考《史記・叔孫通列傳》云：

> 漢五年，已並天下，諸侯共尊漢王爲皇帝於定陶，叔孫通就其儀號。高帝悉去秦苛儀法，爲簡易。群臣飲酒爭功，醉或妄呼，拔劍擊柱，高帝患之。叔孫通知上益厭之也，說上曰：「夫儒者難與進取，可與守成。臣願征魯諸生，與臣弟子共起朝儀。」高帝曰：「得無難乎？」叔孫通曰：「五帝異樂，三王不同禮。禮者，因時世人情爲之節文者也。故夏、殷、周之禮所因損益可知者，謂不相復也。臣願頗采古禮與秦儀雜就之。」……高帝崩，孝惠即位，乃謂叔孫生曰：「先帝

〔註33〕《全三國文》〈卷四十，張揖上廣雅表〉（西安：陝西人民出版社，2007 年），頁 223。

〔註34〕陳壽祺：《大小戴禮記考》《左海經辨》（續修四庫全書）（上海：古籍出版社，1995 年），頁 417。

〔註35〕〔清〕皮錫瑞：《經學通論・三禮》（臺北：臺灣商務印書館，1989 年 10 月），頁 64。

園陵寢廟，群臣莫能習，徙爲太常，定宗廟儀法。」及稍定漢諸儀法，皆叔孫生爲太常所論箸也。〔註36〕

叔孫通與其弟子共定漢初朝儀、宗廟儀法、漢諸儀法等，其能順應時代，因時變化，立漢一代之儀法，其功甚偉。太史公稱曰：「叔孫通希世度務，制禮進退，與時變化，卒爲漢家儒宗。」《漢書・禮樂志》亦云：「漢興，撥亂反正，日不暇給，猶命叔孫通制禮儀，以正君臣之位。高祖說而歎曰：「吾乃今日知爲天子之貴也！」以通爲奉常，遂定儀法，未盡備而通終。」〔註37〕叔孫通自云其所制禮之依據：「頗采古禮與秦儀雜就之」，可知當時叔孫通確有一批古禮可資參考，至於此批古禮內容爲何？是否爲《禮記》，實不可考。

　　故魏・張揖論「魯人叔孫通撰置《禮記》」之說，清儒陳壽祺、皮錫瑞呼應其說，若其「禮記」泛指漢初朝儀之制，確有可能，若指今日之《禮記》，則恐尚待更多史料證明。李學勤先生論大小戴《禮記》的形成：

　　　　大小戴《禮記》的形成均在西漢。前引鄭玄《六藝論》，已經講明了這一點，所云大戴八十五篇、小戴四十九篇，俱與傳世本一致。如果說鄭玄是東漢晚年人，還可以質疑的話，《禮記正義》所引鄭玄《三禮目錄》，于小戴四十九篇之下逐一徵引劉向《別錄》，說明諸篇分屬於制度、通論、明堂陰陽、喪服、世子法、祭祀、樂記、吉事中的那一類，由此可見，西漢晚期劉向整理書籍時，《禮記》已有這樣四十九篇。……綜上所論，我們可以看出，大小戴《禮記》是西漢前期搜集和發現的儒家著作的匯編，絕大多數是先秦古文。個別有漢初成篇，當時簡帛流傳不易，書籍常以單篇行世，不管是孔壁所出，還是河間獻王所得，必有許多書的單篇，都被二戴分別編入《禮記》。〔註38〕

李氏所論甚是，蓋《禮記》成書於西漢前期，鄭玄《六藝論》言之甚明，更可推始於劉向《別錄》之記，此皆漢當世文獻所記，並無叔孫通撰《禮記》之說，不知晉人張揖所論何據？故戴聖編纂《禮記》之說，當可取信。

〔註36〕〔漢〕司馬遷：《史記・叔孫通列傳》（據武英殿影印本，臺北：藝文印書館，1982年），頁1107。
〔註37〕〔漢〕班固：《漢書・禮樂志》（臺北：鼎文書局，1997年10月），頁1030。
〔註38〕李學勤：《郭店簡與《禮記》》，〈重寫學術史〉（石家莊：河北教育出版社，2002年），頁172～176。

2. 論《大戴禮》與《禮記》

陸德明《經典釋文》敘錄引晉‧陳邵《周禮論序》云：「戴德刪《古禮》二百四篇爲八十五篇，謂之《大戴禮》。戴聖刪《大戴禮》爲四十九篇，是爲《小戴禮》。後漢馬融、盧植考諸家同異，附戴聖篇章，去其繁重及所敘略，而行於世，及今之《禮記》是也。鄭玄亦依盧馬之本而注焉。」〔註 39〕始有《小戴禮》刪自於《大戴禮》之說。

《史記‧儒林傳》、《漢書‧藝文志》、《鄭玄‧六藝論》等漢人文獻中，都沒有提到戴德《大戴禮》八十五篇是取自於哪部分的材料？是《漢書‧藝文志》中「《記》百三十一篇」或劉向《別錄》「古文《記》二百四篇」？也沒有說戴聖《禮記》乃刪《大戴禮》爲四十九篇？晉人陳邵卻明確指出，戴德所取爲「古文《記》二百四篇」的資料，且戴聖乃刪《大戴禮》爲四十九篇，是爲《小戴禮》。

此說影響《隋書‧經籍志》：

> 漢初，河間獻王又得仲尼弟子及後學者所記一百三十一篇獻之，時亦無傳之者。至劉向考校經籍，檢得一百三十篇，向因第而敘之。而又得《明堂陰陽》三十三篇、《孔子三朝記》七篇、《王氏史氏》二十一篇、《樂記》二十三篇，凡五種，合二百十四篇。戴德刪其繁重，合而記之，爲八十五篇，謂之《大戴記》。而戴聖又刪大戴之書爲四十六篇，謂之《小戴記》。漢末馬融遂傳小戴之學。融又增入《月令》一篇、《明堂位》一篇、《樂記》一篇，合四十九篇。而鄭玄受業於馬融，又爲之注。〔註40〕

漢人文獻也沒有說明「《記》百三十一篇」及「古文《記》二百四篇」的內容，至於《隋志》則顯然承陳邵之說，更言之鑿鑿，指出古文《記》二百四篇的內容，包括《記》百三十篇、《明堂陰陽》三十三篇、《孔子三朝記》七篇、《王氏史氏》二十一篇、《樂記》二十三篇，合爲二百十四篇，是爲戴德所採擇的原始資料，戴德從其中擇錄八十五篇爲《大戴禮》，戴聖又刪《大戴禮》爲四十九篇《小戴禮》。

「《記》百三十一篇」或「古文《記》二百四篇」今皆亡，故其內容爲何？其與《大戴禮》、《小戴禮》的關係爲何？尚待史料考證，在還沒有新的佐證

〔註39〕〔唐〕陸德明：《經典釋文‧序錄》（臺北：鼎文書局，1972 年 9 月），頁 11。
〔註40〕〔唐〕魏徵：《隋書‧經籍志》（臺北：鼎文書局，1997 年 10 月），頁 925。

出土之前，陳氏與《隋志》所論，恐爲臆測之詞。

至於《小戴禮》是否刪自於《大戴禮》？今二書尚存，相互印證可明，清儒戴震云：「《隋志》言：『戴聖刪大戴之書爲四十六篇，謂之《小戴記》。』……凡大小戴兩見者，文字多異。《隋志》以前，未有謂小戴刪大戴之書者，則《隋志》不足據也。」〔註41〕清儒錢大昕亦云：「《記》本七十子之徒所作，后人通儒各有損益，河間獻王得之，大、小戴各傳其學，鄭氏《六藝論》言之當矣。謂大戴刪《古禮》二百四篇爲八十五篇，小戴又刪爲四十九篇，其說始於晉司空長史陳邵，而陸德明引之，《隋志》又附益之。然《漢書》無其事，不足信也。」〔註42〕是皆認爲陳邵與《隋志》之說不足信。

紀昀云：「其（《隋志》）說不知所本。今考《後漢書‧橋仁傳》云：『七世祖仁，著《禮記章句》四十九篇，號曰橋君學』。仁即班固所謂小戴授梁人橋季卿者，成帝時嘗爲大鴻臚，其時已稱四十九篇，無四十六篇之說。又孔穎達《疏》稱：『《別錄》，《禮記》四十九篇，《樂記》第十九。四十九篇之首，《疏》皆引鄭《目錄》，鄭《目錄》之末必云此于劉向《別錄》屬某門。《月令》，《目錄》云：『此于《別錄》屬《明堂陰陽記》。《明堂位》，《目錄》云：『此于《別錄》屬《明堂陰陽記》』。《樂記》，《目錄》云：『此于《別錄》屬《樂記》，蓋十一篇，今爲一篇。』則三篇皆劉向《別錄》所有，安得以爲馬融所增？……今四十九篇實戴聖之原書，《隋志》誤也。」〔註43〕紀氏則辨《隋志》所謂「馬融增《月令》、《明堂位》、《樂記》」三篇之說爲誤。

因此比較可以確信者，戴德傳《禮》八十五篇爲《大戴禮》，戴聖傳《禮》四十九篇爲《禮記》，二人乃分別採擇成書，無戴聖刪《大戴禮》之事。至於戴德、戴聖所取爲「《記》百三十一篇」或「古文《記》二百四篇」或有其他篇章，或可能自己也有述作，則實難確知。

（三）論《禮記》篇章的命意所在

戴聖編纂《禮記》四十九篇，乃對先秦諸儒至於漢儒論禮之作有所檢擇，既有所去取，自有所命意在其中。今從四十九篇章的內容去分析，有闡

〔註41〕 湯志鈞校點：〈大戴禮記目錄后語一〉，《戴震集》（上海：上海古籍出版社，1980 年 5 月），頁 20～21。

〔註42〕 陳文和主編：《嘉定錢大昕全集》第二冊（南京：江蘇古籍出版社，1997年），頁 175～176。

〔註43〕 《欽定四庫全書總目》（文淵閣四庫全書第一冊，台灣商務印書館，1983年），頁 434。

揚《儀禮》之義者，此自爲傳授弟子之教材；有通論禮意與學術觀念者，此有關於禮樂思想者，關係當時之思潮；另有關於國家典禮制度者，此自與漢代帝國的政治、社會需求相關。始論儒家制禮之用心，《史記・孔子世家》，其云：

> 孔子之時，周室微，而禮樂廢、詩書缺。追迹三代之禮，序書傳，上紀唐虞之際，下至秦繆，編次其事。曰：「夏禮，吾能言之，杞不足徵也。殷禮，吾能言之，宋不足徵也。足則吾能徵之矣」觀殷、夏所損益，曰：「後雖百世可知也。」以一文一質，周監二代，郁郁乎文哉！「吾從周。」故書傳、禮記自孔氏。〔註44〕

司馬遷認爲孔子遭逢周室之衰微，故「追迹三代之禮，序書傳」的用心，是想恢復郁郁之周文，孔子對周文化的嚮往固有之，但孔子傳禮的眞正用心，恐仍在對天下有道的盼望〔註45〕。荀子〈禮論〉亦云：

> 凡禮，始乎梲，成乎文，終乎悦校。故至備，情文俱盡；其次，情文代勝；其下復情以歸大一也。天地以合，日月以明，四時以序，星辰以行，江河以流，萬物以昌，好惡以節，喜怒以當，以爲下則順，以爲上則明，萬變不亂，貳之則喪也。禮豈不至矣哉！立隆以爲極，而天下莫之能損益也。本末相順，終始相應，至文以有別，至察以有說，天下從之者治，不從者亂；從之者安，不從者危；從之者存，不從者亡。小人不能測也。〔註46〕

荀子對「禮」的詮釋，較孔子時的周文禮樂的內涵，實在要擴大許多，先論天地日月四時星辰之秩序，再論人情喜怒好惡之節當，再歸節於天下政治秩序之合理，天之理，人之情，政之用，條理井然，此爲天地人物之「禮」。孔、荀二子時代不同，論「禮」也有異，但對「禮」的命題是相同的關心，都將「禮」歸於天下之治的用心也是相同的。

至於《禮記》成書的用心呢？鄭玄《六藝略》只云：「德（戴德）傳《記》

〔註44〕〔漢〕司馬遷：《史記・孔子世家》（據武英殿影印本，臺北：藝文印書館，1982年），頁770。

〔註45〕孔子曰：「天下有道，則禮樂征伐自天子出；天下無道，則禮樂征伐自諸侯出。自諸侯出，蓋十世希不失矣；自大夫出，五世希不失矣；陪臣執國命，三世希不失矣。天下有道，則政不在大夫。天下有道，則庶人不議。」《論語・季氏》（十三經注疏8，臺北：藝文印書館，1976年），頁147。

〔註46〕〔清〕王先謙：《荀子集解・禮論》（北京：中華書局，1981年），頁355。

八十五篇，則《大戴禮》是也。戴聖傳《禮》四十九篇」〔註 47〕，並沒有說明戴聖傳《禮記》四十九篇是爲了什麼？因此也只有從四十九篇的內容去考察了。

　　劉向《別錄》時已將《禮記》內容做過分類，劉氏分爲十一類：

1. 通論：〈檀弓〉上下、〈禮運〉、〈玉藻〉、〈大傳〉、〈學記〉、〈經解〉、〈哀公問〉、〈仲尼燕居〉、〈孔子閒居〉、〈坊記〉、〈中庸〉、〈表記〉、〈緇衣〉、〈儒行〉、〈大學〉。
2. 制度：〈曲禮〉上下、〈王制〉、〈禮器〉、〈少儀〉、〈深衣〉。
3. 喪服：〈曾子問〉、〈喪服小記〉、〈雜說〉上下、〈喪大記〉、〈奔喪〉、〈問喪〉、〈服問〉、〈間傳〉、〈三年問〉、〈喪服四制〉。
4. 祭祀：〈郊特牲〉、〈祭法〉、〈祭義〉、〈祭統〉。
5. 吉事：〈冠義〉、〈昏義〉、〈鄉飲酒義〉、〈燕義〉、〈聘義〉、〈射義〉。
6. 吉禮：〈投壺〉。
7. 明堂陰陽記：〈月令〉。
8. 明堂陰陽：〈明堂位〉。
9. 世子法：〈文王世子〉。
10. 子法：〈內則〉。
11. 樂記：〈樂記〉。

劉向的分類，並不十分精確。故後儒對《禮記》內容的分類，亦眾說紛紜，如元・吳澄《禮記纂言》只分四大類：（一）通禮、（二）喪禮、（三）祭禮、（四）通論〔註 48〕。高明先生則將《禮記》內容分爲三大項，再從其細類：

1. 通　論

（1）通論禮意的：〈禮運〉、〈禮器〉、〈郊特牲〉、〈經解〉、〈哀公問〉、〈仲尼燕居〉。

（2）通論與禮有關的學術思想：〈孔子閒居〉、〈樂記〉、〈學記〉、〈大學〉、〈中庸〉、〈坊記〉、〈表記〉、〈緇衣〉、〈儒行〉。

2. 通　禮

（1）關於世俗生活規範的：〈曲禮〉上下、〈內則〉、〈少儀〉、〈深衣〉、〈玉藻〉。

〔註 47〕《禮記》（十三經注疏 5，臺北：藝文印書館，1976 年），頁 11。
〔註 48〕〔元〕吳澄《禮記纂言》（臺北：臺灣商務，1983 年），頁 1。

(2)關於國家政令制度的：〈月令〉、〈王制〉、〈文王世子〉、〈明堂位〉。

3. 專　禮

(1)喪禮：〈奔喪〉（逸禮正經）、〈檀弓〉上下、〈曾子問〉（以上論變禮）、〈喪大記〉、〈喪服小記〉、〈雜說〉上下、〈服問〉（以上記喪制），〈大傳〉、〈間傳〉、〈問喪〉、〈三年問〉、〈喪服四制〉（以上論喪義）。

(2)祭禮：〈祭法〉（以上記祭制）、〈祭義〉、〈祭統〉（以上論祭義）。

(3)冠禮：〈冠義〉。

(4)昏禮：〈昏義〉。

(5)鄉飲酒禮：〈鄉飲酒義〉。

(6)射禮：〈射義〉。

(7)燕禮：〈燕義〉。

(8)聘禮：〈聘義〉。

(9)投壺禮：〈投壺〉。

觀《禮記》之內容分類：有發揮具體《儀禮》儀則之喪、祭、昏、冠、燕、聘之義，此部分可能是戴聖教授《禮經》以傳弟子之教材；有討論禮意與有關禮的學術思想部分，則是承七十子之論禮，漢儒繼續在「禮」的命題上的發揚，此與儒學在漢代的學術發展有關；有關於國家政令制度的部分，則表現漢代儒家試圖將禮學應用在政治上的企圖心，早在叔孫通定漢朝儀時，漢儒生便積極試圖發揮其影響力，此或其用心焉。徐復觀先生云：

> 所以孔子的後學，由古禮以發現禮意，即發現古禮中原有的精神及可能發展出的精神，由此對禮加以新評價、新解釋，以其在時代中有實現個人、社會、政治上合理生活方式的實踐意義，作了長期的努力，此觀於大小《戴記》中先秦的遺篇而可見。

> 漢承秦大一統的龐大帝國，除刑法、官制、承秦之餘緒以外，此龐大帝國上下相與，人倫相接的合理軌跡，可以說是一片空虛，這不是叔孫通的朝儀可以充數的。於是西漢儒者，由賈誼以降，莫不繼先秦儒者的努力，希望以重新評價之禮，來填補此一空虛，將政治、社會、人生的運行，規整於更合理的軌轍之上。此司馬遷《史記》中〈禮書〉、〈樂書〉的所以成立。而在西漢的重要奏議中，幾乎無不涉及禮的問題。由此可以反映出，西漢儒生幾乎無不學禮、無不

言禮，也等於無不學《論語》、《孝經》情形一樣。此種事實及其意
義，是遠在《儀禮》傳承系統之上的。〔註49〕

徐氏所言乃指《禮記》四十九篇背後漢儒的用心，這四十九篇雖不全爲漢儒
作品，其中大部屬先秦諸儒之作，但漢儒有所承，亦必有再創造，更吸收融
合他說在其中，而其用心或如徐氏所論，是想爲大漢帝國的政治、社會、人
生的運行，規劃一更合理的規範，此亦孔子對「天下有道」的寄託，亦或《禮
記》橫跨數代、歷經諸儒的共同用心。

　　故由此以論《禮記》氣論思想的產生，可以推想，當時漢帝國的時代需
求，漢儒的禮家們，除了需要制訂一套規模更宏大，分際更嚴密的禮樂制度
之外，他們更需要重新建立一套新的禮樂思想，以適應時代的需要，這一套
思想需要涵蓋天道、地道、人道的範圍，又不能違背先秦儒家的道德主體價
值，於是在孔、孟、荀對「禮」的文化義、心性義、修養義、社會規範義之
外，面對漢武帝董仲舒以後興起的氣論思潮，漢儒們吸收氣論思想以建立禮
樂思想，新的天道義、政治義以適應新國家的需要，乃爲自然之事，此或后
倉「說禮數萬言」，戴德、戴聖編纂《大戴禮記》、《小戴禮記》的用心所在，
而反映在《禮記》四十九篇的內容分類上。

第二節　論《禮記》具氣論思想之諸篇背景

　　此作乃論《禮記》氣論思想，故先考《禮記》四十九篇，採擇其具氣論
思想之篇章者，有〈中庸〉、〈月令〉、〈鄉飲酒義〉、〈祭義〉、〈樂記〉、〈禮運〉、
〈禮器〉、〈郊特牲〉及等篇，由於《禮記》諸篇非成於一時一人，故乃先別
其作者、內容、時代問題，先析論其各篇氣論之主張，乃得見其全書氣論思
想之脈絡，以下略言之：

一、〈中庸〉

　　〈中庸〉的作者，始見《史記・孔子世家》云：「伋字子思，年六十二，
嘗困於宋，子思作〈中庸〉。」〔註50〕孔穎達正義引鄭玄目錄：「名曰『中庸』

〔註49〕　徐復觀：〈西漢經學史〉，《中國經學史的基礎》（臺北：學生書局，1982 年），
　　　　　頁 186。
〔註50〕　〔漢〕司馬遷：《史記・孔子世家》（據武英殿影印本，臺北：藝文印書館，
　　　　　1982 年），頁 773。

者，以其記中和之爲用也。庸，用也。孔子之孫子思伋作之，以昭明聖祖之德。此於《別錄》屬通論」〔註51〕，《漢書‧藝文志》中有「《中庸說》二篇」，顏師古注：「今《禮記》有〈中庸〉一篇，亦非本禮經，蓋此之流。」又有「《子思》二十三篇。名伋，孔子孫，爲魯繆公師。」〔註52〕可知漢代已有論〈中庸〉之單行本流傳。並知子思確有著作傳於漢世，至於其中是否爲今本〈中庸〉？則不可確知。《隋書‧音樂志》引沈約云：「《中庸》、《表記》、《坊記》、《緇衣》皆取《子思子》」〔註53〕，言〈中庸〉出於《子思子》。至於宋代，朱熹曰：「此篇乃孔門傳授心法，子思恐其久而差也，故筆之於書，以授孟子。」〔註54〕朱氏論〈中庸〉，又推本於孔子之語，子思記之，傳之孟子，以顯〈中庸〉爲孔門一脈相傳之心法。〔註55〕

關於〈中庸〉的內容，孔穎達正義分上、下二卷，註解分三十三段。朱子亦分三十三章，而云：

> 右〈中庸〉一篇三十三章，其首章，子思推本先聖所傳之意以立言，蓋一篇之體要；而其下十章，則引先聖之所嘗言者以明之也；至十二章，又子思之言；而其下八章，復以先聖之言明之也；二十一章至於卒章，則又皆子思之言，反覆推說，互相發明，以盡所傳之意者也。某嘗伏讀其書，而妄以己意分其章句如此。〔註56〕

朱子依其內容與結構，分〈中庸〉爲三十三章，而首章「天命之謂性」至「致中和，天地位，萬物育」爲全篇之體要。其餘則或引先聖之言，或自述己意，反覆推說，以盡聖賢之旨意。朱子由其內容義理之結構，析分爲三十三章，與孔穎達隨文註解而分，有所不同。〔註57〕

徐復觀先生論〈中庸〉之內容，云：

> 實則今日之〈中庸〉，原係分爲兩篇。上篇可以推定出於子思，其中

〔註51〕 《禮記‧中庸》（十三經注疏5，臺北：藝文印書館，1976年），頁879。

〔註52〕 〔漢〕班固：《漢書‧藝文志》（臺北：鼎文書局，1997年10月），頁1710。

〔註53〕 〔唐〕魏徵：《隋書‧音樂志》（臺北：鼎文書局，1997年10月），頁288。

〔註54〕 〔宋〕朱熹：〈中庸章句〉，《四書章句集注》（北京：中華書局，1995年四版），頁17。

〔註55〕 「《中庸》應該是戰國前期子思的著作。」王鍔：《〈禮記〉成書考‧中庸》（北京：中華書局，2007年3月），頁79。

〔註56〕 〔宋〕朱熹：〈中庸章句〉，《四書章句集注》（北京：中華書局，1995年四版），頁40。

〔註57〕 高明：《禮學新探》（臺北：學生書局，1978年9月），頁161。

　　或也雜有他的門人的話。下篇則是上篇思想的發展。它係出於子思
　　之門人，即將現〈中庸〉編定成書之人。如後所述，此人仍在孟子
　　之前。〔註58〕

徐氏以爲〈中庸〉當爲兩篇，上篇爲子思所作，下篇係出子思門人，但兩篇
在思想上有連續性，下篇爲上篇思想的進一步發展。

　　由氣論思想而言，〈中庸〉沒有元氣觀念，無陰陽、五行之說，似乎沒有
狹義的氣論主張。但〈中庸〉具有自然義的氣化觀念，在「參贊天地化育」
的目標下，提出「下學而上達」的人生修養，可謂是由自然義的氣論觀中，
進而提出道德義的「天人合德」的主張，故具廣義的氣論思想。

　　此與孔子由「禮崩樂壞」的文化危機中，提出「仁」的主張不同，也與
孟子由「四端之心」的人性考察中，提出「性善」的主張不同，〈中庸〉是由
對自然義的氣化天地中參悟，進而提出「盡性」與「至誠」之說，此一路徑
與《禮記》其他氣論諸篇如〈月令〉、〈祭義〉、〈樂記〉、〈禮運〉是相同的，
而由其成書時代來看，則〈中庸〉屬儒家早期文獻，其「天人合德」的道德
義觀念，對《禮記》氣論諸篇的影響深遠，故本文置於首章，以顯其開創之
功。

二、〈月令〉

　　孔穎達正義引鄭目錄：「名曰月令者，以其紀十二月政之所行也。本《呂
氏春秋》十二月紀之首章，禮家好事抄合之，其中官名、時、事，多不合周
法。」又孔穎達正義云：「鄭必謂不韋作者，以呂氏春秋十二月紀正與此同。
且不韋集諸儒所作，爲一代大典，亦採擇善言，遵立舊章，但秦自不能依行
耳。」〔註59〕鄭玄以〈月令〉本《呂氏春秋》十二月紀之首章。

　　王夫之云：「〈月令〉一篇舊云呂不韋所作，今《呂氏春秋》十二紀之首
具有此文，而《管子》、《淮南子》亦皆有之，特其文小異。惟《呂氏春秋》
與此異者不過數字，是以知其所傳自呂氏出也。先王奉天出治，敬授民時，
蓋亦有斯義焉。而〈夏小正〉及《素問》所記，時物亦參差略同，不韋本以
賈人由嬖倖爲秦相，非能自造一家言。……蓋戰國之時，教散說殊，八家之
儒與雜流之士，依傍先王之禮法，雜纂而附會之作爲此書，而不韋以權力襲

〔註58〕徐復觀：《中國人性論史》〈從命到性──〈中庸的性命思想〉〉（臺北：臺灣
　　　　商務印書館，1969年），頁103。
〔註59〕《禮記・月令》（十三經注疏5，臺北：藝文印書館，1976年），頁278。

取，攘爲己有，戴氏知其所自來，非呂氏之獨造，而往往與禮相近，故采之於記，以備三代之遺法焉。」〔註60〕王氏亦認同〈月令〉傳自《呂氏春秋》，但他考〈月令〉之文，發現〈夏小正〉、《管子》、《淮南子》、《素問》亦參差略同，懷疑〈月令〉本先秦諸儒與雜流之士所纂，而爲呂不韋襲取而得者，戴聖知其故，故仍采之於記而成。

孫希旦云：「愚謂是篇雖祖述先王之道，其中多雜秦制，又博采戰國雜家之說，不可盡以三代之制通之，然其上察天時，下授民事，有唐、虞欽若之遺意，馬融輩以爲周公所作者固非，而柳子厚以爲瞽史之語者亦過也。」〔註61〕孫氏由其中禮制考之，以爲〈月令〉多雜秦制，多夾戰國雜家之說，當非三代之制。但其有上古唐、虞「上察天時，下授民事」之遺意，此乃就其淵源而言。

高明先生云：「《呂氏春秋》十二紀的首章，當是據〈周書〉而作的。《淮南子‧時則訓》又當是據《呂氏春秋》而作的，而《禮記》裏的〈月令〉又當是據《呂氏春秋》和《淮南子》而作的。……大抵月令這類文字，夏代已有，周人加以修正，收在〈周書〉裏，協助呂不韋的一些儒者又加以修正，收在《呂氏春秋》裏，劉安又加以修正，收在《淮南子》裏，而漢初禮家又加以修正，收在《禮記》裏。」〔註62〕高氏條理出〈周書〉、《呂氏春秋》十二紀、《淮南子‧時則訓》、《禮記‧月令》四篇的相承關係，以〈周書〉爲最早，《呂氏春秋》十二紀承其說，《淮南子‧時則訓》據《呂氏》而作，《禮記‧月令》則據《呂氏春秋》十二紀與《淮南子‧時則訓》而成，可謂將〈月令〉一篇的直承與淵源，說得很清楚。

王鍔先生引楊寬之論：「《禮記‧月令》上承〈七月〉、〈夏小正〉，是戰國末期陰陽五行家之作，作者爲晉國人之后裔。《呂氏春秋‧十二紀》之首章及《呂氏春秋‧音律篇》是呂不韋賓客根據《月令》相同的底本改編而成，《淮南子‧時則訓》也據《月令》而來。」〔註63〕王氏之論〈月令〉在淵源方面，

〔註60〕〔明〕王夫之：《禮記章句上‧月令》（臺北：廣文書局，1967 年 7 月），頁329。

〔註61〕〔清〕孫希旦：《禮記集解上‧月令》（臺北：文史哲出版社，1990 年 8 月），頁399。

〔註62〕高明：《禮學新探》（臺北：學生書局，1978 年 9 月），頁36。

〔註63〕楊氏引證歸納如下：(1)晉國春秋時已用“夏正”，列國用“夏正”在戰國末年。(2)經考證，太尉等官職，與其說是秦制，無寧說是晉。(3)《月令》季冬：「數將幾終，歲且更始……共飭國典，論時令，以待來歲之宜。」是用

又補充《詩經・七月》與《大戴禮記・夏小正》二篇，在思想內容上則以爲乃戰國末期陰陽五行家之作，作者可能爲晉國後裔。且非〈月令〉據《淮南子・時則訓》，乃《淮南子・時則訓》據〈月令〉而成。

　　觀《禮記・月令》與《呂氏春秋》十二紀首章文字近同，歧異僅數字耳，可知本文出於《呂氏春秋》十二紀首當無疑，乃從鄭氏說。惟〈月令〉這類資料，則非源於《呂氏》，蓋〈周書〉已承前代之月令而成，故〈月令〉資料實非專屬於某一家派獨有，乃爲自然歲時的紀錄，是以《管子・四時》、《呂氏春秋》十二紀、《淮南子・時則》、《禮記・月令》皆擇而取之，惟不同者，是各家如何去詮釋此自然的規律？此乃各家派思想之特色所在。

　　王夢鷗先生云：「綜觀〈月令〉所列載各種材料，可大別爲自然現象與行政綱領二大端，前者屬「天」，後者屬「人」，「承天治人」乃其基本觀念。顧此觀念，一面固以自然現象爲一具有人類意志之天文，同理，行政綱領亦成爲天意表現之行事。天文而有人類意志，或出於古占星望氣者之緒餘，惟必以人事契合天意，而其中所體會之天意則又混合儒墨思想，使成爲陽多陰少，布德重於用刑。〈禮運〉云：「夫禮，必本於天，動而之地，列而之事，變而從時，協於分藝，其居人也曰養，其行之以貨力辭讓，飲食冠昏喪祭射御朝聘」。此數語不特可作〈月令〉思想之體系，亦且其所列載之各種材料，亦皆緣此而來，茲揆其所謂夫禮必本於天之「禮」，疑即指〈月令〉依時條舉之政事。所謂「貨力」，爲行事之物質條件；「辭讓」爲行事之精神條件，至於飲食冠昏喪祭等等，及其約舉行事之項目。倘捨思想體系而不言，則〈月令〉僅是執行此「禮」者之日常行事典範而已。」〔註64〕王氏乃就〈月令〉之思想體系，而以「承天治人」統言之。

　　《禮記・月令》雖承自《呂氏春秋》十二紀，但只取其紀首，卻未取十二紀之論，可知當時禮家乃有所擇而取。《呂氏春秋》以十二紀之〈月令〉資

　　"夏正"之明證。(4)《月令》、《呂氏春秋・十二紀》皆以陰陽五行爲經緯，成書當在戰國末期。(5)《月令》一篇，當早有成說，呂不韋賓客割裂十二月以爲《十二紀》首章。(6)將《詩經・豳風・七月》、《大戴禮記・夏小正》、《月令》進行比較，《七月》是豳地農民一年生產勞動與服役的情況；《夏小正》是春秋時代以農事爲主的月曆；《月令》是戰國時代以農事爲主的月曆，三者有一脈相承的關係。」王鍔：《禮記》成書考・月令》（北京：中華書局，2007 年 3 月），頁 273。

〔註64〕王夢鷗：〈月令探源〉，《禮記考證》，臺北：藝文印書館，1976 年 12 月，頁532。

料建立其氣化宇宙論「圜道說」的依據〔註65〕；《禮記》取〈月令〉資料，不取《呂氏春秋》十二紀紀論，其反映的是一種「順時施政」的政治氣化思想，所謂「承天治人」背後的依據在「氣化」，其用心在「刑德並重」的政治主張，因此〈月令〉一篇爲《禮記》爲擇取，或爲漢儒論「禮」補充其在氣化天道論之不足處。

三、〈鄉飲酒義〉

孔穎達正義引鄭目錄：「『鄉飲酒義』者以其記鄉大夫飲賓于庠序之禮，尊賢養老之義。此于《別錄》屬吉事。」又曰：「《儀禮》有其事，此記釋其義也。但此篇前後凡有四事：一則三年賓賢能，二則鄉大夫飲國中賢者，三則州長席射飲酒也，四則黨正蜡祭飲酒，總而言之，皆謂之『鄉飲酒』。」〔註66〕〈鄉飲酒義〉乃承〈鄉飲酒禮〉而釋其義，正是漢儒釋《禮經》之作，其內容乃記鄉大夫飲賓于庠序之禮意。

王夫之云：「萬二千五百家爲鄉，其屬有州、黨、閭、比，州有序，鄉有庠，天子置六鄉，各有鄉大夫掌其政教。諸侯三鄉，飲酒者其禮如燕而一獻，以周之正月行之。一則鄉大夫謀賢能於鄉先生而賓，興之升於司徒，以所升者爲賓。其次爲介，而鄉之先生長者爲僎，子弟皆與執事焉，所以尊賢也。一則謀齒德之優者爲賓，而行敬養之禮，所以養老也。二者事異而禮同，州長亦以其禮行於州，但言鄉者，以尊統之也。《儀禮》存者有〈鄉飲酒禮〉，而此釋其義也。」〔註67〕王氏詳考庠序之制度，論鄉飲酒禮之賓、主、僎、介之職，而以尊賢養老爲其禮意。

孫希旦云：「篇中凡爲四段，首段凡五節，皆引〈鄉飲酒禮〉之文而釋之，第二段專明黨正正齒位之禮，第三段引孔子之言，名鄉飲酒備五行，第四段本別爲一篇，而記者合之，說見於後。」〔註68〕又「蓋傳《禮》之家，本異人之作，別爲一篇，記者見其與前篇所言，義雖大同，而間有爲前之所未備

〔註65〕可參考拙作：〈論《呂氏春秋》十二紀之「公」義〉，《中國文化大學中文學報》第十四期（2007 年 4 月），頁 73。

〔註66〕《禮記・鄉飲酒義》（十三經注疏 5，臺北：藝文印書館，1976 年），頁 1003。

〔註67〕〔明〕王夫之：《禮記章句下・鄉飲酒義》（臺北：廣文書局，1967 年 7 月），頁 1391。

〔註68〕〔清〕孫希旦：《禮記集解下・鄉飲酒義》（臺北：文史哲出版社，1990 年 8 月），頁 1424。

者，不忍割捨，因錄而附於前篇之末也。」〔註69〕孫氏論全篇之結構，值得注意者，孫氏指出文中有論〈鄉飲酒禮〉之不同禮意者，蓋異人之作，皆有所見，不忍割捨，故並存之的現象。

王鍔先生云：「〈鄉飲酒義〉是由兩篇內容近似的文章組合而成，自篇首至"貴賤明"一段是第一篇，該篇約成篇於戰國中晚期，與〈冠義〉、〈昏義〉等篇年代接近。自"鄉飲酒之義立賓以象天"至篇末是第二篇，該篇主要用陰陽五行思想解釋鄉飲酒禮中人物的方位，大概是秦漢間人的作品。二篇編爲一篇，蓋西漢人所爲。」〔註70〕王氏由文獻之考證言，全篇實由兩篇組成，上篇成於戰國，下篇成於秦漢儒，故多陰陽五行思想。

由氣論思想言之，觀〈鄉飲酒義〉全篇，確可區分爲兩部分，上篇主要爲解釋《儀禮·鄉飲酒禮》之作，無氣論思想；下篇論賓、主、僎、介之位，則多氣化思想在其中，幾全由氣化宇宙論以詮釋禮意。此外，誠如孫希旦所言，其氣論思想的議論，還有兩種不同的詮釋，確有可能爲異人之作，當爲秦漢儒所作，屬《禮記》中早期氣論之作。

四、〈祭義〉

孔穎達正義引鄭目錄曰：「名曰『祭義』者，以其記祭祀齋戒薦羞之義也。此於《別錄》屬祭祀。」〔註71〕鄭氏論此篇乃發揮祭祀之義理。

王夫之云：「義者，禮之所自立也。先王制禮皆因天理、人情、事宜、物變而生，各有其義存焉，而不可易。戴氏得古儀禮十七篇，祭禮凡三篇，蓋士大夫之禮。天子諸侯禘祫享嘗之儀雖不傳，而散見雜出，當時猶有可徵者，其義亦可類推而見。故爲推明所出之精義，旁引舊文，以成此篇，與冠昏鄉射之義，並爲釋經之書，用詔學者。乃以禮莫重於祭祀，故不與〈冠義〉諸篇同附《記》末，而獨與〈祭法〉、〈祭統〉類序於此。」〔註72〕王氏以爲此篇乃釋經之書，以闡祭禮之精義。

孫希旦云：「此篇自篇首至『公桑蠶室』章，皆明祭祀之義。次言禮樂之

〔註69〕〔清〕孫希旦：《禮記集解下·鄉飲酒義》（臺北：文史哲出版社，1990年8月），頁1434。

〔註70〕王鍔：《《禮記》成書考·鄉飲酒義》（北京：中華書局，2007年3月），頁194，頁241，頁220。

〔註71〕《禮記·祭義》（十三經注疏5，臺北：藝文印書館，1976年），頁807。

〔註72〕〔明〕王夫之：《禮記章句下·祭義》（臺北：廣文書局，1967年7月），頁1003。

養人，次言孝親之道，次言尚齒之義。篇末又專以祭祀言之。蓋事生事死，其道一也，故因祭而言孝。事父事兄，其道一也，而敬老之義即因事兄之心而推之者，故又因孝親而言尚齒。獨其言禮樂者，於前後不相比附，而本見於〈樂記〉，疑〈樂記〉重出之文而錯在此篇耳。」〔註73〕孫氏條理其內容為祭祀、禮樂、孝親、尚齒，復歸於祭祀，當有事死如事生、孝親推而敬老之意，惟禮樂一段有錯簡之嫌，是其亦不全論祭祀之義。

朱彬云：「吳幼清曰：『凡《儀禮》經中有其禮者，後人釋其經而謂之義，若〈冠義〉、〈昏義〉、〈燕義〉、〈聘義〉等篇是也。此篇雖名〈祭義〉，然是總說天子諸侯以下之祭，非引《儀禮》經文而釋之。』」〔註74〕朱氏以為此非釋經之作，乃總論天子諸侯以下祭祀之禮。

王鍔先生以為〈祭義〉成篇在孔子三傳弟子樂正子春門人後，《荀子》、《孟子》前，應在戰國中期。〔註75〕

按〈祭義〉論祭祀之禮，面對生死問題，則需處理的便是鬼神的問題，孔子雖言「未知生，焉知死？」〔註76〕但卻十分重視祭禮，因其與人民「慎終追遠」〔註77〕的教化有關。〈祭義〉由氣化以論鬼神之義，由鬼神之義再詮釋祭祀之禮意，闡發其義溫厚深微，乃成其富儒家特色之氣化鬼神觀。

五、〈樂記〉

孔穎達正義引鄭注：「名曰樂記者，以其記樂之意。此於《別錄》屬樂記，蓋十一篇合為一篇，謂有〈樂本〉，有〈樂論〉，有〈樂施〉，有〈樂言〉，有〈樂禮〉，有〈樂情〉，有〈樂化〉，有〈樂象〉，有〈賓牟賈〉，有〈師乙〉，有〈魏文侯〉。今雖合，此略有分焉。」〔註78〕鄭氏論〈樂記〉乃記「樂」之義理，實則兼論「禮樂」之義。此外，論及〈樂記〉結構，其乃由十一篇論「樂」之作集結而成，可知全篇非完整之結構，乃論「樂」義之雜記。

《漢書‧藝文志》云：「黃帝以下至三代，各有當代之樂名。周衰禮壞，其樂尤微，又為鄭衛所亂，故無遺法。漢興，制氏以雅樂聲律，世為樂官，

〔註73〕〔清〕孫希旦：《禮記集解下‧祭義》（臺北：文史哲出版社，1990年8月），頁1207。

〔註74〕〔清〕朱彬：《禮記訓纂下‧祭義》（北京：中華書局，1996年），頁701。

〔註75〕王鍔：《《禮記》成書考‧祭義》（北京：中華書局，2007年3月），頁169。

〔註76〕《論語‧先進》（十三經注疏8，臺北：藝文印書館，1976年），頁97。

〔註77〕《論語‧學而》（十三經注疏8，臺北：藝文印書館，1976年），頁7。

〔註78〕《禮記‧樂記》（十三經注疏5，臺北：藝文印書館，1976年），頁662。

頗能記其鏗鏘鼓舞而已，不能言其義理。武帝時，河間獻王好博古，與諸生等共采周官及諸子云樂事者，以作〈樂記〉，其內史丞王定傳之，以授常山王禹。武帝時為謁者，數言其義，獻二十四卷。劉向校書，得〈樂記〉二十三篇，與禹不同，其道浸以益微。」〔註79〕《漢志》論述〈樂記〉之淵源，首論因周禮衰敗，漢興無遺法可循，故武帝時，河間獻王命諸生集經典論「樂」之文，以為〈樂記〉以獻朝廷，劉向校書復得二十三篇，今存〈樂記〉者十一篇，可知〈樂記〉之資料淵源於先秦古籍。

　　王夫之《禮記章句・樂記》云：「今按篇內雜記樂之事理，初無前後分別與所提篇名之義相應者，要此篇為周末漢初諸儒所傳論樂之旨，初非一家之言，則舊說之名篇立目，固有不相當者。而司馬子長〈樂書〉已雜引記文，互有同異，是其出於河間獻王之所作，亦未可信。」〔註80〕王氏以為此篇為周末漢初諸儒所傳論樂之作。

　　朱彬：「故劉向所校二十三篇，著於《別錄》。今〈樂記〉所取十一篇，餘十二篇，其名猶在。按《別錄》十一篇下，次〈奏樂〉第十二，〈樂器〉第十三，〈樂作〉第十四，〈意始〉第十五，〈樂穆〉第十六，〈說律〉第十七，〈季札〉第十八，〈樂道〉第十九，〈樂義〉第二十，〈招本〉第二十一，〈昭頌〉第二十二，〈竇公〉第二十三，是也。按《別錄》，《禮記》四十九篇，〈樂記〉第十九，則〈樂記〉十一篇入《禮記》在劉向前矣。」〔註81〕

　　朱氏引其餘十二篇之名，多與論「樂」相關，是可知〈樂記〉確是雜集諸篇之作，十一篇幸入〈樂記〉而得存，其餘多散佚。另述〈樂記〉之入《禮記》，當在劉向（漢成帝）之前。實則觀《史記・樂書》，幾與今〈樂記〉全同，則漢武帝之時，恐〈樂記〉早已成集。

　　高明先生云：「這一篇作者是誰？鄭、孔都沒有提到，以其記魏文侯與子夏的問答，可能是子夏的後學所作，《隋書・音樂志》說是公孫尼子，也許公孫尼子就是子夏一派的人。《荀子》和《呂氏春秋》等書裡論樂的話，多與此篇相和，可見這篇是『其來有自』的。」〔註82〕高氏以為或乃子夏之後學所作。

〔註79〕〔漢〕班固：《漢書・藝文志》（臺北：鼎文書局，1997年10月），頁1712。
〔註80〕〔明〕王夫之：《禮記章句上・樂記》（臺北：廣文書局，1967年7月），頁814。
〔註81〕〔清〕朱彬：《禮記訓纂・樂記》（北京：中華書局，1996年），頁558。
〔註82〕高明：《禮學新探》（臺北：學生書局，1978年9月），頁48。

近人王鍔以爲〈樂記〉作者當是七十子之弟子的公孫尼子，成篇於戰國前期。公孫尼子的生存年代與魏文侯、李克相近，即公元前五世紀中期到公元前四世紀初期（B.C. 450～B.C. 389），故〈樂記〉應該成篇於戰國前期。〔註83〕

孫少華先生則以爲「"《樂記》"一名及其各篇的得名與最後成書，當在漢武帝之時，但當時關於此書的材料早已流傳。版本最早且以《樂記》爲名的編定者，亦爲漢武帝時代的人，河間獻王等人的可能性最大，但他們只能算《樂記》材料的轉述者或編定者，而非撰作者。今本《樂記》的成書時代也在漢武帝時期，其編定者爲戴聖。」〔註84〕孫氏則區別〈樂記〉的材料與成書，而言其材料源於先秦，但成書約在武帝。

由前所述，知〈樂記〉之成集，來源複雜，編纂者或子夏一派，如公孫尼子之後學者，當亦有漢儒之作在其中，而年代始由戰國前期至於漢武帝。由氣論思想言之，其由「天地之序」與「天地之和」論禮樂思想的氣化天道觀，由人心之「感」與「節」，論禮樂之成德，由「禮樂刑政」以論「揖讓而治天下」，乃吸收氣論思想詮釋儒家禮樂之道，理論成熟，自成一家，絕非戰國前期即可達至的禮樂氣論思想成就，極可能即爲后倉、戴聖師徒之增補，由於司馬遷《史記·樂書》已引其說，是知最晚至於漢武帝時已成篇，可視爲《禮記》氣論諸篇中，由氣論以詮釋禮樂之道的成熟作品。

六、〈禮運〉、〈禮器〉、〈郊特牲〉

此三篇之作，孔穎達正義引鄭目錄曰：「『名曰禮運者，以其記五帝三王相變易，陰陽轉旋之道。』，此於《別錄》屬通論。」〔註85〕又云：「『名爲禮器者，以其記禮使人成器之義也。此於《別錄》屬制度。』」〔註86〕又云：「『名郊特牲者，以其記郊天用騂犢之義』，此於《別錄》屬祭祀。《釋文》：『郊者，祭天之名。用一牛，故曰特牲。』」〔註87〕孔氏以鄭氏《目錄》爲據，以〈禮運〉記五帝三王，陰陽轉旋，屬通論；〈禮器〉記禮使人成器，屬制度；〈郊

〔註83〕王鍔：《《禮記》成書考·樂記》（北京：中華書局，2007 年 3 月），頁 99～101。

〔註84〕孫少華：〈漢初《禮記·樂記》的材料與成書問題〉，《孔子研究》，2006 年 6 月，頁 104。

〔註85〕《禮記·禮運》（十三經注疏 5，臺北：藝文印書館，1976 年），頁 412。

〔註86〕《禮記·禮器》（十三經注疏 5，臺北：藝文印書館，1976 年），頁 449。

〔註87〕《禮記·郊特牲》（十三經注疏 5，臺北：藝文印書館，1976 年），頁 480。

特牲〉記郊天用騂犢，屬祭祀，是三篇乃屬不同性質之作。

　　王夫之論此三篇之作，其論〈禮運〉云：「此篇言禮所以運天下而使之各得其宜，而其所自運行者，為二氣五行三才之德，所發揮以見諸事業，故洋溢周流於人情事理之閒而莫不順也。蓋惟禮有所自運，故可以運天下而無不行焉。」〔註88〕論〈禮器〉云：「此篇詳論禮制之品節，近人情而合天理者也，一因於道之固然，而非故為之損益，與〈禮運〉一篇相為表裡，蓋一家之言也。」〔註89〕又論〈郊特牲〉曰：「此篇雜記五禮之大端，而著其義理之所主，其所發明皆即〈禮器〉所云：時、順、體、宜、稱之五義，蓋疑〈禮器〉之下篇也。其閒或有與上篇複出者，則記者各有所授，以互相為徵耳。」〔註90〕

　　王氏論三篇之義理有其相承性，蓋〈禮運〉乃論以「禮」運行於天下之義，以「二氣五行三才之德」釋「陰陽轉旋之道」，是禮意承天地氣化，遍行於人情事理，是禮運於天下而無不行。〈禮器〉論禮制品節，與〈禮運〉相為表裡。〈郊特牲〉雜記五禮之節，似為〈禮器〉下篇。故〈禮運〉、〈禮器〉、〈郊特牲〉實為一家之言。

　　孫希旦論此三篇之作，其論〈禮運〉云：「蓋自禮之本於天地者言之，四時五行，亭毒流播，秩然燦然，而禮制已自然運行於兩間矣。然必為人君者體信達順，然後能則天道，治人情，而禮制達於天下，此又禮之待聖人而後運行者也。」〔註91〕論〈禮器〉云：「此篇以忠信義理言禮，而歸重於忠信，以內心、外心言禮之文，而歸重於內心。蓋孔子禮樂從先進，禮奢寧儉之意。〈禮運〉言禮之行於天下，而極其效於大順，由體而達之於用也。此篇言禮之備於一身，而原其本於忠信，由外而約之於內也。二篇之義，相為表裡。」〔註92〕又論〈郊特牲〉云：「此篇多記祭事，而中雜以冠、昏兩段，間又及於

〔註88〕　〔明〕王夫之：《禮記章句上・禮運》（臺北：廣文書局，1967 年 7 月），頁477。

〔註89〕　〔明〕王夫之：《禮記章句上・禮器》（臺北：廣文書局，1967 年 7 月），頁521。

〔註90〕　〔明〕王夫之：《禮記章句上・郊特牲》（臺北：廣文書局，1967 年 7 月），頁559。

〔註91〕　〔清〕孫希旦：《禮記集解上・禮運》（臺北：文史哲出版社，1990 年 8 月），頁 581。

〔註92〕　〔清〕孫希旦：《禮記集解上・禮器》（臺北：文史哲出版社，1990 年 8 月），頁 624。

朝、覲、燕、饗之禮，其語頗與〈禮器〉相出入。而篇首言貴誠尚少之義，又似承〈禮器〉而發其未盡之義，疑一人所作。」〔註93〕孫氏與王氏之說同，〈禮運〉言禮由體以達之於用，言極言「大順」；〈禮器〉有外而約之於內，乃本於忠信；〈郊特牲〉則多記冠、昏朝、覲、燕、饗之禮，似發〈禮器〉未盡之義，故主張三篇疑爲一家一人之作。

　　高明先生曰：「由王夫之、孫希旦的觀察，〈禮運〉、〈禮器〉、〈郊特牲〉之篇一脈相承，當是『一家之言』。我們看《禮記》的編纂者將這三篇連接在一起，決不是無緣無故的，這大概都是子游一派學者的著作。」〔註94〕高氏認同王、孫二家之說，並以爲三篇恐爲子游一派作品。

　　王夢鷗先生曰：「宣帝時代，后氏、戴氏之學最爲權威，迄於成帝時始隨陰陽說之衰微而漸替，或者後之學者以爲〈禮運〉之陳述禮義，旨在「形而上之道」乃又別出心裁而敷陳其「形而下之器」，是爲〈禮器〉。……綜之，細稽〈禮運〉篇包含如許特異構想，既與老莊無涉，亦非子游所記，倘以此特異構想完成時代揆之，宜不越乎武昭宣之際。」〔註95〕王氏由其中陰陽五行之「特異構想」，而推測當爲武、昭、宣時期漢儒之作。

　　王鍔先生以爲〈禮運〉全篇是孔子與子游論禮制之文，爲子游所記，約寫成於戰國初期，在流傳的過程中，約於戰國晚期摻入了陰陽五行家之言，又經后人整理成爲目前的樣子；〈禮器〉約成書於戰國中期，全篇由兩部分組成，前一部份總結禮例，後一部份論述禮之節度與作用；〈郊特牲〉則非一時一人之作，就其章節而言，寫成有先有後，基本上爲戰國時期作品，在戰國末期由七十子之後學整理而成〔註96〕。王氏以爲三篇基本上爲戰國作品，其中有陰陽五行思想。

　　今由氣化思想之理路言，則三篇確可通貫爲一，乃分爲承天地之道、治人之情、達之冠、昏、喪、祭之禮用三部份。

　　　孔子曰：「夫禮，先王以承天之道，以治人之情。故失之者死，得之

〔註93〕〔清〕孫希旦：《禮記集解上·郊特牲》（臺北：文史哲出版社，1990 年 8 月），頁 670。

〔註94〕高明：《禮學新探》（臺北：學生書局，1978 年 9 月），頁 43。

〔註95〕王夢鷗：〈禮運考證〉，《禮記考證》（臺北：藝文印書館，1976 年 12 月），頁 146。

〔註96〕王鍔：《《禮記》成書考·月令》（北京：中華書局，2007 年 3 月），頁 194、241、248。

者生。……是故夫禮，必本於天，殽於地，列於鬼神，達於喪祭、
射御、冠昏、朝聘。故聖人以禮示之，故天下國家可得而正也。」
〔註97〕

鄭注：「聖人則天之明，因地之利，取法度於鬼神，以制禮，下教令也，既又
祀之，盡其敬也，教民嚴上也。鬼者精魂所歸，神者引物而出，謂祖廟、山
川、五祀之屬。」孫希旦云：「承天之道者，本其自然之秩序，禮之體所以立
也。順人之情者，示以一定之儀則，禮之用所以行也。……法於天地鬼神者，
所以承天之道，達於天下國家者，所以治人之情。」〔註98〕

　　此乃〈禮運〉所引孔子之言，可作爲〈禮運〉、〈禮器〉、〈郊特牲〉三篇
之綱領。從氣化而言，論禮之根源本於天地，禮之對象在治人之情性，禮之
目的乃在施行於國家天下。故禮乃法於天地，通於鬼神，聖人作冠、昏、朝、
聘、射、御、喪、祭之儀節，以正於天下國家，以此爲綱領，可通貫於三篇
之意旨。此三篇吸收氣論思想以詮釋禮樂之義，上至天地之道，論人性情之
治，再述具體喪、祭、冠、昏之禮，正如〈中庸〉所謂「致廣大而盡精微，
極高明而道中庸。」〔註99〕實爲《禮記》氣論思想諸篇中最博大嚴密的理論
架構，由氣論思想的成熟而言，絕不會是戰國作品，當爲漢儒之作。

　　故由氣論思想論三篇之著成時代，學者王鍔已注意到其中材料的不同時
代性，而言三篇始於戰國早期，戰國晚期滲入陰陽五行思想。筆者則以爲其
成熟的氣論思想部分，當爲漢儒之作品，約成篇於武帝至宣帝時期。因爲若
是戰國晚期即有此成熟的禮論思想，何以在武帝以前的漢儒，如陸賈、叔孫
通、賈誼諸儒皆無出現與此三篇相類似的禮論思想？而在《禮記》成書之後
的《白虎通義》，其所論「禮」，卻受到此三篇氣論思想的深刻影響。

　　故此三篇論禮樂之道的成熟氣論思想，筆者以爲當爲漢儒所增補，最早
不會早於漢武帝，最晚不當晚於東漢章帝時期的《白虎通義》，而《禮記》的
成書約當漢宣帝時期，宣帝正當武帝與章帝之間，因此此三篇的氣論思想，
有可能即是后倉、戴聖等禮家論「禮」之「記」所補入。〔註100〕

〔註97〕　《禮記・禮運》（十三經注疏5，臺北：藝文印書館，1976年），頁414。
〔註98〕　〔清〕孫希旦：《禮記集解上・禮運》（臺北：文史哲出版社，1990年8月），
　　　　　頁585。
〔註99〕　《禮記・中庸》（十三經注疏5，臺北：藝文印書館，1976年），頁897。
〔註100〕　近人王夢鷗亦有相似看法，可參見王夢鷗：〈小戴禮記考源〉，《國立政治大學
　　　　　學報》第三期，1961年5月，頁135。

統而論《禮記》氣論諸篇的存在，孔德成先生云：

> 儒家學說之有哲學的氣味，可以說自孟子始。禮記這部書可以說是
> 包括了儒家對於禮的觀念、態度、用途及哲學的思想（如中庸、大
> 學是）。由它可以看出從孔子以至西漢儒生演變的痕跡。到了秦漢，
> 傳其哲學者少，蓋以儒者本少抽象觀念，如性善之辯，浩氣之養，
> 至誠之說，或爲行而言知，或頌人格之極致者也。所以這時候的儒
> 士經生在純思想這方面，多接受了陰陽五行的觀念了。（漢之經生，
> 無不雜陰陽家之說以解經者，董仲舒、劉向其尤著也。……漢儒之
> 將在的性、情、社會的倫理，政治的思想及制度，均以陰陽五行配
> 之也。）〔註101〕

孔氏由先秦儒家以至於秦漢儒者的思潮演變論之，是以秦漢儒者吸收陰陽五
行觀念，以建構其儒家特色的新哲學。故《禮記》氣論諸篇反映漢代中期漢
儒對禮樂思想的重新詮釋與創造，有其時代意義。

〔註101〕孔德成：〈禮記成書時代及其在經典中之性質〉，《孔孟月刊》十八卷十一期，
　　　　1980 年 7 月，頁 25～26。

第四章 〈中庸〉論「天人合德」

〈中庸〉在《禮記》氣論諸篇中不具狹義的氣論思想，其未明言天地一氣流行，不言陰陽五行之性。但全篇卻具自然義的氣論觀念，開展出道德義的氣論修養甚爲明顯，可謂廣義的氣論思想。故其由天道以論人德，由「天命之謂性」以至於「盡性」，由「至誠」以上達「天地之德」，初步建立儒家「天人合德」的理論架構，〈樂記〉、〈禮運〉諸篇吸收氣論之說，亦爲詮釋此「天人合德」之架構而已，故〈中庸〉實爲《禮記》氣論思想的開創奠基者。

第一節 「天道與人德」

〈中庸〉論「天地之道」取其高明、博厚、悠久、不已爲德，故能爲物不貳、生物不測，是乃至誠不已，取其剛健之德，正如文王之德乃「純亦不已」。徐復觀先生論〈中庸〉之內容，云：

> 實則今日之〈中庸〉，原係分爲兩篇。上篇可以推定出於子思，其中或也雜有他的門人的話。下篇則是上篇思想的發展。它係出於子思之門人，即將現〈中庸〉編定成書之人。如後所述，此人仍在孟子之前。〔註1〕

徐氏以爲〈中庸〉當爲兩篇，上篇爲子思所作，下篇係出子思門人，但兩篇在思想上有連續性，下篇爲上篇思想的進一步發展。

〔註 1〕 徐復觀：〈從命到性——〈中庸的性命思想〉〉，《中國人性論史》（臺北：臺灣商務印書館，1969 年），頁 103。

觀〈中庸〉全篇，上篇的思想主要在「盡性」，下篇的思想主要在「至誠」，「盡性」乃就天之所命之性而言，以修身、事親、知人、知天爲綱；下篇爲「至誠」以盡己之性、盡人之性、盡物之性爲宗，而「唯天下至誠，爲能盡其性；能盡其性，則能盡人之性；能盡人之性，則能盡物之性；能盡物之性，則可以贊天地之化育；可以贊天地之化育，則可以與天地參矣。」〔註2〕是由「天命之性」以論「盡性之學」，由人「至誠」之下學，以上達天地化育之功，以至於「天人之合德」。故由思想之條理言，〈中庸〉確可分爲兩段主題，而二篇之義理又有其相輔相成處。

  天命之謂性，率性之謂道，脩道之謂教。〔註3〕

此爲〈中庸〉全篇之綱領，可分二層次：就〈中庸〉原文而言：其所論爲天與性的關係，性爲天之所命以具於人者，天爲性的根源，人與天在「性」的內涵上有連結，此屬先天部分。其次，「率性之謂道」屬脩身，較偏個人的內聖工夫；「脩道之謂教」屬教化，較偏家、國、天下的實踐層面，無論「率性之謂道」或「脩道之謂教」都屬後天部分。故〈中庸〉所論，可分爲先天的「天」與「性」的關係，後天的「性」與「道」、「教」的關係。以下就〈中庸〉之材料，略論其思想：

一、「天地之道」

《詩經・周頌》云：「維天之命，於穆不已。於乎不顯！文王之德之純。」〔註4〕乃頌天道運行不已，如文王之修德不已，此論天道之持續性，並將人道之德，上應天道之不已。《詩經・大雅》又云：「天生烝民，有物有則。民之秉彝，好是懿德。」〔註5〕此言天道之運行有其規律，人民執持此天道之則而行，便能修美其德，乃見法天之道德思想。《尙書・蔡仲之命》云：「皇天無親，惟德是輔，民心無常，惟惠之懷。」〔註6〕此訓勉蔡仲當循文、武之道，天命無常，惟修德者乃輔佑之，惟施惠者乃得民心。此雖有崇天之神性義，但其所重在以天道爲「德」，人當循天道而修德施惠，此以「德」爲天命內容，是從上古神性義的天道，漸轉化爲人文義道德實踐的根

〔註2〕《禮記・中庸》（十三經注疏5，臺北：藝文印書館，1976年），頁895。
〔註3〕《禮記・中庸》（十三經注疏5，臺北：藝文印書館，1976年），頁879。
〔註4〕《詩經》（十三經注疏2，台北：藝文印書館，1976年），頁708。
〔註5〕《詩經・周頌》（十三經注疏2，臺北：藝文印書館，1976年），頁674。
〔註6〕《尙書・大雅》（十三經注疏1，臺北：藝文印書館，1976年），頁254。

源義。〔註7〕

　　孔子少言性與天道〔註8〕，不表示孔子沒有心性與天道觀，孔子論「天」，曰：「天何言哉？四時行焉，百物生焉，天何言哉？」〔註9〕又曰：「不怨天，不尤人；下學而上達。知我者其天乎！」〔註10〕是孔子對天道實則有極高之敬意與感受，惟不輕言耳。孔子論「性」，曰：「性相近也，習相遠也。」〔註11〕是孔子已注意先天的人性與後天的習氣問題。至於論天與人，孔子曰：「天生德於予，桓魋其如予何？」〔註12〕則孔子亦有天地生德予人的觀念，至於「德」與「性」的內涵如何？孔子沒有詳論，無怪乎有子貢之嘆。〔註13〕

　　道家的老子與莊子，對於天道與人道的關係，較儒家有更多的關注。老子云：「人法地，地法天，天法道，道法自然」〔註14〕，《莊子・天道》亦云：「夫明白於天地之德者，此之謂大本大宗，與天和者也。」〔註15〕故道家主「法天地」之說，效法天道之德，以爲人道之價值。老子云：「聖人處無爲之事，行不言之教。萬物作焉而不辭。生而不有，爲而不恃，功成而弗居。」〔註16〕以其主「法天地」，乃倡「無爲」之說。但老莊所謂的「天地之德」爲「自然」、「無爲」之價值，乃屬自然義的天道觀，與上古具神性義的天道觀不同，也與儒家天命的道德意識不同。

　　〈中庸〉「天命之謂性」的觀念，是儒家論述天、人關係的一大進展。

　　　　今夫天，斯昭昭之多，及其無窮也，日月星辰繫焉，萬物覆焉。今

〔註7〕　參考李杜：《詩》、《書》時代的天有四種不同的涵義：神性義、主宰義、自然義、天堂義。《中西哲學思想中的天道與上帝》（臺北：聯經出版事業公司，1991年），頁31。

〔註8〕　子貢曰：「夫子之文章，可得而聞也；夫子之言性與天道，不可得而聞也。」〔清〕阮元：《論語・公冶長》（十三經注疏8，臺北：藝文印書館，1976年），頁43。

〔註9〕　《論語・陽貨》（十三經注疏8，臺北：藝文印書館，1976年），頁157。

〔註10〕《論語・憲問》（十三經注疏8，臺北：藝文印書館，1976年），頁129。

〔註11〕《論語・陽貨》（十三經注疏8，臺北：藝文印書館，1976年），頁154。

〔註12〕《論語・述而》（十三經注疏8，臺北：藝文印書館，1976年），頁63。

〔註13〕子貢曰：「夫子之文章，可得而聞也；夫子之言性與天道，不可得而聞也。」《論語・公冶長》（十三經注疏8，臺北：藝文印書館，1976年），頁43。

〔註14〕高明撰：《帛書老子校注》（北京：中華書局，1996年），頁353。

〔註15〕〔清〕王先謙：《莊子集解・天道》（臺北：東大圖書公司，2004年），頁116。

〔註16〕同註14，頁232。

> 夫地，一撮土之多，及其廣厚，載華嶽而不重，振河海而不洩，萬
> 物載焉。今夫山，一拳石之多，及其廣大，草木生之，禽獸居之，
> 寶藏興焉。今夫水，一勺之多，及其不測，黿鼉、蛟龍、魚鱉生焉，
> 貨財殖焉。《詩》云：「維天之命，於穆不已！」蓋曰天之所以爲天
> 也。「於乎不顯！文王之德之純！」蓋曰文王之所以爲文也，純亦不
> 已。〔註17〕

鄭玄注：「此言天之高明，本生昭昭，地之博厚，本由撮土。山之廣大，本起
卷石，水之不測，本由一勺。言天地山川，積小至大，爲至誠者以如此乎。
天所以爲天，文王所以爲文，皆由行之無已，爲之不止。如天地山川之云也。」
鄭氏由天地之高明博厚，以論文王之德亦不已。

孔穎達正義：「天之與地，造化之初，清濁二氣爲天地，分而成二體，元
初作盤薄穹隆，非是以小至大，今云昭昭與撮土卷石與勺水者何？但山或壘
石爲高，水或眾流而成大，是從微至著，因說聖人至誠之功。」孔氏乃由天
地之清濁造化，造物由微而著，以論聖人至誠之功。

此言天地之生物，由微至著，天本由昭昭之微，以成高明之天，以化日
月星辰，以覆育萬物之大；地本由一撮之土，終成天地山川，以承載萬物之
博厚。此言天地之德，在「不已」的創造，「不已」的累積，乃得成就天地之
高明博厚，如文王之德行不已，乃成文王之聖功。

> 仲尼祖述堯、舜，憲章文、武；上律天時，下襲水土。辟如天地之
> 無不持載，無不覆幬，辟如四時之錯行，如日月之代明。萬物並育
> 而不相害，道並行而不相悖，小德川流，大德敦化，此天地之所以
> 爲大也。〔註18〕

朱熹云：「天覆地載，萬物並育於其間而不相害，四時日月錯行代明而不相悖，
所以不害不悖者，小德之川流，所以並育並行者，大德之敦化。小德者，全
體之分；大德者，萬殊之本。川流者，如川之流，脈絡分明而往不息也。敦
化者，敦厚其化，根本盛大而出無窮也。此言天地之道。」〔註19〕

朱子以天地爲大德，生生萬物而無窮，乃生生之不已，而曰敦厚；萬物
爲小德之川流，並育而不害。此言天地之道。以其無所不包、無所不載，四

〔註17〕《禮記‧中庸》（十三經注疏5，臺北：藝文印書館，1976年），頁897。
〔註18〕《禮記‧中庸》（十三經注疏5，臺北：藝文印書館，1976年），頁899。
〔註19〕〔宋〕朱熹：《中庸集注》，《四書章句集注》（北京：中華書局，1995年四
　　　　版），頁37。

時錯行，日月代明，兼容萬物而育養，萬物並存而不相害，故天地之道，包容萬物、化育萬物，有其創造性；日月四時代明錯行而不悖，有其規律性；天地生生不已的創造，更有其連續性、恆久義。故惟文王、孔子之聖德，乃得配之。

> 博厚，所以載物也；高明，所以覆物也；悠久，所以成物也。天地之道，可壹言而盡也。其爲物不貳，則其生物不測。天地之道，博也厚也，高也明也，悠也久也。〔註20〕

鄭玄注：「言其德化與天地相似，可一言而盡，要在至誠。言至誠無貳，乃能生萬物，多無數也。」天地之道的價值有「博厚」、「高明」、「悠久」之德，「博厚，所以載物也；高明，所以覆物也；悠久，所以成物也」，即天地之道的重點不在形上的道體，而在「物」，此乃儒家與道家之不同處。故〈中庸〉論天地之道，天地之大德在「爲物不貳，生物不測」，即創生萬物與成就萬物，故天地之博厚乃爲承載萬物之多，天地之高明乃爲覆育萬物之養，天地之悠久乃在其生生不已。

《禮記‧哀公問》云：「公曰：「敢問君子何貴乎天道也？」孔子對曰：「貴其『不已』。如日月東西相從而不已也，是天道也；不閉其久，是天道也；無爲而物成，是天道也；已成而明，是天道也。」〔註21〕〈哀公問〉紀錄魯哀公與孔子問答之詞，近人考證當爲孔子之語，而爲其弟子所記〔註22〕。可知孔子亦未嘗不論述天道，而以「不已」、「無爲而物成」爲天道之德，可見〈中庸〉論天道之化育不已，有其淵源。

〈中庸〉以天道之德爲生物成物之不已，其說遠承先秦《詩經》、《尙書》「天地以德」的觀念，近則承孔子論天道「不已」之說。惟〈中庸〉所論天道不已之功，以生物成物爲德，不同於道家論天道之自然義，也不同於道家「法天地」而主「無爲」、「不爭」、「守柔」之說。〈中庸〉所論述的天道乃取其生生不已之義，此生生不已之天道，反映的是一種剛健不息的天道觀，此乃儒、道二家論天地之道的不同處。

故〈中庸〉論天地之道爲「博也，厚也，高也，明也，悠也，久也」，惟

〔註20〕《禮記‧中庸》（十三經注疏5，臺北：藝文印書館，1976年），頁896。
〔註21〕《禮記‧哀公問》（十三經注疏5，臺北：藝文印書館，1976年），頁851。
〔註22〕王鍔《禮記成書考》：「〈哀公問〉出於史官或他人所記，但記的是孔子之語，反映的是孔子的思想，也應是孔子的著作。此篇的產生年代與《儀禮‧士喪禮》等篇相近，約春秋末期至戰國初期。」（頁28～29）

文王、孔子之德配之，是惟人之德足以配天，是以「天命之謂性」，天命人以性，「性」的內容為何？此處沒有清楚點明，殆至孟子方明白點出「性善」。但〈中庸〉強調人當應天以德，當法天之「博、厚、高、明、悠、久」以為人德之成。

二、「盡性，合內外之道」

「盡性」者，由盡己之性、盡人之性，以至於盡物之性，由「性」連接人我、物我以至於人我，是所謂「合內外之道」，故〈中庸〉上篇可謂「盡性之學」。

> 喜怒哀樂之未發，謂之中；發而皆中節，謂之和；中也者，天下之大本也；和也者，天下之達道也。致中和，天地位焉，萬物育焉。
> 〔註23〕

鄭玄注：「中為大本者，以其含喜怒哀樂，禮之所由生，政教自此出也。」孔穎達正義曰：「喜怒哀樂緣事而生，未發之時，澹然虛靜，心無所慮而當於理，故謂之中。和者，不能寂靜而有喜怒哀樂之情，雖復動發皆中節。情慾未發，是人性初本，情慾雖發而能和合道理，可通達流行，故曰天下之達道。」

「性」的內涵〈中庸〉以「中」、「和」論之，「中」為「喜怒哀樂之未發」，乃含喜怒哀樂之性體；「和」為「發而皆中節」，乃喜怒哀樂緣事而發，皆能合於道理之節度。〈中庸〉以喜怒哀樂之未發、已發，合而論「性」，實乃承《左傳》：「民有好惡、喜怒、哀樂，生于六氣」〔註24〕之說，即天有陰、陽、風、雨、晦、明六氣，人有好、惡、喜、怒、哀、樂六情，此即人天生性情。而〈中庸〉所強調的是「致中和」，非偏於內在或只重外在之行為，而是內在性情與外在行為的合于節度，所謂「發而皆中節」，故曰：「性之德也，合外內之道也。」〔註25〕「外內之道」即所謂「三達德」、「五達道」之說。

> 子曰：「好學近乎知，力行近乎仁，知恥近乎勇。知斯三者，則知所以脩身；知所以脩身，則知所以治人；知所以治人，則知所以治天下國家矣。

〔註23〕《禮記・中庸》（十三經注疏 5，臺北：藝文印書館，1976 年），頁 879。
〔註24〕《左傳》（十三經注疏，臺北：藝文印書館，1976 年），頁 888。
〔註25〕《禮記・中庸》（十三經注疏 5，臺北：藝文印書館，1976 年），頁 895。

凡為天下國家有九經，曰：脩身也。尊賢也，親親也，敬大臣也，
體群臣也。子庶民也，來百工也，柔遠人也，懷諸侯也。脩身則道
立，尊賢則不惑，親親則諸父昆弟不怨，敬大臣則不眩，體群臣則
士之報禮重，子庶民則百姓勸，來百工則財用足，柔遠人則四方歸
之，懷諸侯則天下畏之。」〔註26〕

〈中庸〉曰：「天下之達道五，所以行之者三。曰：君臣也，父子也，夫婦也，
昆弟也，朋友之交也，五者，天下之達道也。知，仁，勇，三者天下之達德
也。」此藉孔子論「知、仁、勇」三達德，行之於君臣、父子、夫婦、昆弟、
朋友之五達道，乃為修身之要，再進一步論述，由知修身，進而知治人、治
天下國家，最後乃達知天，此為〈中庸〉所建立的規模。

　　由「性」之合內、外以成德而言，知、仁、勇三達德為「性」內在之涵
養，透過「好學、力行、知恥」，使喜怒哀樂之性，化為「知、仁、勇」之德；
君臣、父子、夫婦、昆弟、朋友五達道，為「知、仁、勇」成德之性所發的
對象，修身、知人、治國、治天下，則為性德全體之表現。

　　由「性」之「中」、「和」而言，喜怒哀樂之情，乃天之所性，當其未感
物而發其情，是為「中」；當感「君臣、父子、夫婦、昆弟、朋友」之五達道，
發喜怒哀樂之情，表現出「知、仁、勇」之三達德，無過與不及，是為「中
節」，此謂「和」。故「中」的內涵即為喜怒哀樂之情，惟其隱而未發之時；「和」
則是性緣事來，面對「君臣、父子、夫婦、昆弟、朋友」之人倫關係，表現
「知、仁、勇」之三達德，「致中和」乃內在「喜怒哀樂之情」對應外在「君
臣、父子、夫婦、昆弟、朋友」的人倫關係，表現出「知、仁、勇」之三達
德的道德表現，是曰「中節」。

　　故「盡性」乃承天之所命而全體彰顯之義，由己而言，則為喜怒哀樂之
發而中節之「修身」，由人而言，則為「君臣、父子、夫婦、昆弟、朋友」五
達道之道德表現，推而至於治國、平天下，是合內在，合己與人，推而至於
國家、天下，皆為吾人性體彰顯以成德之表現範圍。高明先生曰：

〈中庸〉這一篇頗和〈大學〉相似，在第一章裏已說出全篇的要旨，
以後各章都不過是第一章的闡發和補充。……〈中庸〉在第一章裏，
則首先揭出「天命之謂性，率性之謂道，脩道之謂教」這三句話為
全篇的宗旨，我們也可稱之為〈中庸〉的三綱領。「性」是「道」的

〔註26〕《禮記・中庸》（十三經注疏5，臺北：藝文印書館，1976年），頁888。

本源，「道」又是「教」的本源。「道」之與「教」，皆由「性」出發，
所以有人說：〈中庸〉是「盡性」之書。〔註27〕

〈中庸〉上篇確可稱作「盡性之書」，「天命之謂性，率性之謂道，脩道之謂
教」可由「盡性」之義概括之：「天命之謂性」就人性之根源而言，性之根源
於天，將人性連結於天道。就聖賢之別而言，聖人天性至誠，發而無不中節，
是為「率性之謂道」；賢人學以明性之德，是為「脩道之謂教」，是為後天學
而知之的問題。

故論「盡性」之義，包括盡己之性者、盡人之性、盡物之性。使喜怒哀
樂之發無不中節，以成「知、仁、勇」之德，是為「盡己之性」；使君臣、父
子、夫婦、昆弟、朋友無不合於道，是為「盡人之性」；「好學、力行、知恥」
以應物，使物物得其所，是為「盡物之性」，合此三者，乃為「盡性」之全體，
此上篇「盡性」之旨，乃由天命以論人之性德之全幅彰顯。〔註28〕

此可謂承孔子「克己復禮，天下歸仁焉」〔註29〕之說的理論化。對孔子
而言，「天下歸仁」乃仁心的盼望，在〈中庸〉則成為合內外以成德的性體的
完成，此已不是「盼望」而已，乃為天所命於人的天性，成為道德實踐上必
要的完成，必如此方得為「盡性」。至於下篇，則由「至誠」以論人之回應天
命之德。

三、「誠者，成己成物也」

「誠」之為德，殆始於〈中庸〉。孔子、老子未嘗論「誠」德，《尚書》
中〈商書〉有：「鬼神無常享，享于克誠」〔註30〕，〈虞書〉有：「至誠感神」
〔註31〕，此「誠」皆與鬼神之祭祀有關。故「誠」之為德，恐由先民祭祀鬼
神的誠敬心態，進一步發展而成，或可視為〈中庸〉「誠」的思想淵源。

〔註27〕 高明：《禮學新探》（臺北：學生書局，1978 年 9 月），頁 206。
〔註28〕 「〈中庸〉的下篇，是以誠的觀念為中心而展開的。在《論語》、《老子》中所
用的「誠」字，皆作形容詞用。如《論語》之「誠哉是言也」（子路），及《老
子》之「誠全而歸之」（二十二章）者是。〈中庸〉下篇的「誠」字，則作名
詞用。作名詞用之誠字，乃《論語》「忠信」觀念的發展，亦為儒家言誠之始。」
徐復觀：〈從命到性——〈中庸的性命思想〉〉，《中國人性論史》（臺北：臺灣
商務印書館，1969 年），頁 138。
〔註29〕 《論語‧顏淵》（十三經注疏 8，臺北：藝文印書館，1976 年），頁 106。
〔註30〕 《尚書‧商書》（十三經注疏 1，臺北：藝文印書館，1976 年），頁 119。
〔註31〕 《尚書‧虞書》（十三經注疏 1，臺北：藝文印書館，1976 年），頁 58。

> 誠者，天之道也；誠之者，人之道也。誠者不勉而中，不思而得，
>
> 從容中道，聖人也。誠之者，擇善而固執之者也。〔註32〕

鄭玄注：「誠者，天性也。誠之者，學而誠之者也。」天所命於人的天性曰「誠」。聖人不勉而中，不思而得，無一毫人欲之私，所謂「生而知之」者，則渾然爲誠體之形。其次，則不免有人欲之私，則須「學而知之」，甚至「困而知之」者，則須透過修身的工夫，自也能達至「誠」的實踐。

此就「天命之謂性」的先天義而言，聖人本天性之誠，則發而中節。一般人因受氣稟之蔽，故需「學而知之」、「困而知之」乃得誠德之發，故曰：「博學之，審問之，愼思之，明辨之，篤行之。有弗學，學之弗能弗措也；有弗問，問之弗知弗措也；有弗思，思之弗得弗措也；有弗辨，辨之弗明弗措也；有弗行，行之弗篤弗措也。人一能之，己百之；人十能之，己千之。果能此道矣。雖愚必明，雖柔必強。」〔註33〕此爲誠德之修養論，可謂是在孔子「好學近乎知，力行近乎仁，知恥近乎勇」的基礎上，進一步的發展而成。此非純粹知識論，其目的乃在突破氣稟的障礙，透過後天的學習之功，使吾人成其「知、仁、勇」之德，故「博學，審問，愼思，明辨，篤行」涵蓋知識論、道德判斷與行動力，是乃「誠德」的修養工夫義。

> 誠者自成也，而道自道也。誠者物之終始，不誠無物。是故君子誠
>
> 之爲貴。誠者非自成己而已也，所以成物也。成己，仁也；成物，
>
> 知也。性之德也，合外內之道也，故時措之宜也。〔註34〕

此論「性」與「誠」之德，「性」乃對天而言，乃天之所予，其內涵爲喜怒哀樂之情；「誠」乃對人而言，「成己」即爲修身，人之性爲喜怒哀樂之情，透過「博學，審問，愼思，明辨，篤行」的工夫，轉化爲「知、仁、勇」三達德的道德內涵，是爲內在層次的修身。推而及於外在的對象則有「君臣、父子、夫婦、昆弟、朋友」五達道，範圍則由個人、他人，以至於國人、天下人，合此內在、外在之涵養與實踐，乃爲「至誠」，就天道而言，此爲天之所予人之「性之德」，就人道而言，此爲人回應天之「至誠」之道。

故「至誠」之道的內涵，即爲「博學，審問，愼思，明辨，篤行」，聖人或「生而知之」，本於至誠，但一般人皆當「學而知之」、「困而知之」，透過

〔註32〕《禮記・中庸》（十三經注疏5，臺北：藝文印書館，1976年），頁894。
〔註33〕《禮記・中庸》（十三經注疏5，臺北：藝文印書館，1976年），頁894。
〔註34〕同註33，頁896。

「學」的過程，「學」乃是對外在人、物的基本認知，進而了解物理與事理，在明辨義理之是非善惡，更要爲善去惡去實踐。

故「至誠之道」有「成己」與「成物」二方面，「成己，仁也」是成己乃成己之道德判斷與實踐而言，「成物，知也」乃就己對外在事理的認知與理解而言，但二者必合而論之，即「成己」與「成物」爲一體兩面，即道德判斷與實踐必建立在對外在事理的正確認知上；外在事理的認知意義，亦需建立在道德判斷與道德實踐的賦予上，二者不可偏廢。

四、至誠，參贊天地化育

> 自誠明，謂之性；自明誠，謂之教。誠則明矣，明則誠矣。唯天下至誠，爲能盡其性；能盡其性，則能盡人之性；能盡人之性，則能盡物之性；能盡物之性，則可以贊天地之化育；可以贊天地之化育，則可以與天地參矣。其次致曲。曲能有誠，誠則形，形則著，著則明，明則動，動則變，變則化。唯天下至誠爲能化。〔註35〕

鄭玄注：「由至誠而有明德，是聖人之性者。由明德而有至誠，是賢人學以知之也。盡性者謂順理之，使不失其所也，助天地之化生。」

此論「至誠」、「盡性」以至於「天地之化」。首論聖人之性，聖人本至誠之性，是以喜怒哀樂發而莫不中節，表現在「君臣、父子、夫婦、昆弟、朋友」五達道，莫不彰顯則「知、仁、勇」三達德，表現在立身、治人、治國、治天下，莫不各得其所，此爲「盡性」之全體，由知己、知人、進一步而知天，故人之性本於天道之所化，故盡性乃可參贊天地之大化，是由天以論人，復由人而應天，此乃天人關係之深意。

至於賢人則無聖人氣性之誠明，乃受氣稟之所拘，故需透過「博學，審問，慎思，明辨，篤行」，由「學」與「知」的體認，再一步步將性體的全部彰顯出來，是由「至誠」的修養論，經由「曲能有誠，誠則形，形則著，著則明，明則動，動則變，變則化」的過程，乃能化其氣稟之所拘，是曰「致曲」，最後亦能彰顯「盡性」之全體，以達天人回應之道。

故聖人直承「至誠」而有明德，賢人之學則由「致曲」使其德明，經由學習與實踐，體認吾人心性之誠，是由明德而有至誠。聖人由至誠之性以明德，賢人由明德之學以至誠，其至於參贊天地化育則一也。

〔註35〕《禮記·中庸》（十三經注疏5，臺北：藝文印書館，1976年），頁894。

　　故至誠無息。不息則久，久則徵；徵則悠遠，悠遠則博厚，博厚則
　　高明。博厚，所以載物也；高明，所以覆物也；悠久，所以成物也。
　　博厚配地，高明配天，悠久無疆。如此者，不見而章，不動而變，
　　無為而成。天地之道，可一言而盡也。其為物不貳，則其生物不測。
　　天地之道：博也，厚也，高也，明也，悠也，久也。〔註36〕

此論「至誠」與「天地之道」相應，蓋天地之道，至為博厚，所以得載萬
物，極為高明，所以得覆養萬物，極其悠久，生生而不息，故得生物與成
物，故天地之道，曰「博、厚、高、明、悠、久」，生生不息也。而人之「至
誠之德」，始於修身，推而及於他人、國人、天下人，使人人得其所分，各適
其性，使萬物皆得其所養，可謂「博」矣。對君臣、父子、夫婦、昆弟、朋
友之道，無不盡其忠信慈愛之明德，可謂「厚」矣。事物之來，莫不「博
學，審問，慎思，明辨，篤行」以明辨之，可謂「高明」。「至誠」的工夫，
無時可止，內以修身，以養「知、仁、勇」之德以成己，外以及人而成物，
使人、物各得其位，可謂「無息」。故惟「至誠」可與「天地之道」相配，是
天以性予人，人稟其性乃以「至誠」之功應天，故〈中庸〉論天人關係曰「至
誠」。

　　故君子尊德性而道問學。致廣大而盡精微。極高明而道中庸。溫故
　　而知新，敦厚以崇禮。〔註37〕

鄭玄注：「德性，謂性至誠者。問學，學誠者也。廣大猶博厚也。」孔穎達正
義曰：「尊德性者，謂君子賢人尊敬此聖人道德之性自然至誠也。道問學者，
言賢人行道由於問學，謂勤學乃至至誠也。致廣大而盡精微者，賢人由學能
致廣大，如地之生養之德也。而盡精微謂致其生養之德，既能致於廣大，盡
育物之精微，言無微不盡也。高明謂天也，賢人由學極盡天之高明之德，道
通也，又能通達於中庸之理。賢人由學既能溫尋故事，又能知新事也。以敦
厚重行於學，故以尊崇三百三千之禮也。」

　　此論君子「至誠」之德相應於天道之「博、厚、高、明、悠、久」，人道
之至誠曰「尊德性而道問學。致廣大而盡精微。極高明而道中庸。溫故而知
新，敦厚以崇禮」。「尊德性而道問學」就聖人之性與賢人之學而言，聖人率
天性而發至誠之德，賢人學而知明德以至誠，二者雖有「至誠」與「致曲」

〔註36〕　《禮記・中庸》（十三經注疏5，臺北：藝文印書館，1976年），頁896。
〔註37〕　《禮記・中庸》（十三經注疏5，臺北：藝文印書館，1976年），頁897。

之別，實則至於「至誠」則一也。故君子內爲尊德性，外爲道問學，至誠之德乃合內外而言，對內需修身以尊德性，對外需明德以道問學。

「致廣大而盡精微」乃君子「至誠」法地之道，地廣大生養萬物而無微不盡，君子尊德性以修身，道問學而及物，合內外以成至誠之德。對外由己以及人、及物，可以治人、治國、以治天下，使君臣、父子、夫婦、昆弟、朋友各得其所，使萬物皆得其養，其盡己之性，盡人之性，以盡物之性，是所謂「成己成物」也，此乃法地道之廣大。而此「至誠」之廣大必由修身始，所謂「君子戒愼乎其所不睹，恐懼乎其所不聞。莫見乎隱，莫顯乎微。故君子愼其獨也」〔註38〕，故君子愼獨以修其身，「博學，審問，愼思，明辨，篤行」以明辨事理，是乃法地道之精微。「極高明而道中庸」者，君子至誠之德推而至高，可參贊天地之化育，所謂「致中和，天地位焉，萬物育焉。」〔註39〕是由知人以知天，可謂高明。而其所發，無不合於知、仁、勇之德，無過與不及之節，是道通中庸之理。「溫故而知新，敦厚以崇禮」乃就君子之「學」與「行」而言，學而時習又日有所新，是君子學以博厚之積，敦厚其情而以禮行之，是君子發而中節之實踐。唐君毅先生云：

> 縱通天命與人性，言人之盡性而有之至誠之聖德，博厚配地，高明配天，悠久無疆，以其純亦不已，同於天命之於穆不已，則中庸之所特詳。由此而中庸所言之聖道之發育萬物，即同於天道之發育萬物。又中庸言至道之凝，必在人之至德，故歸于「君子尊德性而道問學，致廣大而盡精微，極高明而道中庸。溫故而知新，敦厚以崇禮」之學，而以孔子之至德配天，爲其例證。乃更終之以言學者之當於潛隱處，用內省工夫，方達于無聲無臭之上天之旨。是見此中庸之書，實一儒家思想之一極高明至博厚，君子尊德性而道問學。致廣大而盡精微。極高明而道中庸。溫故而知新，敦厚以崇禮。而可垂於永久之著述。〔註40〕

唐氏所論結合天命與人性，盡性而至誠，再論孔子以至誠之德而配天，其發儒家之義深矣。故論君子「至誠」之德以配天地之道，天地之道「博、厚、高、明、悠、久」，君子之道則本「知、仁、勇」爲性，以「博學，審問，

〔註38〕《禮記‧中庸》（十三經注疏 5，臺北：藝文印書館，1976 年），頁 879。
〔註39〕同註 38，頁 879。
〔註40〕唐君毅：《中國哲學原論‧原道篇》（臺北：學生書局，1986 年），頁 89。

慎思，明辨，篤行」積學明理，慎獨以修身，成己至誠之德，乃及人而及物，以天下國家爲吾性之全體，對人倫之君臣、父子、夫婦、昆弟、朋友之道，皆能發而中節，各盡其分，以盡其性，無過與不及，而以禮成就之，此曰人道之至誠。故曰「大哉聖人之道！洋洋乎發育萬物，峻極于天。優優大哉！《禮儀》三百，威儀三千，待其人然後行。故曰：苟不至德，至道不凝焉。」〔註41〕

　　至於〈中庸〉所論在思想史上的意義，徐復觀先生云：

　　　　上篇是通過「天命之謂性」的觀念來解答性與天道的問題；通過「率性之謂道」的觀念來解答中庸與性命的問題。但這種解答，依然可以將命與性，中庸與性命，分爲兩個層次。下篇則是通過「誠者天之道，誠之者人之道也」的觀念以解答性與天道的問題；更通過「誠者物之終始，不誠無物」的觀念，以解答中庸與性命的問題。……下篇是以誠的觀念含攝上篇所解答的問題，這便把上篇的兩個層次，也融合在一體了。……誠是忠信進一步的發展，這是在人的工夫上所建立起來的觀念，其根據，實在於人的自身，是立基於人的自身以融合天、人、物、我，這實係順著先秦儒家由天向人的發展大方向，而向前進了一大步。由此再進一步時，便是孟子的以心善言性善。〔註42〕

徐氏析論〈中庸〉上下篇之義旨，值得注意者，是由思想史的發展，論述〈中庸〉所述天命、性命、中庸、至誠的理論，乃承先秦儒家「由天向人的發展」，再進一步，便是孟子「以心善言性善」，徐氏之言誠有見。蓋觀〈中庸〉一篇，其最重要的看法，確在於闡發天地之道與人德的關係，天與人以「性」爲連結，人當盡性以復天命，下篇以「至誠」闡發「盡性」之義，建立始由慎獨、博學、審問、慎思、明辨、篤行，以成己之知仁勇之德的修身、表現於君臣、父子、夫婦、昆弟、朋友之人倫，以治人、治國、治天下，以至於成物的理論架構。但對於「天命之謂性」的內涵，或引孔子之言「知仁勇三達德」或「中和」或「中庸」，確未明確其義。故孟子在〈中庸〉的基礎上，而言「盡心、知性、知天」〔註43〕，進而主「性善」，在思想上是

〔註41〕《禮記・中庸》（十三經注疏5，臺北：藝文印書館，1976年），頁897。
〔註42〕徐復觀：〈從命到性──〈中庸的性命思想〉〉，《中國人性論史》（臺北：臺灣商務印書館，1969年），頁146。
〔註43〕「盡其心者，知其性也。知其性，則知天矣。存其心，養其性，所以事天也。

一合理的發展〔註44〕，可見〈中庸〉「盡性」之說，在先秦儒學發展上的重要地位。〔註45〕

第二節　〈中庸〉與《禮記》氣論諸篇的關係

　　論述〈中庸〉天地之道，可以發現〈中庸〉有自然天道觀，所謂「思知人，不可以不知天」〔註46〕，〈中庸〉的天道本生生化育的自然天，其云：「天地之無不持載，無不覆幬，辟如四時之錯行，如日月之代明。」〔註47〕又云：「唯天下至誠，爲能經綸天下之大經，立天下之大本，知天地之化育。」〔註48〕故天地之道乃「爲物不貳，生物不測」。天有日月星辰覆育萬物，地有山川，育養草木禽獸，萬物於其間生養不息，而天地乃不息，故曰：「天地之道，博也厚也，高也明也，悠也久也。」〔註49〕故君子之道，察乎天地，以至誠之德配天。

　　《詩經‧周頌》云：「維天之命，於穆不已。於乎不顯！文王之德之純。」〔註50〕是先秦早有以德配天的觀念，惟〈中庸〉乃在「維天之命」與「文王之德」的基礎上，提出「天命之謂性」的命題，點出人能以德配天的內在連結在「天之所命之性」，是人乃得上配於天，也必上配於天以復命，此乃「天命」之所在，可謂先秦儒家論天人關係的一大進展。

　　　　夭壽不貳，修身以俟之，所以立命也。」〔清〕阮元：《孟子‧盡心章句上》（十三經注疏8，臺北：藝文印書館，1976年），頁228。

〔註44〕「（孟子）《史記‧孟荀列傳》謂他『受業於子思之門人』，則他若繼承了由子思門人所作的〈中庸〉下篇的誠的思想，而加以發展，由〈中庸〉下篇之以誠言性，進一步而言性善，是非常自然的」。徐復觀：〈從命到性——〈中庸的性命思想〉〉，《中國人性論史》（臺北：臺灣商務印書館，1969年），頁139。

〔註45〕「《中庸》歷來被當作子思作品而被認爲與孟子關係密切。荀子思孟並提，即使他們之間並不存在著直接的師承關係，但也無法否認二人間的思想聯系。並且，從子思到孟子的思想發展線索，隨著考古新發現的材料而變得越來越清晰。」龔建平：〈《中庸》在《禮記》中的地位〉，《意義的生成與實現——《禮記》哲學思想》（北京：商務印書館，2005年），頁186。

〔註46〕《禮記‧中庸》（十三經注疏5，臺北：藝文印書館，1976年），頁887。

〔註47〕同註46，頁899。

〔註48〕同註46，頁895。

〔註49〕同註46，頁896。

〔註50〕《詩經》（十三經注疏2，臺北：藝文印書館，1976年），頁708。

　　但有生生不已的天道觀，有至誠不息的人德以配天，但〈中庸〉無元氣觀念、無陰陽消長，無五行相生相剋之說，可謂無狹義的氣論主張。但具自然義的氣論之說，其天地的內涵爲日月山川四時鬼神草木禽獸，乃先民觀察自然之所得，與孔子所云：「天何言哉？四時行焉，百物生焉，天何言哉？」〔註51〕反映的天道觀相似，但很顯然是孔子天道觀的進一步朝向道德義理論的發揮。

　　蓋〈中庸〉所論乃爲天人之道，包括：天地之道、人物之道、天人關係三部份。其天地之道乃本自然義的天道觀而來，論人物之道則由「性」與「誠」入手，「性」爲天命之所賦予，「誠」爲回應天命之工夫，故由「性」而論喜怒哀樂之發而中節，喜怒哀樂爲「性」，發而中節爲「誠」，再由「誠」而論「博學、審問、愼思、明辨、篤行」之「學」，由「學」而論智、仁、勇「三達德」，表現君臣、父子、夫婦、兄弟、朋友之「五達道」，最後合內外以論修身、治人、治天下之成德，此乃「盡性」之全體彰顯，此乃「至誠」之圓滿工夫，故「盡性」、「至誠」即爲天人關係之彰顯與回應。此乃〈中庸〉承孔子「天生德於予」〔註52〕之說的理論發展，爲先秦儒家所建立的天人架構。

　　但生生不已的天道觀，如何由日月星辰的運行，關連到人性之喜怒哀樂？人道之至誠又何以能夠配天？這其中恐仍須訴之於道德實踐中，對天道之德的超越的感受，而名「道德的形上學」〔註53〕。但「道德的形上學」畢竟屬抽象的道德感受，面對〈中庸〉此抽象的「道德形上學」，若要具體展現天人之道的關連性，最好的詮釋方法，正是氣論思想的陰陽五行素材。

　　觀察〈中庸〉諸家之注疏，便可發現諸家幾全以氣論思想詮釋其義。如論「天命之謂性，率性之謂道，脩道之謂教。」〔註54〕鄭玄注曰：「天命爲天所命生人者也，是謂性命。木神則仁，金神則義，火神則禮，水神則信，土神則知。《孝經》說曰：「性者，生之質命，人所稟受度也。」率，循也。循性行之之謂道。脩，治也。治而廣之，人仿效之是曰教。道，猶道路也，出入動作由之，離之，惡乎從也。人閒居爲不善，無所不至也。君子則不然，

〔註51〕《論語‧陽貨》（十三經注疏8，臺北：藝文印書館，1976年），頁157。
〔註52〕《論語‧述而》（十三經注疏8，臺北：藝文印書館，1976年），頁63。
〔註53〕參見楊祖漢：〈中庸的作者問題、成書年代及其思想之衡定〉，《鵝湖》九卷十期，1984年4月，頁9。
〔註54〕《禮記‧中庸》（十三經注疏5，臺北：藝文印書館，1976年），頁879。

雖視之無人，聽之無聲，猶戒慎恐懼自脩正，是其不須臾離道。慎獨者，慎其閒居之所爲。中爲大本者，以其含喜怒哀樂，禮之所由生，政教自此出也。致，行之至也。位，猶正也。育，生也長也。」是鄭氏藉五行之德以論天命之性。

孔穎達正義云：「《左傳》云：『天有六氣』，降而生五行，至於含生之類，皆感五行生矣，唯人獨稟秀氣，故〈禮運〉云：「人者，五行之秀氣，被色而生，既有五常仁義禮智信，因五常而有六情。」」，孔氏以天之內涵爲風、雨、陰、陽、晦、明之六氣，生金、木、水、火、土之五行，人感六氣五行以生，具仁義禮智信之五德，有喜怒哀樂愛欲之六情。

朱熹章句云：「天以陰陽五行化生萬物，氣以成形而理亦賦焉，猶命令也，於是人物之生，因各得其所賦之理，以爲健順五常之德，所謂性也。人物各循其性之自然，則其日用事物之間，莫不各有當行之路，是則所謂道也。性道雖同而氣稟或異，故不能無過不及之差，聖人因人物之所當行者，而品節之以爲法於天下，則謂之教，若禮樂刑政之屬是也。蓋人知己之有性而不知其出於天，知事之有道而不知其出於性，知聖人之有教，而不知其因吾之所固有者裁之也。故子思於此首發明之，而董子所謂道之道大原出於天，亦此意也。」〔註55〕朱氏以陰陽五行爲天之內涵，人物受理氣而成形，此「理」即仁義禮智信五常之德，乃所謂「性」，是爲「性即理」、「理氣二分」之說。

此諸家之論〈中庸〉之義，不見得是〈中庸〉的原意，恐怕只是援〈中庸〉以成其說。但值得注意者，各家不約而同的皆用陰陽五行之氣論以詮釋其義，此可以凸顯出〈中庸〉在氣論思想中的地位。

故論「天命之謂性」，鄭玄注疏以金木水火土五行之神，搭配仁義禮智信五德。孔穎達正義由天生六氣，以生人之喜怒哀樂愛欲之六情釋之。朱熹亦由陰陽五行化生萬物，論人物之生賦健順五常之德。其皆以氣論思想具體呈現天由氣化以賦予人之性情之情狀，而亦不違〈中庸〉之旨，可見氣論思想在其中的意義。

觀《禮記》論「禮樂之道」幾全由氣化天道論入手，再論及個人以致於天下國家，如〈禮運〉：「夫禮，必本於天，殽於地，列於鬼神，達於喪祭、

射御、冠昏、朝聘。故聖人以禮示之，故天下國家可得而正也。」〔註56〕又〈樂記〉：「故聖人作樂以應天，制禮以配地。禮樂明備，天地官矣。」〔註57〕其基本上皆承襲〈中庸〉此天人之道的架構，而後儒對氣論思想之吸收消化，雖不免於附會之處，但展現的天地運行的規律更清楚，天道賦予人道之性情更明確，由個人以推至家、國、天下的架構更具體，此又後學轉精之必然。

　　故論〈中庸〉「盡性」、「至誠」之說，觀其所建立天人之道的架構，確實影響《禮記》氣論思想甚深，可以說〈中庸〉天人架構為《禮記》諸篇氣論思想的源頭，其皆由天以論人，推己以及人、及物，最後上達於天道的思想模式。或戴聖亦有此意，而將其收錄於《禮記》篇章中？因此筆者也將〈中庸〉列入此論文之首，以貴其開創之功。

〔註56〕　《禮記‧禮運》（十三經注疏5，臺北：藝文印書館，1976年），頁413。
〔註57〕　《禮記‧樂記》（十三經注疏5，臺北：藝文印書館，1976年），頁670。

第五章 〈月令〉的自然氣化論

　　〈月令〉的思想淵源於〈夏小正〉，復受《管子》及《呂氏春秋》的直接影響，其氣論思想屬自然義的氣化論，分為天之道、地之理、人之紀三大部分，雖天、地、人各有其規律，但皆在陰陽氣化、五行流轉下，互為一體，構成自然義的氣化宇宙論，配合「與時相應」的人文觀，衍申出「刑德並重」的政治主張。

第一節　論〈夏小正〉、《管子・四時》及《呂氏春秋》十二紀

　　〈月令〉雖直承於《呂氏春秋》十二紀，但未取其紀論，蓋有深意焉。故溯其源於〈夏小至〉以至《管子・四時》篇，展現遠古〈月令〉資料的演變脈絡，並說明《禮記・月令》與〈夏小正〉、《管子・四時》及《呂氏春秋》十二紀的異同處。

一、論〈夏小正〉月令特色

　　關於〈夏小正〉之成篇，《禮記・禮運》云：「孔子曰：『我欲觀夏道，是故之杞，而不足徵也，吾得夏時焉。』」〔註1〕鄭玄注：「得夏四時之書也，其書存者有小正。」司馬遷《史記》云：「孔子正夏時，學者多傳夏小正。」〔註2〕清學者王聘珍云：「〈古文記〉皆七十子後學所為，而〈夏小正〉亦二百

〔註1〕《禮記・禮運》（十三經注疏5，臺北：藝文印書館，1976年），頁415。
〔註2〕〔漢〕司馬遷：《史記・夏本紀》（據武英殿影印本，臺北：藝文印書館，1982年），頁57。

四篇中之一，太史公所云學者，即班氏所云七十子後學者也。太史公所云
「傳夏小正」，即是就小正元書而爲之傳者也。篇中原自有經有傳。」〔註3〕
是《大戴禮記》所傳〈夏小正〉，篇中有經有傳，經的部分即可能是孔子所得
夏四時之書，而經過孔子整理的，傳的部分，則可能是七十子或其後學所
撰。〔註4〕

今整理〈夏小正〉之資料，知其爲一觀察天文、節候、鳥獸、草木、蟲
魚的自然記錄，以應農時及王事，正印證《尙書‧堯典》「歷象日月星辰，敬
授人時。」〔註5〕之說。以下乃據〈夏小正〉內容製表整理：

	天 象	鳥 獸	蟲 魚	草 木	農 事	王 事
正月	時有俊風寒日滌凍塗鞠則見初昏參中斗柄縣在下	雁北鄉雉震呴田鼠出獺獻魚鷹則爲鳩雞桴粥	啓蟄魚陟負冰	囿有見韭采芸柳稊梅、杏、杝桃則華	農緯厥耒農率均田初服於公田	初歲祭耒始用暢
二月		初俊羔助厥母粥來降燕有鳴倉庚	昆小蟲抵蚳	榮堇、采蘩榮芸，時有見稊，始收	往耰黍，禪剗婑	綏多女士丁亥萬用入學祭鮪
三月	參則伏越有小旱	田鼠化爲鴽鳴鳩		攝桑委楊采識拂桐芭	妾、子始蠶	頒冰執養宮事祈麥實
四月	昂則見初昏南門正越有大旱	執陟攻駒	鳴札鳴蜮	囿有見杏王萯秀秀幽	取荼	
五月	參則見初昏大火中時有養日	鴃則鳴鳩爲鷹	浮游有殷良蜩鳴匽之興，五日翕，望乃伏唐蜩鳴	乃瓜啓灌藍蓼	煮梅蓄蘭菽麋頒馬	
六月	初昏斗柄正在上	鷹始摯			煮桃	

〔註3〕〔清〕王聘珍撰；王文錦點校：《大戴禮記解詁》（北京：中華書局，1983
年），頁2。
〔註4〕高明：《大戴禮記今註今譯》（臺北：臺灣商務印書館，1984年），頁60。
〔註5〕《尙書‧堯典》（十三經注疏1，臺北：藝文印書館，1976年），頁21。

七月	初昏織女正東鄉 時有霖雨斗柄 縣在下則旦	狸子肇肆	寒蟬鳴	秀雚葦 湟潦生苹爽死 荓秀	灌荼 漢案戶	
八月	辰則伏 參中則旦	鹿人從 駕爲鼠	丹鳥羞白鳥		剝瓜 玄校 剝棗	
九月	內火 辰繫於日	遰鴻雁 陟玄鳥蟄熊、 羆、貈、貉、鼶、 鼬則穴	雀入于海 爲蛤	榮鞠樹麥	主夫出火	王始裘
十月	初昏南門見 時有養夜織女 正北鄉，則旦	豺祭獸 黑鳥浴	玄雉入于 淮，爲蜃			
十一月	于時月也，萬 物不通	隕麋角				王狩 陳筋革 嗇人不從
十二月		鳴弋 隕麋角	元駒賁		納卵蒜 虞人入梁	

　　從上表可知，其內容分一年爲十二月，分述其節候，星象、寒暑、時雨，鳥獸、蟲魚、草木之生息，配合農事與王事作息，可謂是〈夏小正〉這類資料的早期紀錄。〈夏小正〉是依自然年月週而復始的紀錄，它在紀錄過程中發現自然界一年有十二月的規律，這十二月的規律呈現在星象、節候、鳥獸的變化上，掌握其規律便可應用在農事的作爲上，作爲農作的曆法依據。

　　〈夏小正〉反映的宇宙觀是流動的，是週而復始的，是有蓬勃生機的宇宙。這宇宙觀非形上的邏輯推論，它來自於天文、草木、鳥獸的實地記錄，乃眞實客觀呈現世界的豐富，其中沒有陰陽五行的思想，也無讖緯災異之說，可以說它還沒有發展成一套理論架構，以解釋宇宙的運作，乃早期原始資料。

二、論《管子・四時》月令思想

　　《管子・四時》篇的氣化思想，於〈先秦氣論淵源〉章已經論述過，此不再贅述，惟自其爲〈月令〉資料的進一步發展，再作說明。茲取其「春」之一季將其內容整理製表如下：

	方	主	氣	生	德	事	政	災
春	東	星	風	木、骨	喜嬴	其事號令，修除神位，謹禱弊梗，宗正陽，治隄防，耕芸樹藝。正津梁，修溝瀆，甃屋行水，解怨赦罪，通四方。	春三月以甲乙之日發五政：一政、日論幼孤，舍有罪。二政、日賦爵列，授祿位。三政、日凍解修溝瀆，復亡人。四政、日端險阻，修封疆，正千伯。五政、日無殺麛夭，毋蹇華絕芊。五政苟時，春雨乃來。	春行冬政則雕，行秋政則霜，行夏政則欲

　　觀察《管子‧四時》篇，其自然界的蟲魚鳥獸的紀錄大爲減少，取而代之者爲人事因應節候的施政措施。此時對自然界客觀的紀錄，轉向以方位、陰陽、五行來詮釋其背後的變化與價值義，於是春、夏、秋、冬分別配合東、南、西、北四方位，分主風、陽、陰、寒四德，爲配合木、火、土、金、水五行而加一中央土德，春夏以德惠施民爲主，秋冬則以促民收聚，斷刑致罰爲主，春夏秋冬各以五政施令，是以「刑德」配合四時施政的政治理論，並已有不按時節施政的災異之說。

　　《管子‧四時》已脫離〈月令〉的自然紀錄義，它可謂乃一政治思想，以「刑與德」恩威並施以治民，這是結合儒家與法家之說，至於配合四時萬物之生長滅息，則又爲道家之說，將此四時結合陰陽及五行之主，則自是陰陽家言。

　　故《管子‧四時》也反映戰國末期諸子合流的的思想趨勢，而其所重在政治主張，至於如何融合諸子各家之說，以成爲一完備的理論模型？此在《管子‧四時》中尙不成熟，當待《呂氏春秋》的出現。

三、論《呂氏春秋》十二紀月令主張

　　《呂氏春秋》十二紀的氣論思想，於〈先秦氣論淵源〉一章已述及，此就其〈月令〉部分論之。其將十二月配合春夏秋冬，可謂融合〈夏小正〉與《管子‧四時》篇之說，而每一季又區分爲孟、仲、季三節，則是《呂氏春秋》十二紀的新意。在繼承〈夏小正〉的自然觀察上，整理歸納各時節之天氣、鳥獸、蟲魚及草木之種種，呈現其周而復始之情狀。此外，承《管子‧四時》以方位、陰陽、五行來詮釋天地之規律，而更擴大於帝、神、音、律、數、味、臭、祭、穀、牲、節、色等，可謂建立一套龐大細密，涵攝天道、物道、人道之詮釋系統。

　　徐復觀先生論《呂氏春秋》十二紀的架構云：

十二紀紀首中，把許多事物，都組入進去，而成爲陰陽與五行所顯
露的一體，以構成包羅廣大的構造，於是使人們感到，我們所生存
的世界，都是陰陽五行所支配的世界。由此而成爲爾後中國的宇宙
觀、世界觀。……其中由〈夏小正〉來的，本是與時令相關的，這
是合理的一部分，其餘都是憑藉聯想，而牽強附會上去的。但一經
組入到陰陽五行裡面去，便賦予了一種神祕的意味，使萬物萬象，
成爲一個大有機體。……這確要算呂氏門客的一大偉構，而爲以前
所沒有的具體、完整、而統一的宇宙觀、世界觀。〔註6〕

徐氏所論，誠然也。《呂氏春秋》十二紀的宇宙觀爲「圓道說」，「圓道」的宇
宙觀，其大德乃在於生養成就萬物，生養而不以爲己子，成就而不以爲己有。
此乃老子：「生而不有，爲而不恃，功成而弗居。」〔註7〕之說，只是老子所
論在描述一抽象的形上道體，但《呂氏春秋》吸收老子之說，所陳述的卻是
實然的世界，客觀紀錄的規律，亦非自然現象而已，它以「生之德」賦予其
意義，並將其應用在政治主張上，這是《呂氏春秋》對老子思想的吸收與修
正。

《呂氏春秋》十二紀論述最多者，便是人君施政方面，此天道架構衍申
出人君的施政方向：「施德」的主張，乃呼應春夏之生氣而行，與儒家「行仁
政」的主張不謀而合，所謂「先王先順民心，故功名成。夫以德得民心以立
大功名者，上世多有之矣。失民心而立功名者，未之曾有也。」〔註8〕主張要
順民心，要以德待民，在人君的施政中處處可以見到勸民務農、切勿擾民，
或爲民祈穀，務民收斂積蓄，以待多日之藏，諸如此類的主張，可以看到
《呂氏春秋》十二紀的政治主張以「養民」爲主。「行義」這一部份，乃因秋
冬肅殺之氣所致，但不強調殺伐，主張要討伐不義，興義兵，反對偃兵之
說，這點自然與秦當時正興兵統一中國的時代背景有關。值得注意者，《呂氏
春秋》十二紀並不特別強調「嚴刑峻罰」，且言：「彊令之笑不樂，彊令之哭
不悲，彊令之爲道，可以成小，而不可以成大……罰雖重，刑雖嚴，何益？」
〔註9〕「嚴罰厚賞，此衰世之政也。」〔註10〕故《呂氏春秋》十二紀重「施德

〔註6〕 徐復觀：〈呂氏春秋及其對漢代學術與政治的影響〉，《兩漢思想史》（臺北：
　　　　 學生書局，1974 年 5 月），頁 21～22。
〔註7〕 高明撰：《帛書老子校注》（北京：中華書局，1996 年），頁 232。
〔註8〕 陳奇猷：《呂氏春秋校釋》（臺北：華正書局，1988 年），頁 478。
〔註9〕 同註8，頁 110。

行義」，是和天道論重「生養之德」的主張呼應的，故對秦法嚴苛有批判之意，就不足爲奇。

　　《呂氏春秋》十二紀的人君施政可看出乃承《管子・四時》而來，《管子・四時》的月令紀錄粗略，分一年爲四時，《呂氏春秋》則在四時之外，更細分爲十二紀，月令的紀錄可謂集天文、草木、蟲魚、走獸之大成，並吸收陰陽二氣，五行之德以推演其序，再應用到人君之施政，舉凡農事、祭祀、屋室、服色、興學、舉賢、禮樂、刑罰、用兵、撫孤等，體大而思精，誠一代之偉構。

　　從〈月令〉資料的發展看，《呂氏春秋》十二紀的地位特殊，它承〈夏小正〉以來的月令傳統，更翔實的紀錄當時自然現象之種種歲時變化，對後世二十四節氣的成形，影響深遠。但〈月令〉的紀錄卻不是《呂氏》之重點，它只是利用〈月令〉來說明天之圓道、地之圓道及人世之圓道，並藉以強調其政治上「施德行義」的主張，於是本爲自然義的〈月令〉資料乃附屬於諸子學說理論之下，而爲其理論之佐據。

第二節　《禮記・月令》篇的氣化論

　　月令資料有其普遍義與客觀性，非呂氏一家獨有，故《管子》、《淮南子》俱見其文，不同的是各家對月令資料的詮釋而已，因此《禮記・月令》雖出自呂氏，卻又不全然同於呂氏之說，較準確的說，《禮記・月令》乃承自〈夏小正〉而來，反映的是戰國末期至秦漢之間，諸儒與百家學者互相交流融合，富時代意義特色的宇宙觀。王夢鷗先生論「月令」云：

> 綜觀〈月令〉所列載各種材料，可大別爲自然現象與行政綱領二大端，前者屬「天」，後者屬「人」，「承天治人」乃其基本觀念。顧此觀念，一面固以自然現象爲一具有人類意志之天文，同理，行政綱領亦成爲天意表現之行事。天文而有人類意志，或出於古占星望氣者之緒餘，惟必以人事契合天意，而其中所體會之天意則又混合儒墨思想，使成爲陽多陰少，布德重於用刑。〈禮運〉云：「夫禮，必本於天，動而之地，列而之事，變而從時，協於分藝，其居人也曰養，其行之以貨力辭讓，飲食冠昏喪祭射御朝聘」。此數語不特可作

〔註10〕陳奇猷：《呂氏春秋校釋》（臺北：華正書局，1988 年），頁 1247。

〈月令〉思想之體系，亦且其所列載之各種材料，亦皆緣此而來，
茲揆其所謂夫禮必本於天之「禮」，疑即指〈月令〉依時條舉之政事。
所謂「貨力」，為行事之物質條件；「辭讓」為行事之精神條件，至
於飲食冠昏喪祭等等，及其約舉行事之項目。倘捨思想體系而不言，
則〈月令〉僅是執行此「禮」者之日常行事典範而已。〔註11〕

故《禮記‧月令》之所貴在其背後的思想體系，若不明其思想體系，則只見
其為一年之行事曆，殊無意義，而此結合天時、星辰、節氣、草木、鳥獸以
至於人物起居、祭祀、施政，而融為一爐的巨構，其背後的思想體系又為何？
蓋「孟春」首云：「毋變天之道，毋絕地之理，毋亂人之紀。」〔註12〕可視為
《禮記‧月令》的思想架構，即天有天之道，地有地之理，人有人之紀，而
三者在氣化思想下，又渾然一體，休戚相關，而氣論思想正是其天、地、人
物的思想會通處。以下便分述論之：

一、天之道

「天之道」包括四時、節氣、日月、星辰之變化，值得注意者，在其提
出「陰陽二氣」的消長，以解釋天地節候的變化消長週而復始之規律。

（一）日月之會

根據《禮記‧月令》載各時令出現之日星名稱，彙整而為四時天象日星
列表，以明天道之規律：

季　節	春			夏			秋			冬		
月　份	孟春	仲春	季春	孟夏	仲夏	季夏	孟秋	仲秋	季秋	孟冬	仲冬	季冬
日	營室	奎	胃	畢	東井	柳	翼	角	房	尾	斗	婺女
昏星中	參中	狐中	七星中	翼中	亢中	火中	建星中	牽牛中	虛中	危中	東辟中	婁中
晨星中	尾中	建星中	牽牛中	婺女中	危中	奎中	畢中	觜巂中	柳中	七星中	軫中	氐中

〔註11〕王夢鷗：〈月令探源〉，《禮記校證》，臺北：藝文印書館，1976 年 12 月，頁
　　　　532。
〔註12〕《禮記‧月令》（十三經注疏 5，臺北：藝文印書館，1976 年），頁 288。

「孟春之月，日在營室，昏參中，旦尾中」〔註13〕，鄭玄注曰：「日月之行，一歲十二會，聖王因其會而分之，以爲大數焉。觀斗所見，命其四時。此云『孟春』者，日月會於（女取）訾，而斗建寅之辰也。凡記昏明中星者，爲人君南面而聽天下，視時候以授民事。」

孔穎達正義曰：「孟春者，夏正建寅之月。秦以十月爲歲首，不用秦正而用夏時者，以夏數得天正，故用之也。《周禮》雖以建子爲正，其祭祀田獵，亦用夏正也。日行遲，一月行二十九度半餘。月行疾，一月行天一匝，三百六十五度四分度之一。過匝更行二十九度半餘，逐及於日，而與日會，所會之處爲辰。鄭注《周禮‧大師職》云：『十一月辰在星紀，十二月辰在玄枵，正月辰在（女取）訾，二月辰在降婁，三月辰在大梁，四月辰在實沈，五月辰在鶉首，六月辰在鶉火，七月辰在鶉尾，八月辰在壽星，九月辰在大火，十月辰在析木。』是一歲十二會也。」

孫希旦曰：「王者敬授人時，必測日月星辰之運，而尤以測日行爲主。測中星者，亦所以測日也。故〈月令〉於每月首言日躔，而繼以昏旦之中星。此定時成歲之本，而政教民事之所由以起者也。」〔註14〕

中國古代對於星象的觀測，早見《尚書》、《詩經》、《左傳》等先秦典籍，如《尚書‧堯典》：「堯乃命羲和，欽若昊天；歷象日月星辰，敬授人時」〔註15〕，可推證在三代以前中國即有星象的觀測，如《大戴禮‧夏小正》「正月」：「鞠則見，初昏參中，斗柄縣在下」〔註16〕，即當正月早晨東方出現祿星，黃昏南方出現參星，北斗七星之斗杓指向南方時，農人即可「農率均田」、「初服於公田」，因此古代星象觀測是爲「敬授人時」，以確切掌握時令變化，配合農事之需。

《禮記‧月令》吸收古代天文知識，將〈夏小正〉的十二月改成春夏秋冬四季，正是爲了凸顯時令的意義，避免農事失時。結合星象的觀測，進一步將每一季劃分孟、仲、季三時，每一時皆有日位與晨昏中星爲據，確實較〈夏小正〉精確。

「二十八星宿」，「二十四節氣」的確立，是中國古代天文學的一大成就，

〔註13〕《禮記‧月令》（十三經注疏5，臺北：藝文印書館，1976年），頁279。
〔註14〕〔清〕孫希旦：《禮記集解》（臺北：文史哲出版社，1990年8月），頁401。
〔註15〕《尚書》（十三經注疏，臺北：藝文印書館，1976年），頁9。
〔註16〕〔漢〕戴德：《大戴禮記》（叢書集成初編，臺北：商務印書館，1967年），頁15。

在《禮記‧月令》已可見到二十八星宿之名，也可發現「立春」、驚蟄「蟄蟲始震」、雨水、小暑、夏至「日長至」、「立秋」、白露、霜降「霜始降」、冬至「日短至」等節令之名，可謂二十四節氣的雛形已具，此為其在天文學上的進展。〔註17〕

《禮記‧月令》的星象紀錄，重點在呈現天道的規律，藉由黃道與二十八星宿的測定，藉由晨星、太陽及昏星的位置變化，呈現歲時節令的變動，日月星辰有其固定的運行軌跡，會順隨時令的推移運行，年年週而復始，此為天道運行有其條理的根據。

（二）寒暑陰陽二氣

以下整理《禮記‧月令》中關於節候與陰陽二氣的變化，製表如下：

季節	節　　候	陰　　陽　　之　　氣
孟春	東風解凍	天氣下降，地氣上騰，天地和同。
仲春	始雨水，雷乃發，聲乃電	
季春	虹始見	生氣方盛，陽氣發泄。
孟夏	立夏	
仲夏	小暑至，日長至	陰陽爭，死生分。
季夏	溫風始至	毋舉大事，以搖養氣。
孟秋	涼風至，白露降，立秋	天地始肅，不可以贏。
仲秋	涼風生，日夜分，雷始收聲	殺氣浸盛，陽氣日衰。
季秋	霜始降	寒氣總至，以會天地之藏。
孟冬	水始冰，地始凍，虹藏不見	立冬。 天氣上騰，地氣下降，天地不通，閉塞而成冬。 孟冬行春令，則凍閉不密，地氣上泄，民多流亡。
仲冬	冰益壯，地始坼，日短至	陰陽爭。 安形性，事欲靜，以待陰陽之所定。 助天地之閉藏。
季冬	冰方盛，水澤腹復	命有司大難，以送寒氣。 日窮於次，月窮於紀，星迴於天，數將幾終，歲將更始。

〔註17〕參見陳遵媯：《中國古代天文學簡史》（臺北：木鐸出版社，1982年4月），頁19。

《禮記‧月令》：「東風解凍」、「始雨水，雷乃發，聲乃電」的節候部分乃承自〈夏小正〉而來，天文的日星有更始，節候的寒暑亦有其週期，此乃上古「敬授民時」之所用。在《管子‧四時》中節候的部分已大量減少，取而代之的是陰陽與五行的詮釋，以配合其「刑德並施」的政治思想。

《禮記‧月令》的特色是沒有捨棄〈夏小正〉的傳統，反而更詳盡的紀錄節候的變化，這反映出《禮記‧月令》對天候變化的重視，所以要鉅細靡遺的紀錄，此乃承〈夏小正〉月令記錄的進一步發展，爲漢代「二十四節氣」的成熟，奠定重要的基礎。

此外，《禮記‧月令》也受《管子‧四時》陰陽五行說的影響，以陰陽二氣詮釋節候之消長，且超越《管子‧四時》直接附會命定的方式，爲陰陽二氣建立一較合理的消長模式，春夏陽氣由生而盛，陰氣漸消；秋冬陰氣漸滋，殺氣浸盛，以至上下不通，天地閉藏，歲將更始，此乃陰陽二氣消長盛衰之規律。

《禮記‧月令》是否有受到鄒衍的影響，實不可考。但其以陰陽二氣之消長詮釋節候之變化，確有受到戰國末期陰陽家思想的影響，但《禮記‧月令》並無《易傳》「一陰一陽之謂道」的本體論，也尚無萬物的本質來自陰陽二氣之說，沒有採用鄒衍「五德轉移說」，只是以陰陽二氣來詮釋自然界寒暑的變化，它吸收陰陽二氣的思想，作爲節候運行背後的作用，春夏之生氣，來自陽氣下降，陰陽相爭，陽氣盛而陰氣衰，秋冬則陰氣漸長，陰陽二氣復爭，陰氣日盛，陽氣則衰，是以殺氣浸盛，以至陰陽相隔不通，待來春陽氣復降，陽氣復爭勝，歲乃更始。故陰陽二氣既相交復相離，週而復始，形成四時寒暑節氣之變化。

（三）《禮記‧月令》的天道觀

《禮記‧月令》的天道觀，乃一實然的自然規律，它既非儒家「天下歸仁」〔註18〕的道德天，也非老子形上抽象的天道本體，它是在天文觀測、節候記錄以及陰陽二氣消長理論的基礎上，建立起來的自然天的天道規律，因此它具備一定程度的客觀性與合理性，它並非爲某一家派所獨有，於是陰陽家利用它來與五行配合，以成其「五德轉移說」，《管子》利用它來配合「刑德並施」的政治思想，《呂氏春秋》十二紀也運用其資料來成就其「貴公」的

〔註18〕〔宋〕朱熹：〈論語集注‧顏淵〉，《四書章句集注》（北京：中華書局，1995年四版），頁131。

政治主張。故《禮記》吸收〈月令〉之說，自不足為奇，此或秦漢間儒者要補強其對實然天道規律的掌握，以對抗戰國末期道家、法家、陰陽家之說。

但《禮記・月令》也不全然是自然天模式，在每一時令之後，皆有如：「孟春行夏令，則雨水不時，草木蚤落，國時有恐。行秋令則其民大疫，猋風暴雨總至，藜莠蓬蒿並興。行冬令則水潦為敗，雪霜大摯，首種不入。」〔註19〕等災異之說，此非自然天，可視之為上古意志天的殘留。

具災異的意志天之說，於《管子・四時》已見，如：「春行冬政則凋，行秋政則霜，行夏政則欲」〔註20〕、「夏行春政則風，行秋政則水，行冬政則落」〔註21〕等，此絕非自然的客觀記錄，當由政治的角度思考，《管子・四時》、《呂氏春秋》十二紀其成書目的，皆在為人君服務，為人君謀建立一長治久安的政治理想，要發揮其影響力，只有藉由意志天的災異之說，來使人君有所顧忌，此亦現實面之不得已。

二、地之理

「地之理」包括蟲魚鳥獸在四時十二紀之變化，而提出其有生養收藏的變化規律，其規律與陰陽二氣的消長修戚相關，並進一步提出以「五行之德」作為「地之道」的變化因素，於是「陰陽二氣」與「五行之德」的配合，乃為天地之道的成因。

（一）鳥獸蟲魚草木之序

以下乃據《禮記・月令》之內容，分述其鳥獸、蟲魚、草木、農事之內容，製一簡表：

季節	鳥　　獸	蟲　　魚	草　　木	農　　事
孟春	獺祭魚，鴻雁來	蟄蟲始動，魚上冰	草木萌動	王命布農事
仲春	倉庚鳴，鷹化為鳩，玄鳥至	蟄蟲咸動，啟戶始出	桃始華	毋作大事以妨農之事
季春	田鼠化為鴽		桐始華，萍始生	使以勸蠶事
孟夏		螻蟈鳴，蚯蚓出	王瓜生，苦菜秀	勞農勸民，無或失時，后妃獻繭

〔註19〕《禮記・月令》（十三經注疏5，臺北：藝文印書館，1976年），頁289。
〔註20〕黎翔鳳撰，梁運華整理：《管子校注・四時》（北京：中華書局，2006年），頁842。
〔註21〕同註20，頁847。

仲夏	鵙始鳴，反舌無聲，鹿角解	螳螂生，蟬始鳴，半夏生，木菫榮		
季夏	鷹乃學習	蟋蟀居壁	腐草爲螢，樹木方盛	命漁師伐蛟取鼉、澤人納材葦，命婦官染采
孟秋	鷹乃祭鳥	寒蟬鳴		農乃登穀，命百官始收斂
仲秋	候雁來，玄鳥歸，群鳥養羞	蟄蟲俯戶		乃命有司趣民收斂，務蓄菜，多積聚，乃勸種麥，無或失時
季秋	候雁來賓，豺則祭獸戮禽	爵入大水爲蛤	菊有黃華，草木黃落	霜始降則百工休
孟冬	雉入大水爲蜃			勞農以休息之
仲冬	鶡鴠不鳴，虎始交		芸始生，荔挺出，蚯蚓結，鹿角解，水泉動	農有不收藏積聚者，馬牛畜獸有放佚者，取之不詰。日短至，則伐木取竹箭
季冬	雁北鄉，鵲始巢，雉雊，雞乳			漁師始漁，命農計耦耕事，脩耒耜，具田器。歲且更始

　　天有日星節候之序，地有地之理，地無法運行，乃藉蟲魚鳥獸草木之變化，以呈現其規律，鳥獸有遷徙、繁衍，草木有滋生、開花、凋落，蟲魚有蟄伏、蟬蛻、衰亡之不同階段，牠門似乎有其共通性，始生、成長、成熟、衰敗的過階段，此爲蟲魚鳥獸的生命規律，此亦大地孕育萬物的規律，此曰「地之理」。掌握此「地之理」，人們便可掌握農事之時序，〈孟春〉：「乃布農事」，〈季春〉：「以勸蠶事」，〈季夏〉：「發蛟取材」，〈仲秋〉：「趣民收斂」，〈孟冬〉：「勞民以休息」，以待「歲且更始」，又是另一個生命週期的開始，此乃「地有地之理」。

　　「天之道」與「地之理」並非毫無干係，陰陽二氣的消長，造成寒暑的變化，陽氣之生、強、極盛，陰陽之爭，陰氣之生，漸強，陰盛陽衰，正呼應「地之理」的始生、長養、成熟、凋零的規律，因此「天之道」的陰陽二氣的消長，除了造成春夏秋冬的節候變化，更重要的是，「天之道」的陰陽二氣也影響「地之理」中萬物的生長滅息繁衍的規律，故「天之道」與「地之理」雖各自有其變化之規律，但二者在氣化下實則相通一致。

（二）五行之德

　　《禮記・月令》以四時配五行之說，可謂沿襲《呂氏春秋》十二紀的說法，《禮記・月令》將「五行」之義更引伸擴大解釋，大至祭祀鬼神與方位，

小至日常生活之臭、味、數、色，皆可以「五行」附會之，以下乃據其內容，製表顯明之：

季　節	春	夏	中	秋	冬
月　份	孟　仲　季 春　春　春	孟　仲　季 夏　夏　夏		孟　仲　季 秋　秋　秋	孟　仲　季 冬　冬　冬
天　干	甲　乙	丙　丁	戊　己	庚　辛	壬　癸
帝	大皞	炎帝	黃帝	少皞	顓頊
神	句芒	祝融	后土	蓐收	玄冥
節	立春	立夏		立秋	立冬
盛德所在（五行）	木	火	土	金	水
方位	東	南	中	西	北
色	青	赤	黃	白	黑
蟲	鱗	羽	倮	毛	介
音	角	徵	宮	商	羽
律	大　夾　姑 蔟　鐘　洗	中　蕤　林 呂　賓　鍾	黃　之 鐘　宮	夷　南　無 則　呂　射	應　黃　大 鐘　鐘　呂
數	8	7	5	9	6
味	酸	苦	甘	辛	鹹
臭	羶	焦	香	腥	朽

「孟春之月」：「其日甲乙。其帝大皞，其神句芒。其蟲鱗。其音角，律中大蔟。其數八。其味酸，其臭羶。」〔註22〕鄭注：「日之行，春，東從青道，發生萬物，月為之佐。」「句芒，少皞氏之子，為木官。」「凡聲尊卑，取象五行，數多者濁，數少者清，大不過宮，細不過羽。」「數者，五行佐天地，生物成物之次也」，「木之臭味也，凡酸羶者皆屬焉。」

「天之道」由四時的運行，由陰陽之消長以見；「地之理」則由五行之德之轉移以現，春則木德為盛，起於東方，其色為青，萬物以生，其味主酸；夏則火德為盛，起於南方，其色為赤，萬物以長，其味為苦；秋則金德為盛，起於西方，其色為白，其味為辛，天地肅殺；冬則水德為盛，起於北方，其色為黑，其味為鹹，天地以息；中央為土德，其色為黃，其味為甘。

〔註22〕　《禮記‧月令》（十三經注疏5，臺北：藝文印書館，1976年），頁279。

以「五行之德」呈現地之理，非如節候之記錄，具客觀性與合理性，此實屬附會之說，乃一家之言。何以春屬木？不屬花、不屬草？何以為東方？西方、南方豈無春？故此乃借古來本指五種基本物質的「五行」之說，引伸擴大其說，試圖來掌握萬物之殊異。故春以木為代表，以日出之東方象其位，以初生之青呈其色，再引伸而至帝、神、蟲、音、律、數、味、臭之別，於是上至天帝、鬼神，包含方位、蟲、魚、鳥、獸之類，下至感官之色、聲、臭、味，皆得名其類別。於是萬物之殊異乃皆在五行之德的規範下，再將五行之德配合四時之陰陽二氣，是乃將實然時空世界之流動性與豐富之內涵性，皆涵攝在陰陽四時與五行之德中，此其說之博大處。

三、人之紀

「人之紀」包括「法天地」觀念的落實，以「天地之道」作為人道之綱紀，表現在祭祀、節欲與靜定的心性觀，及施德與形罰的的政治主張。

（一）法天地

老子云：「人法地，地法天，天法道，道法自然。」〔註23〕可說是「法天地」思想的先驅，將人世的價值主體上溯到天道的自然法則，主張人當回歸天道之自然。

《易傳》云：「古者包犧氏之王天下也，仰則觀象於天，俯則觀法於地，觀鳥獸之文，與地之宜。近取諸身，遠取諸物。於是始作八卦，以通神明之德，以類萬物之情。」〔註24〕是上古先民早已觀天象鳥獸地文，取以為人倫社會的法則，進而求「通神明之德，類萬物之情」，「神明之德」屬天，「萬物之情」屬地，此可謂儒家「法天地」思想的開展。

《禮記‧月令》也表現出「法天地」思想，其云：「毋逆大數，必順其時，慎因其類。」孫希旦云：「大數謂天道也，天道運而為四時，時各有類，陽宜溫，陰宜肅，陽宜發宣，陰宜收斂。蓋財用既足，則百事無患於不遂，然恃其財用之足，逆天時而妄舉大事，又不可也，故又因而戒之。」〔註25〕故《禮記‧月令》「法天地」主要表現在法天道之「大數」，即天道之規律，順陰陽

〔註23〕王卡點校：《老子道德經河上公章句》（北京：中華書局，1960 年 8 月），頁102。

〔註24〕《周易‧繫辭》（十三經注疏，臺北：藝文印書館，1976 年），頁166。

〔註25〕〔清〕孫希旦：《禮記集解‧月令》（臺北：文史哲出版社，1990 年 8 月），頁476。

四時之溫涼寒暑，順五行之德、時令之宜以行，是「法天地」即法「天之道」與「地之理」，以爲「人之紀」。

故對天之道的紀錄，是立春之日的重要工作：

> （天子）乃命大史守典奉法，司天日月星辰之行，宿離不貸，毋失經紀，以初爲常。〔註26〕

鄭玄注：「典，六典。法，八法。經紀爲天文進退度數。」大史兼掌天文曆法，故天子於立春之初，乃命大史考校曆法得失，使無違天之道，以爲民之所法。

「法天地」之數，對人民而言，主要在因應農事。故立春則「布農事」，修封疆」，季春則婦女「以勸蠶事」，「命百工」，孟夏則「勞農勸民」，「命農勉作」，季夏則命「婦官染采」，孟秋則「農乃登穀」，「百官始收斂」，仲秋「趣民收斂」、「乃勸種麥，無或失時」，季秋「霜始降，則百工休」，故立春最要者，乃頒佈今年之時令，勸民以農，毋使失時。同樣的，年終時，朝廷的大事便是頒佈來歲之時令：

> （季冬）日窮於次，月窮於紀，星回於天。數將幾終，歲且更始。……
>
> 天子乃與公、卿、大夫，共飭國典，論時令，以待來歲之宜。〔註27〕

朱彬引王念孫曰：「來歲之事，必依國典，順時令而行之。故歲終則飭國典，論時令，以待來歲之事也。」〔註28〕故《禮記・月令》「法天地」乃「順其時令而行」，它既非老子法形上天道之主體，亦非如〈易傳〉探究「通神明之德，類萬物之情」的道德感受，它指示實然世界的歲時節令，簡明而易行，卻影響國政民生至鉅。

（二）祭　祀

「祭祀」在〈月令〉的份量極重，幾乎遍佈於十二月令，以下依其性質分爲四時迎節氣、祈福與消災、感恩回饋三方面陳述之：

四時	節候	祭　　　　　　　　祀
春	孟春	立春之日，天子迎春於東郊，天子乃以元日，祈穀於上帝。 修祭典，命祀山林川澤，犧牲毋用牝。
	仲春	擇元日，命民社。玄鳥至，至之日，以大牢祠於高禖。

〔註26〕《禮記・月令》（十三經注疏5，臺北：藝文印書館，1976年），頁279。
〔註27〕同註26，頁347。
〔註28〕〔清〕朱彬：《禮記訓纂》（北京：中華書局，1996年），頁286。

	季春	天子乃薦鞠衣於先帝，薦鮪于寢廟，乃爲麥祈實。 命國難，九門磔攘，以畢春氣。
夏	孟夏	立夏之日，天子迎夏於南郊。農乃登麥，天子以彘嘗麥，先薦寢廟。
	仲夏	命有司，爲民祈祀山川百源，大雩帝，用盛樂。乃命百縣雩祀百辟卿士有益於民者，以祈穀實。
	季夏	命四監，大合百縣之秩芻，以養犧牲，令民無不咸出其力，以共皇天上帝，名山大川，四方之神，以祠宗廟社稷之靈，以爲民祈福。
秋	孟秋	立秋之日，天子迎秋於西郊。農乃登穀，天子嘗新，先薦寢廟。
	仲秋	天子乃難，以達秋氣。
	季秋	大饗帝，嘗犧牲，告備於天子。
冬	孟冬	立冬之日，迎冬於北郊，命太卜禱祠龜策占兆審卦吉凶。 大飲烝，祈來年于天宗，大割祠于公社及門閭，饗先祖五祀。
	仲冬	天子命有司祈祀四海、大川、名源、淵澤、井泉。
	季冬	命有司大儺，旁磔，出土牛，以送寒氣。 乃畢山川之祀，及帝之大臣，天之神祇。 命太史次諸侯之列，賦以犧牲，以供皇天上帝社稷之饗。命同姓之邦共寢廟之芻豢。 命宰、歷卿、大夫至於庶民，土田之數，而賦犧牲，以共山林名川之祀。 凡在天下九州之民者，無不咸獻其力，以共皇天、以共皇天、上帝、社稷、寢廟、山林、名川之祀。

1. 四時迎節氣

> 是月也，以立春。先立春三日，大史謁之天子曰：某日立春，盛德
> 在木。天子乃齊。立春之日，天子親帥三公、九卿、諸侯、大夫以
> 迎春於東郊。還反，賞公卿、諸侯、大夫於朝。〔註29〕

鄭玄氏注：「迎春，祭倉帝靈威仰於東郊之兆也。〈王居明堂禮〉曰」：『出十五里迎歲』蓋殷禮也。周近郊五十里。賞，謂有功德者有以顯賜之也。」是大史於立春前三日，先告天子，天子齋戒三日，祭於東郊之兆，以迎青帝大皞，並賞公卿諸侯大夫及有功德者，以順陽氣而布仁恩。

孔穎達正義曰：「周法四時迎氣，皆前期十日而齋。今秦法簡省，蓋散齋二日，致齋一日，天以覆蓋生民爲德。天之生育盛德，在於木位。四時所賞不同者，庾云：『順時氣也。春，陽氣始著，仁澤之時，故順其時而賞人臣及諸侯也。夏之時，陽氣尤盛，萬數增長，故慶賜轉廣。秋，陰氣始著，嚴凝

〔註29〕《禮記‧月令》（十三經注疏5，臺北：藝文印書館，1976年），頁279。

之時，故從其時而賞軍帥及武人也。至冬，陰氣尤盛，萬物衰殺，故賞死事者及其妻子也。』」，是四時皆有迎節氣之祭，故云：

> 是月也，以立夏。先立夏三日，大史謁之天子曰：某日立夏，盛德在火。天子乃齊。立夏之日，天子親帥三公、九卿、大夫以迎夏於南郊。還反，行賞，封諸侯。慶賜遂行，無不欣說。〔註30〕

> 是月也，以立秋。先立秋三日，大史謁之天子曰：某日立秋，盛德在金。天子乃齊。立秋之日，天子親帥三公、九卿、諸侯、大夫，以迎秋於西郊。還反，賞軍帥武人於朝。〔註31〕

> 是月也，以立冬。先立冬三日，太史謁之天子曰：某日立冬，盛德在水。天子乃齊。立冬之日，天子親帥三公、九卿、大夫以迎冬於北郊，還反，賞死事，恤孤寡。〔註32〕

立春迎青帝大皞於東郊之兆，立夏迎赤帝炎帝於南郊之兆，立秋迎白帝少皞於西郊之兆，立冬迎黑帝顓頊於北郊之兆，是謂四時迎節氣也。孫希旦云：「月令之例，大約順陰陽以爲出內，春夏，陽也，故務出；秋冬，陰也，故務內。孟春行慶施惠，而封諸侯則行慶之尤重者，故孟夏乃行之，以順陽氣之發宣。季秋命百官貴賤，無不務內，以會天地之藏，無有宣出，而封諸侯，立大官，則宣出之尤大者，故孟秋即禁之，以順陰氣之收斂。」〔註33〕「法天地」乃「人之紀」的最高原則，「迎節氣」是對天地節候變化的敬重，天子在立節前三日即齋戒以待，其祭祀乃依陰陽二氣及五行之德而行。故春、夏、秋、冬各依東、南、西、北郊以迎節氣，此乃依五行之位與帝之名而設；至於迎節氣之賞賜收斂，則依陰陽二氣之性而行，故春夏陽氣盛，則以慶賞爲主，秋冬陰氣盛，則以收斂爲主，是依二氣消長之性而行，故乃「法天地」的落實。

2. 祈福與消災

祈福與消災是祭祀的另一項重點，祈福主要在爲民祈穀，祀山林川澤，以求農事順利；消災則在除戾氣，以免疫癘傷民。

〔註30〕《禮記・月令》（十三經注疏 5，臺北：藝文印書館，1976 年），頁 305。
〔註31〕同註 29，頁 322。
〔註32〕同註 29，頁 340。
〔註33〕〔清〕孫希旦：《禮記集解・月令》（臺北：文史哲出版社，1990 年 8 月），頁 443。

　　故孟春之月：「天子乃以元日，祈穀於上帝」〔註34〕，鄭注：「〈春秋傳〉曰：『夫郊祀后稷，以祈農事，是故啓蟄而郊，郊而後耕。』」，仲春之月：「擇元日，命民社。」〔註35〕鄭注：「社，后土也，使民祀焉，神其農業也。」仲春之月：「玄鳥至，至之日，以大牢祠於高禖。」〔註36〕鄭玄注：「玄鳥，燕也，燕以施生時來，巢人堂宇而孚乳，嫁娶之象也。媒氏之官以爲候。高辛氏之世，玄鳥遺卵，（女戎）簡吞之而生契，後王以爲媒官嘉祥，而立其祠焉。」季春之月：「天子乃薦鞠衣於先帝。」〔註37〕鄭玄注：「爲將蠶，求福祥之助也。鞠衣，黃桑之服。先帝，大皞之屬。」故春季祭祀多祈農桑之事及嫁娶生子之助，此又與春時陽氣之生機有關。

　　夏時陽氣方烈，故有祈雨之雩祭。仲夏之月：「命有司，爲民祈祀山川百源，大雩帝，用盛樂。乃命百縣雩祀百辟卿士有益於民者，以祈穀實。」〔註38〕鄭玄注：「陽氣盛而常旱，山川百源，能興雲雨者也，眾水始所出爲百源，必先祭其本乃雩。雩，吁嗟求雨之祭也。」此仲夏舉行雩祭，爲民求雨祈福。

　　此外，當四時節氣將畢之時，會舉行「難祭」，以爲民消災，使陰陽二氣消盡而不傷民。故於季春、仲秋及季冬之月云：

　　　　命國難，九門磔攘，以畢春氣。（季春）〔註39〕

　　　　天子乃難，以達秋氣。（仲秋）〔註40〕

　　　　命有司大儺，旁磔，出土牛，以送寒氣。（季冬）〔註41〕

鄭玄注「季春之難」曰：「此難，難陰氣也，陰氣至此不止，害將及人。……命方相氏率百隸，索室毆疫以逐之，又磔牲以攘於四方之神，所以畢止其灾也。」「仲秋之難」鄭玄注曰：「此難，難陽氣也，陽暑至此不衰，害亦將及人。」高誘注《呂氏春秋》云：「儺，逐疫，除不祥也，通達秋氣，使不壅閉。」「季冬之難」鄭玄注：「此難，難陰氣也。」高誘注《呂氏春秋》云：「大儺，逐盡陰氣，爲陽導也。今人臘歲前一日，擊鼓驅疫，謂之逐除是也。旁磔犬、

〔註34〕《禮記‧月令》（十三經注疏5，臺北：藝文印書館，1976年），頁287。
〔註35〕同註34，頁299。
〔註36〕同註34，頁299。
〔註37〕同註34，頁303。
〔註38〕同註34，頁316。
〔註39〕《禮記‧月令》（十三經注疏5，臺北：藝文印書館，1976年），頁305。
〔註40〕同註39，頁326。
〔註41〕同註39，頁347。

羊於四方，以攘其畢冬之氣也。」

　　「難祭」的舉行乃依四時之陰陽二氣消長而設，季春懼陰氣之不止，害將及人，故舉行難祭以送陰氣之畢；仲秋則懼陽氣之不衰，秋氣無以通達而設；季冬之難祭則送陰氣之寒盡，以引導陽氣之將臨。故「難祭」乃爲民消災而設，用意在引導陰陽二氣之順利消長運行，使不爲疫疾。

3.感恩與慰勞

　　春夏二季多祈福農事及爲民消災而祭，秋冬二季所設之祭，則多爲感恩回饋而舉行。

　　　　大饗帝，嘗犧牲，告備於天子。（季秋）〔註42〕

鄭玄注：「言大饗者，徧祭五帝也。〈曲禮〉曰：『大饗不問卜』，謂此也。嘗者，謂嘗群神也。天子親嘗帝，使有司祭於群神，禮畢而告焉。」此乃宗廟之秋祭，初於仲秋之時，即命宰祝循行犧牲之具，於季秋則犧牲皆完備，遂大祀上帝及群神，以感念其賜福。

　　　　大飲烝，祈來年于天宗，大割祠于公社及門閭，饗先祖五祀。（孟
　　　　冬）〔註43〕

鄭玄注「大飲烝」云：「十月農功畢，天子與其諸侯群臣飲酒於大學，以正齒位，謂之大飲。別之於他，其禮亡。今天子以燕禮，郡國以鄉飲酒禮代之。」此乃農功畢，天子與群臣同飲共樂之會。鄭玄注：「此《周禮》所謂『蜡祭』也。天宗，謂日月星辰也。大割，大殺群牲割之也。臘，謂以田獵所得禽祭也。五祀，門、戶、霤、竈、行也。」此爲農收完畢，使民休息，上下同樂之祭，一方面感謝日月星辰之天宗佑福，一方面也祭祀先祖及屋宇五祀，既與民同樂，以慰民之勞苦，復感恩天地祖先之賜，民德歸厚矣。

　　　　乃畢山川之祀，及帝之大臣，天之神祇。（季冬）〔註44〕

鄭玄注：「四時之功成於冬。孟月祭其宗，至此可以祭其佐也。帝之大臣，句芒之屬。天之神祇，司中、司命、風師、雨師。」此乃歲末年終，感恩四時神祇之功，是以孟冬之月先祭其天宗，至於季冬則祭其佐，即帝之大臣、風師、雨師之屬，是則諸神畢祀之也。

　　「祭祀」可謂是天與人之間的連結，天以陰陽二氣，地以五行之德，人

〔註42〕《禮記・月令》（十三經注疏5，臺北：藝文印書館，1976年），頁338。
〔註43〕《禮記・月令》（十三經注疏5，臺北：藝文印書館，1976年），頁343。
〔註44〕同註43，頁347。

則以祭祀以敬時氣之來，當陰陽消長以順，四時寒暑得宜，則農事順遂而人乃得福，反之，陰陽過當則易爲災，疫疾易生。故祭祀一以祈求天地順時節令以得福，一以驅除陰陽失常之災異，一方面戒懼，一方面感恩，將人與天地之運行連結在一起，休戚相關，成爲一體。

4. 節欲與靜定

在《禮記·月令》中論及心性與修養方面不多，多是面對時令變化的行爲因應，如仲春之月云：

> 是月也，日夜分。雷乃發聲，始電，蟄蟲咸動，啓户始出。先雷三
> 日，奮木鐸以令兆民曰：雷將發聲，有不戒其容止者，生子不備，
> 必有凶災。〔註45〕

鄭玄注：「容止，猶動靜。」高誘注《呂氏春秋》：「冬陰閉固，陽伏於下，是月陽升，雷始發聲，震氣爲雷，激氣爲電。」此乃陰陽二氣升騰衝突而發雷電，故人當戒其行止動靜，以待陰陽之氣定，此乃一敬時畏天之說。孔子云：「迅雷風烈，必變。」〔註46〕此乃由畏天命的道德感受而發，今《禮記·月令》之說，則由天道論以論修養，似受道家影響，與孔子之說由內在道德心而發之「畏天命」又有所不同。

> 是月也，日長至，陰陽爭，死生分。君子齊戒，處必掩身，毋躁。
> 止聲色，毋或進。薄滋味，毋致和。節嗜欲，定心氣，百官靜事毋
> 刑，以定晏陰之所成。（仲夏）〔註47〕

鄭玄注：「爭者，陽方盛，陰欲起也。分，猶半也。」高誘注《呂氏春秋》曰：「是月陰氣始起於下，陽氣蓋覆其上，故曰爭也。」此乃夏至之時，陽氣至盛而陰氣始興，陰氣生物，陰氣殺物，故曰「死生之分限」，此當陰陽二氣消長交接之時變。故人當齋戒以定其心，毋躁動，薄滋味，止聲色，此所以節其嗜欲，定其心氣，百官毋作大事以妨時序之變。

孫希旦曰：「蓋人身一小天地，其陰陽之氣，恆與天地相爲流通。雖陽主生，陰主殺，君子嘗致扶陽抑陰之意，然不收斂則不能發散，二者之氣，不可相無。故天地之陰陽一有所偏，則無以育庶類，人身之陰陽一有所偏，則

〔註45〕《禮記·月令》（十三經注疏 5，臺北：藝文印書館，1976 年），頁 300。
〔註46〕〔宋〕朱熹：〈論語集注·鄉黨〉，《四書章句集注》（北京：中華書局，1995
　　　年四版），頁 122。
〔註47〕同註45，頁 318。

無以養其生。故於其始生也，務於有以養之，所以贊化育之道而盡節宣之宜也。」〔註48〕天地之和諧來自陰陽二氣之消長運行，人身之養亦得陰陽之調和，故陽氣至盛之時，當靜定毋躁，節欲齋戒，以待陰氣之初起，故曰「以定晏陰之所成」，以待時序之順變，若陰氣受擾而不起，則陽氣過盛將為害，是以慎敬之。

同理，陰氣至盛之冬至日，亦有所靜待齋戒，以待時變：

> 是月也，日短至。陰陽爭，諸生蕩。君子齊戒，處必掩身。身欲
> 寧，去聲色，禁耆慾。安形性，事欲靜，以待陰陽之所定。（仲冬）
> 〔註49〕

此與「仲夏」之文，略異而主旨同，蓋冬至之時則陰氣至盛，而陽氣始生，故當敬慎安靜以養微陽之起。

故《禮記・月令》的修養論可謂是「寡欲」與「主靜」，其說與先秦孔、孟、荀之儒家修養論不同，乃承襲自《呂氏春秋》十二紀紀首。

孔子云：「克己復禮為仁。一日克己復禮，天下歸仁焉。為仁由己，而由人乎哉？」〔註50〕主張人之視聽言動一以「禮」為依歸，乃以文化義導正原始之性情，並不主張要人「寡欲」，功名富貴本身沒有錯，但要合於「禮」，「禮」的內涵是「仁」，故孔子的理想是「天下歸仁」。

孟子道「性善」，故云：「惻隱之心，人皆有之；羞惡之心，人皆有之；恭敬之心，人皆有之；是非之心，人皆有之。惻隱之心，仁也；羞惡之心，義也；恭敬之心，禮也；是非之心，智也。仁義禮智，非由外鑠我也，我固有之也，弗思耳矣。故曰：求則得之，舍則失之。」〔註51〕朱熹注曰：「言四者之心，人所固有，但人自不思而求之耳。所以善惡相去之遠，由不思不求而不思擴充以盡其才也。」故孟子論修養，乃以自反其善性，擴充其四端之心，存養仁義禮智之善性為主，故其說亦不主「節欲」及「主靜」。

荀子云：「人生而有欲，欲而不得，則不能無求。求而無度量分界，則不能不爭；爭則亂，亂則窮。先王惡其亂也，故制禮義以分之，以養人之欲，

〔註48〕〔清〕孫希旦：《禮記集解》（臺北：文史哲出版社，1990年8月），頁454。

〔註49〕《禮記・月令》（十三經注疏5，臺北：藝文印書館，1976年），頁346。

〔註50〕〔宋〕朱熹：〈論語集注・顏淵〉，《四書章句集注》（北京：中華書局，1995年四版），頁131。

〔註51〕〔宋〕朱熹：〈孟子集注・告子上〉，《四書章句集注》（北京：中華書局，1995年四版），頁328。

給人之求。」〔註52〕荀子論人性從實然生命的耳目情欲看，禮義的制訂是使人的情欲有一合理的滿足。而人之知禮義須待教育的教化之功，其〈勸學〉云：「積土成山，風雨興焉；積水成淵，蛟龍生焉；積善成德，而神明自得，聖心備焉。」〔註53〕又曰：「學惡乎始？惡乎終？曰：其數則始乎誦經，終乎讀禮；其義則始乎為士，終乎為聖人。眞積力久則入，學至乎沒而後止也。」〔註54〕是荀子不由節制慾望這方向以對治原始的情欲之性，他認為經由教育的累積實踐，可以內在的轉化人無盡之欲求，終而成君子聖賢。

由孔、孟、荀三家，觀儒家論修養，雖三家所重或有不同，孔子歸於「禮」，孟子自反「善性」，荀子重「學」以成聖，但皆主張由人文之道德價值以條理人之性情則一致，皆不主張要「節欲」、「靜定」，故《禮記・月令》之說實非由先秦儒家一脈而來。

《禮記・月令》「節欲」與「靜定」之說乃沿襲《呂氏春秋》而來，《呂氏春秋》云：「天生人而使有貪有欲，欲有情，情有節，聖人修節以止欲，故不過行其情也。」〔註55〕情欲乃人之天生，是無法否定的，人的生命實然就是情欲，所謂「耳之欲五聲，目之欲五色，口之欲五味，情也。」〔註56〕情欲無法禁絕，只能節制不使過節，故須節制耳目感官的過度享樂，當過度成了貪欲，就有害生，故要反求諸己，淘洗貪欲，保持清明無私之心，此為呂氏「反己」之說。

> 何謂反諸己也？適耳目，節嗜欲，釋智謀，去巧故，而游意乎無窮之次，事心乎自然之塗，若此則無以害其天矣。無以害其天則知精，知精則知神，知神之謂得一。〔註57〕

「節欲」即是「適耳目，節嗜欲，釋智謀，去巧故」，近於老子所謂：「絕聖棄智，民利百倍；絕仁棄義，民復孝慈；絕巧棄利，盜賊無有；此三者，以為文不足。故令有所屬，見素抱樸，少私寡欲。」〔註58〕河上公注：「見素者，當抱素守眞，不尚文飾，抱樸者，當見其篤朴以示下，故可法則。」老子非

〔註52〕梁啓雄：《荀子簡釋》（臺北：木鐸出版社，1988年9月），頁253。
〔註53〕王先謙：《荀子集解・勸學》（北京：中華書局，1981年），頁7。
〔註54〕同註53，頁11。
〔註55〕陳奇猷：《呂氏春秋校釋》（臺北：華正書局，1988年），頁76。
〔註56〕同註55，頁76。
〔註57〕同註55，頁159。
〔註58〕王卡點校：《老子道德經河上公章句》（北京：中華書局，1960年8月），頁75。

眞否定仁義聖智，他反對的是世人追逐仁義聖智而起的巧詐虛僞之心，世間的紛亂，便在過度膨脹的功名利慾之心，只有節制此心，減少慾望，乃得回歸於人性之樸質，以應天道之自然。

「靜定」則能「游意乎無窮之次，事心乎自然之塗」，莊子「心齋」之說頗通其說，其云：「若一志，無聽之以耳而聽之以心，無聽之以心而聽之以氣！聽止於耳，心止於符。氣也者，虛而待物者也。唯道集虛。虛者，心齋也。」〔註59〕郭象注：「遺耳目，去心意，而氣性之自得，此虛以待物者也。」又注：「虛其心，則至道集於懷也。」莊子「心齋」之說，強調要降低耳目感官之欲，甚至要放下心念意志之執著，方能眞正虛其心而以道爲懷，至此乃眞能「游意乎無窮之次，事心乎自然之塗」，是爲「靜定」之深意。

由以上論之，可知《禮記‧月令》：「節欲」與「靜定」之說，沿襲自《呂氏春秋》「反己」的修養論，而呂氏之說則與老、莊道家的修養論較近，如老子「少私寡欲」，莊子「心齋」，皆由天道論以下貫心性修養論，心性的修養則在上契天道本體。此與儒家修養論，重道德人格的養成不同，或可謂道家式的修養論模式，而《禮記‧月令》「節欲」與「靜定」之說，不在道德人格之養成，乃靜待天道陰陽二氣之晏定，故其說較近於道家。

5. 施德與形罰

「祭祀」是人爲被動的祈求天道之順時而行，「施德與刑罰」則是人主動抒發之作爲，但其原則卻也是配合四時陰陽之消長與五行之德而作，以下乃據其施政之內容，按四時節令，以簡表呈現之：

四時	節候	施　　　　　　　　政
春	孟春	命相布德和令，行慶施惠，下及兆民，慶賜遂行，命布農事，命田舍東郊，皆脩封疆。
	仲春	安萌芽，養幼少，存諸孤，省囹圄，去桎梏，無肆掠，止獄訟。
	季春	布德行惠，發倉廩，賜貧窮，振乏絕，開府庫，出幣帛，周天下，勉諸侯，聘名士，禮賢者，婦使以勸蠶事，令百工，審五庫之量。
夏	孟夏	贊傑俊，遂賢良，舉長大，行爵出祿，必當其位。
	仲夏	令民毋艾藍以染，無燒灰，無暴布，門閭毋閉，關市毋索。百官靜，事無刑，以定晏陰之所成。

〔註59〕〔晉〕郭象注，〔唐〕成玄英疏：《南華眞經注疏》（上）（北京：中華書局，1998 年），頁82。

	季夏	毋舉大事，以搖養氣。
	中央	
秋	孟秋	命將帥選士厲兵，以征不義，命有司修法制，命理瞻傷察創視折審斷，決獄訟，嚴斷刑。命百官始收斂，完堤防，備水潦，修宮室，坿牆垣，補城郭。
	仲秋	養衰老，授几杖，行麋粥飲食。乃命司服，具飭衣裳，文繡有恆，制有小大，度有長短。衣服有量，必循其故，冠帶有常。乃命有司，申嚴百刑，可以築城郭，建都邑，穿竇窖，修囷倉。乃命有司，趣民收斂，務畜菜，多積聚。
	季秋	申嚴號令。命百官貴賤無不務內，以會天地之藏，無有宣出。 霜始降，則百工休。 天子乃教於田獵，以習五戎，班馬政。命僕及七騶咸駕，載旌旐，授車以級，整設於屏外。司徒搢扑，北面誓之。天子乃厲飾，執弓挾矢以獵，命主祠祭禽于四方。 乃趣獄刑，毋留有罪。收祿秩之不當、供養之不宜者。
冬	孟冬	命百官謹蓋藏。命司徒循行積聚，無有不斂。坏城郭，戒門閭，修鍵閉，慎管籥，固封疆，備邊竟，完要塞，謹關梁，塞徯徑。飭喪紀，辨衣裳，審棺槨之薄厚，塋丘壠之大小、高卑、厚薄之度，貴賤之等級。 命工師效功，陳祭器，按度程，毋或作爲淫巧以蕩上心。必功致爲上。物勒工名，以考其誠。功有不當，必行其罪，以窮其情。 乃命水虞漁師，收水泉池澤之賦。毋或敢侵削眾庶兆民，以爲天子取怨于下。其有若此者，行罪無赦。 賞死事，恤孤寡。
	仲冬	飭死事。命有司曰：土事毋作，慎毋發蓋，毋發室屋，及起大眾，以固而閉。地氣且泄，是謂發天地之房，諸蟄則死，民必疾疫，又隨以喪。命之曰暢月。 命奄尹，申宮令，審門閭，謹房室，必重閉。省婦事毋得淫，雖有貴戚近習，毋有不禁。 農有不收藏積聚者、馬牛畜獸有放佚者，取之不詰。山林藪澤，有能取蔬食、田獵禽獸者，野虞教道之；其有相侵奪者，罪之不赦。
	季冬	乃命四監收秩薪柴，以共郊廟及百祀之薪燎。 日窮於次，月窮於紀，星回於天。數將幾終，歲且更始。專而農民，毋有所使。天子乃與公、卿、大夫，共飭國典，論時令，以待來歲之宜。

　　《禮記・月令》的施政：春夏以施德行惠爲主，秋冬以刑罰征殺爲主，此主張乃沿襲《呂氏春秋》十二紀紀首，而呂氏之說可溯及《管子》,《管子・四時》篇云：「德始於春，長於夏；刑始於秋，流於冬。刑德不失，四時如一。」〔註 60〕故其施政亦配合四時節令而來，至於《禮記・月令》則更具體更細密。

　　由以上簡表觀之，可以發現春夏之時，朝廷多休養生息，不敢失時以妨

〔註 60〕黎翔鳳撰，梁運華整理：《管子校注・四時》（北京：中華書局，2006 年），頁240。

農事。故在施政上以布德行惠，發倉賜窮，慶賞公卿，舉賢良傑俊爲主。孟春則「命相布德和令，行慶施惠，下及兆民，慶賜遂行」，仲春則「安萌芽，養幼少，存諸孤。」鄭注：「助生氣也。」季春「布德行惠，發倉廩，賜貧窮。」孫希旦曰：「仲春物始生，故存諸孤，仲夏物方盛，故養壯佼，仲秋物已成，故養衰老，仲冬物皆藏，故飭死事。」〔註61〕是可知春夏之施德行惠，舉賢納才，是爲呼應春夏陽氣之生、之長，此時天地以生育萬物爲德，故人君之施政亦當以施惠舉賢爲懷。

　　春夏之時氣以生養爲德，故施政亦以布德行惠爲先，在消極方面，則不可妨害此生養之時氣，故可能妨害時氣之作爲者，皆當戒止之。是以孟春之戒乃云：「犧牲毋用牝，禁伐木，毋覆巢，毋殺孩蟲胎夭飛鳥，毋麛，毋卵。毋聚大眾，毋置城郭。掩骼埋胔。」〔註62〕鄭玄注：「爲傷萌幼之類。」仲春曰：「毋作大事，以妨農之事。」〔註63〕仲夏曰：「令民毋艾藍以染，無燒灰，無暴布，門閭毋閉，關市毋索。」〔註64〕鄭玄注：「爲傷長氣也。」高誘注《呂氏春秋》：「民順陽氣，布散在外，人當出入，故不閉也。」春夏之時氣爲生養孳息，故朝廷施政以勸民農事、勸婦蠶事爲重，盡量不擾民，不舉大事以傷民，對飛禽走獸，也呼應生養之時氣，毋殺牝胎、毋覆巢，使鳥獸得以生息繁衍，以順時氣。

　　秋季天地始肅，盛德在金，故農事上主收穫蓄藏，所謂「趣民收斂，務畜菜，多積聚」〔註65〕，秋氣肅殺，故對外於此時用兵，用兵目的乃在征伐不義，所謂：「命將帥選士厲兵，以征不義」〔註66〕，此說乃沿襲《呂氏春秋》：「古之聖王有義兵而無有偃兵。」〔註67〕而來。對內則主張：「決獄訟，嚴斷刑」〔註68〕，「乃命有司，申嚴百刑」〔註69〕，鄭玄注：「爲將順秋氣而斷刑也」，春夏時氣生養，故不輕言用刑，所謂「斷薄刑，決小罪」〔註70〕、「百

〔註61〕〔清〕孫希旦：《禮記集解》（臺北：文史哲出版社，1990年8月），頁424。
〔註62〕《禮記·月令》（十三經注疏5，臺北：藝文印書館，1976年），頁288。
〔註63〕同註62，頁300。
〔註64〕同註62，頁316。
〔註65〕同註62，頁326。
〔註66〕同註62，頁323。
〔註67〕陳奇猷：《呂氏春秋校釋》（臺北：華正書局，1988年），頁383。
〔註68〕同註62，頁324。
〔註69〕同註62，頁325。
〔註70〕同註62，頁308。

官靜事毋刑」〔註71〕，至秋氣肅殺乃於此時征伐不義、斷刑決罪。故《禮記・月令》的政治主張乃「刑德並施」，春夏施德行惠以賜民，秋冬則申嚴百刑，此刑德並重的主張，其說可上溯於韓非。韓非論人君持「刑德」二柄以御臣，所謂：「明主之所導制其臣者，二柄而已矣。二柄者，刑、德也。何謂刑德？曰：殺戮之謂刑，慶賞之謂德。爲人臣者畏誅罰而利慶賞，故人主自用其刑德，則群臣畏其威而歸其利矣。」〔註72〕此韓非論「刑德」二柄的主張，其對象爲人君之御臣下，使無受其蒙蔽，其立論基礎在人性之趨利避害，是人君以德惠慶賞以誘人臣之忠，以嚴刑殺戮以威人臣之懼。其目的在加強君王之領導統御，以便國家之富國強兵。

《禮記・月令》「刑德並重」之說，與法家韓非「刑德二柄」似同而實異，其說沿襲呂氏，而更近於《管子》，《管子・四時》云：

> 道生天地，德出賢人，道生德，德生正，正生事。是以聖王治天下，
> 窮則反，終則始。德始於春，長於夏；刑始於秋，流於冬。刑德不
> 失，四時如一，刑德離鄉，時乃逆行。作事不成，必有大殃。〔註73〕

《管子・四時》的「刑德」說，其理論基礎不在人性之利害，而在天道論之基礎，所謂「道生天地，德出賢人，道生德，德生正，正生事。」故聖王治天下當反其本，依循天道規律而行，所謂「德始於春，長於夏；刑始於秋，流於冬」，春夏富生機，故當以「德」；秋冬肅殺，故應以「刑」。此說之對象雖亦是君王，但不在君王之駕馭群臣，而在君王之治理萬民，乃在其施政之「正」，而不在其權謀之「術」，此其大不同之處。故其說結合「法家之術」與「道家之天」，而爲戰國末期新的政治主張。此主張影響及於《呂氏春秋》十二紀紀首，而又爲《禮記・月令》所吸收。

此外，施政不順時令，便有所謂「災異」發生，如季春之時云：「是月也，不可以稱兵，稱兵必天殃。」〔註74〕鄭玄注：「逆生氣也。」又云：「毋變天之道，毋絕地之理，毋亂人之紀」〔註75〕，鄭玄注：「以陰政犯陽，易剛柔之

〔註71〕同註62，頁318。
〔註72〕〔清〕王先慎：《韓非子集解・二柄》（臺北：藝文印書館，1983年6月），頁82。
〔註73〕黎翔鳳撰，梁運華整理：《管子校注・四時》（北京：中華書局，2006年），頁240。
〔註74〕《禮記・月令》（十三經注疏5，臺北：藝文印書館，1976年），頁289。
〔註75〕同註74，頁289。

宜，仁之時而舉義事。」至於文末乃有：「孟春行夏令，則雨水不時，草木蚤落，國時有恐。行秋令則其民大疫，猋風暴雨總至，藜莠蓬蒿並興。行冬令則水潦爲敗，雪霜大摯，首種不入。」〔註76〕孔穎達正義云：「當月施令，若施之順時，則氣序調釋。若施令失所，則災害滋興。施令有失，三才俱應，雨水不時，天也；草木蚤落，地也；國時有恐，人也。爲害重者先言之，爲害輕者後言之。」故此「災異」之說，乃從時令之順違處論，季春陽氣初生，主生機，故不得稱兵，兵者主殺，違逆生氣之行則有殃。行夏令則火令烈，是以草木蚤落；行秋令則生氣亂而惡物滋生，行冬令則陰乘陽氣，水潦淹敗。故人君之施政當順時令而行，當應陰陽二氣之性，順五行之德而施德惠或刑罰，則將受天佑，否則受天殃。

　　此「災異」之說在〈夏小正〉中未見，可見〈夏小正〉爲記錄性的原始資料，至於《管子・四時》便已出現，其云：「春行冬政則雕，行秋政則霜，行夏政則欲。」〔註77〕「夏行春政則風，行秋政則水，行冬政則落。」〔註78〕「秋行春政則榮，行夏政則水，行冬政則耗。」〔註79〕「冬行春政則泄，行夏政則靁，行秋政則旱。」〔註80〕至於《呂氏春秋》十二紀紀首，則於此「災異」部分擴大渲染，其原因恐與人君有關，畢竟《管子》或呂氏之說皆爲政治主張，皆希望能爲人君所採納，故於其主張對人君誘之以福，畏之以殃，此或其故，而呂氏之說乃爲《禮記・月令》所承。故此災異之說雖有所牽強，恐亦有其時代因素所致，而此說對漢代讖緯之學亦有所影響。

第三節　《禮記・月令》氣化思想的特色

　　〈月令〉的氣化思想，其中有承自〈夏小正〉的自然資料，有滲入陰陽五行之說，也有其政治主張的提出，包括：自然義的時令資料，陰陽五行的氣化宇宙觀、「與時相應」的人文觀，分三方面述之，並論其價值與不足之處。

〔註76〕《禮記・月令》（十三經注疏 5，臺北：藝文印書館，1976 年），頁 290。
〔註77〕黎翔鳳撰，梁運華整理：《管子校注・四時》（北京：中華書局，2006 年），頁 842。
〔註78〕同註 77，頁 847。
〔註79〕黎翔鳳撰，梁運華整理：《管子校注・四時》（北京：中華書局，2006 年），頁 851。
〔註80〕同註 79，頁 855。

一、自然義的時令資料

《禮記‧月令》有承自〈夏小正〉者，如乃：「孟春之月，日在營室，昏參中，旦尾中」乃日星之變化；「東風解凍」、「始雨水」，「雷乃發，聲乃電」，節令天氣之轉移，「獺祭魚，鴻雁來」，「蟄蟲始動，魚上冰」，「草木萌動」〔註81〕為草木鳥獸之變，此皆承自〈夏小正〉的月令資料而又有所精進，為上古「敬授民時」的農作傳統。其中「立春」、「雨水」、「小暑」、「霜降」、「冬至」等二十四節氣之雛形隱約可見。

二、陰陽配合五行的氣化宇宙觀

《禮記‧月令》的資料較〈夏小正〉複雜，乃因有陰陽五行說在其中，此乃承自《呂氏春秋》十二紀首的部分，當然呂氏之說自是受到鄒衍影響。陰陽二氣主要解釋四時節令之消長轉移，春夏之時，陽氣漸起而盛，萬物得生氣之養以繁衍生長；秋冬之時，陽氣漸衰，陰氣轉盛，萬物受肅殺之氣而凋零衰敗，至於冬至，陰氣盛極復衰而陽氣漸起，是乃歲末更始。

此陰陽二氣之消長，配合五行之德，春以木德，夏以火德，中以土德，秋以金德，冬以水德，雖不免於牽強附會之處。但其意乃在於表現天地之道，故陰陽解釋四時之流轉，五行之德彰顯草、木、鳥、獸，生息繁衍衰亡之規律。故天地之道乃可抽象地可由陰陽二氣與五行之德轉移來詮釋，此乃其氣化宇宙論。

三、「與時相應」的人文觀

《禮記‧月令》建立陰陽五行的氣化宇宙論，非如鄒衍之附會於朝代之興亡，乃應用在人世之規範，包括歲時祭祀、節欲與靜定的修養論、主刑德的政治觀。祭祀方面：在歲時節氣將來前，天子親帥三公、九卿、諸侯、大夫，迎節氣於郊；節氣當令時，又當「祈穀於上帝」、「以大牢祠於高禖。」以順時氣之生養；節氣將畢，乃舉行「難祭」送節氣以消災，此皆順應陰陽二氣之生殺以為之祭祀。

人君施政方面，是亦「順時而為」，春夏以生養為德，故施政以施德行惠為主；秋冬陰氣肅殺，故施政乃以斷獄嚴刑為主，是為「刑德說」。在修養論方面，夏至之日，陰陽二氣相爭，故當「君子齊戒，處必掩身，毋躁。止聲

色，毋或進。薄滋味，毋致和。節嗜欲，定心氣，百官靜事毋刑，以定晏陰之所成。」〔註82〕冬至之日，「君子齊戒，處必掩身。身欲寧，去聲色，禁耆慾。安形性，事欲靜，以待陰陽之所定。」〔註83〕是修養論亦呼應天地陰陽二氣之消長變化。

此「與時相應」的人文觀，可謂是「天人相應」的思想模式，此部分固來自於《呂氏春秋》十二紀，再溯其根源析分之：天道論來自於道家「法天地」之說，「陰陽五行」乃受鄒衍「五德轉移說」的影響，「應時祭祀」乃吸收儒家禮樂傳統，「刑德說」來自於《管子·四時》「刑德二柄」之說，乃對法家之修正，可謂集諸家之說而成。

因此《禮記·月令》的氣化思想特色，雖取《呂氏春秋》十二紀紀首之文，但並不取其紀論，乃有意而擇取，不可全視為《呂氏春秋》十二紀的思想，故有其自身之思想特色。而此十二紀紀首之文，來源複雜多元，不為《呂氏春秋》所獨有者，有來自上古〈夏小正〉的月令資料，此乃《禮記·月令》最原始的部分。其次，吸收道家老莊「法天地」之說，以天地的規律作為人文規範的依據。天地規律的背後內涵，則吸收戰國末期鄒衍陰陽五行之說，以陰陽二氣消長、五行之德流轉，建立其氣化宇宙論，而人亦在此陰陽五行運行之氣化宇宙論下，是以陰陽五行之氣化連結天與人，故人亦當順應陰陽二氣之消長，五行之轉移，順時節以祭祀，以施德行惠或斷獄刑殺，更當「節欲」、「靜定」以待陰陽二氣之定，以為其修養論。

故《禮記·月令》觀其氣化思想，內容複雜多元，反映戰國末期諸子之學合流的趨勢，但《禮記·月令》雖集諸子之合流，卻非龐雜紛亂，其中可見其思想主旨為「天地人相應」之主要思想，而以陰陽五行為其內涵，由天道以論人道之施政、祭祀、修養，反映戰國末期學風之新趨勢。

由《禮記》氣論思想而言，〈月令〉開創出「天之道」、「地之理」、「人之紀」的「分與合」的大架構，天有天之節候消長，地有地之生長收藏，人有人之施德刑罰，天、地、人各有其道，但天、地、人又皆在氣化之道下運行不輟，當然此是以「天地之道」為主，人當法「天地之道」以為「人之紀」。

這樣的架構對重視「天人相應」的漢儒來說，確實是合理的天地人的架

〔註82〕《禮記·月令》（十三經注疏5，臺北：藝文印書館，1976年），頁318。
〔註83〕同註82，頁346。

構，或許這是〈月令〉會被收錄爲《禮記》一篇的原因，而《禮記》氣論思想也是在這樣的架構下建立起來的。但〈月令〉嚴格說起來，不是《禮記》中成熟的氣論思想，因爲《禮記》畢竟爲儒家的作品，尤其以儒家所重視的「禮樂之道」爲主，「禮樂之道」的主體在人倫社會。而〈月令〉是以天道爲主，以陰陽氣化爲主體，人在這樣的氣化架構下只能被動的配合天地之道，這對儒者而言是不足的，人的主體性被抹煞，此對重視人的道德主體性的儒家是不能認同的，因此〈月令〉在《禮記》氣論思想的發展中只是一個過渡，一個重要的過渡階段。

第六章 〈鄉飲酒義〉的氣論思想

　　〈鄉飲酒義〉本爲解《儀禮·鄉飲酒禮》之義,〈鄉飲酒禮〉爲賓主交接盡歡之禮,故特重賓主之位,〈鄉飲酒義〉吸收氣論思想以詮釋賓主之位,篇章中並陳二說:一派主張主人居東南,代表天地仁厚之氣,賓客位西北,代表天地嚴毅之氣;一派由四時之德氣,主人居東位,代表春之生養,賓客居北位,代表冬之歸藏。二說皆由氣化論賓主之位,皆言之成理,可視作《禮記》吸收氣論思想以詮釋禮樂之義的早期階段。

第一節 釋〈鄉飲酒禮〉之義

　　〈鄉飲酒義〉乃釋《儀禮·鄉飲酒禮》之義,由賓主交接之儀中,闡明尊讓不爭之德。

> 　　鄉飲酒之義:主人拜迎賓于庠門之外,入,三揖而後至階,三讓而後升,所以致尊讓也。盥洗揚觶,所以致絜也。拜至,拜洗,拜受,拜送,拜既,所以致敬也。尊讓絜敬也者,君子之所以相接也。君子尊讓則不爭,絜敬則不慢,不慢不爭,則遠於鬥辨矣;不鬥辨則無暴亂之禍矣,斯君子所以免於人禍也,故聖人制之以道。〔註1〕

鄭玄注:「周立四代之學於國,而又以有虞之庠爲鄉學,〈鄉飲酒義〉曰『主人迎賓於庠門外』是也。」孔穎達正義曰:「賓於主人升堂之後,主人於阼階之上,北面再拜,是拜至也。主人拜至訖,洗爵而升,賓於西階上北面再拜,拜主人洗也。拜受者,賓於西階上,拜受爵也。拜送者,主人於阼階

〔註 1〕　《禮記·鄉飲酒義》(十三經注疏 5,臺北:藝文印書館,1976 年),頁 1004。

上，拜送爵也。既，盡也。賓飲酒既盡而拜也。尊讓絜敬也者，言入門而三揖三讓，是尊讓也。盥洗揚觶，是絜也。拜至拜洗之等，是致敬也。故總結之。」

此釋《儀禮》中〈鄉飲酒禮〉之義，其行禮之儀有：迎賓、拜至、升堂、三揖三讓、洗爵、拜洗、送爵、拜受、飲酒、奏歌、送賓、拜賜、拜辱等。此記乃解釋〈鄉飲酒禮〉之義，迎賓與三揖三讓，乃致尊讓之意；洗爵、拜洗、拜受，乃致絜、敬之意，故此釋君子相接之道，其義為「君子尊讓則不爭，絜敬則不慢，不慢不爭，則遠於鬥辨矣；不鬥辨則無暴亂之禍矣」，是以尊讓、絜敬、遠鬥為德，乃得不爭、不慢、而無暴亂之事，乃人與人相接之美德，是為聖人制〈鄉飲酒禮〉之義。

子曰：「君子義以為質，禮以行之，孫以出之，信以成之。君子哉！」〔註2〕此論〈鄉飲酒禮〉其內涵之「義之質」者，此義乃為君子交接當具之德，透過一連串的禮儀，表現彼此尊讓、致敬、致絜、不爭、不慢之德，此乃於禮儀中論聖人制禮之道德義。

第二節　由「天地仁義之氣」定賓主之位

此由氣化思想論賓、主、介、僎之位，天地嚴寒之氣盛於西北，為天地之義氣：天地溫厚之氣，盛於東南，為天地之仁氣。以此氣化論比附於賓、主、介、僎之位，故主人居東南，賓位西北，僎屬東北，介為西南，各居其位以屬其德。

> 賓主象天地也；介僎象陰陽也；三賓象三光也；讓之三也，象月之
> 三日而成魄也；四面之坐，象四時也。〔註3〕

鄭玄注：「陰陽，助天地養成萬物之氣也。三賓象天三光者，繫於天也。」

孫希旦曰：「賓者主人之所敬事，象乎天之尊，主人以禮下之，象乎地之卑，故曰『賓主象天地』。介、僎以輔賓主之禮，猶陰陽以助天地之化，故曰『介僎象陰陽』，三賓，眾賓之長也。眾賓不惟三人，其長者三人耳。……三賓之尊次於介僎，猶三光之尊次於月，故曰『三賓象三光』。……月二日而明生，三日而明著，故三日謂之朏。既望二日而魄生，三日而魄著。明著則進

〔註2〕《論語‧衛靈公》（十三經注疏8，臺北：藝文印書館，1976年），頁139。
〔註3〕《禮記‧鄉飲酒義》（十三經注疏5，臺北：藝文印書館，1976年），頁1005。

而盈，魄著則退而闕，故三讓者，象月之三日而成魄也。」〔註4〕

此由氣化宇宙觀以釋〈鄉飲酒義〉之禮：「賓主象天地」者，敬賓之尊如天，主執禮卑如地；「介、僎象陰陽」，介、僎輔賓主行禮，象陰陽助天地以成萬物；「三賓象三光」，眾賓以襯賓主，如三光之星以襯天地陰陽；「讓之三也，象月之三日而成魄」，三揖三讓以進退象月之明魄盈闕之行；「四面之坐，象四時」則以賓、主、介、僎分居西北、東南、西南、東北之位，象冬、夏、秋、春四時也。

> 天地嚴凝之氣，始於西南，而盛於西北，此天地之尊嚴氣也，此天地之義氣也。天地溫厚之氣，始於東北，而盛於東南，此天地之盛德氣也，此天地之仁氣也。主人者尊賓，故坐賓於西北，而坐介於西南以輔賓，賓者接人以義者也，故坐於西北。主人者，接人以德厚者也，故坐於東南。而坐僎於東北，以輔主人也。仁義接，賓主有事，俎豆有數曰聖，聖立而將之以敬曰禮，禮以體長幼曰德。德也者，得於身也。故曰：古之學術道者，將以得身也。是故聖人務焉。〔註5〕

鄭玄注：「賓者接人以義，言賓故以成主人之惠。以僎輔主人，以其仕在官也。聖，通也，所以通賓主之意也。得身者為成己令名，免於刑罰也，言學術道，則此說賓賢能之禮。」鄭氏言其賓主之禮意。

孔穎達正義曰：「賓主象天地，介、僎象陰陽者，天地則陰陽著成為天地，故賓在西北，天地嚴寒之氣著；主在東南，天地溫厚之氣著；介在西南，象陰之微氣；僎在東北，象陽之微氣。四面之坐象四時者，主人東南象夏始，賓西北象冬始，僎東北象春始，介西南象秋始。」孔氏由陰陽之氣，對應四方之位，以釋賓主之禮。

陳澔云：「主人者厚其飲食之禮，仁之道也。為賓者，謹其進退之節，義之道也。求諸天地之氣，以定其主賓之位。至於俎豆，亦莫不有當然之數。聖，通明也。謂禮義所在通貫而顯明也。敬其天理之節，體夫人倫之序，所得者皆吾身之實理也。」〔註6〕陳氏由仁義之道以論賓主之禮，上應天地之氣，敬其天理之節，以為人倫之序。

〔註4〕 〔清〕孫希旦：《禮記集解下・鄉飲酒義》（臺北：文史哲出版社，1990 年 8月），頁 1426。

〔註5〕 《禮記・鄉飲酒義》（十三經注疏 5，臺北：藝文印書館，1976 年），頁 1005。

〔註6〕 〔元〕陳澔：《禮記集說・鄉飲酒義》（臺北：世界書局，1967 年），頁 328。

此由氣化思想進一步解釋賓、主、介、僎四者方位之義。首論天地之氣，天地嚴凝之氣，始於西南，盛於西北，此天地尊嚴之氣，乃天地之義氣也。又天地溫厚之氣，始於東北，盛於東南，乃天地盛德之氣，乃天地之仁氣，此乃將天地之氣化賦予人文之道德義。

《呂氏春秋·孟春紀》云：「是月也，天氣下降，地氣上騰，天地和同，草木繁動。」〔註7〕又《呂氏春秋·仲秋紀》云：「是月也，日夜分。雷乃始收聲。蟄蟲俯戶。殺氣浸盛，陽氣日衰。」〔註8〕此將自然節候之氣搭配陰陽二氣之盛衰的氣化思想。《禮記·鄉飲酒義》亦有吸收此氣化思想，乃視秋冬為嚴凝之氣，盛於西北，以之為天地尊嚴之氣，其德為天地之義氣；春夏為天地溫厚之氣，盛於東南，以之為天地盛德之氣，其德為天地之仁氣。故西北之位為天地義氣之所在，東南之位為天地仁氣之所在。

以此氣化觀落實於〈鄉飲酒禮〉的儀式中，於是賓、主、介、僎的方位，乃有一番新的意義。孫希旦曰：「賢能之士，方進身之始，則貴於難進易退，而有介然不苟之意，故其接人也主於義，主於義則其進也必正矣。主人興賢能而獻之君，則貴於愛賢下士，而有藹然相親之情，故其接人也主於仁，主於仁則其好賢也有誠，而其德厚矣。介者賓之次，故坐於西南以輔賓。鄉飲酒之禮，就先生而謀賓、介，則僎乃贊成主人之禮者，故坐於東北以輔主人。」〔註9〕

此由天地仁義之氣以應〈鄉飲酒禮〉賓、主、介、僎之位，賓者慎進退，介然不苟，故其接人也以義，是以居西北，以象天之義氣；主者愛賢下士，藹然相親，故居東南，以象天之仁氣；介輔賓，故居賓位之次為西南；僎贊主，故居主位之次為東北。故賓、主、介、僎之位，乃順天地仁義之氣，配合自然之節候，亦彰顯人倫之德。

第三節　由「四時之德」定賓主之位

另由四時之德以比附賓、主、介、僎之位，春、夏生養萬物，主為禮之

〔註7〕〔漢〕高誘注，〔清〕畢沅校：《呂氏春秋·孟春紀》（上海：上海古籍出版社，1996年12月），頁12。

〔註8〕〔漢〕高誘注，〔清〕畢沅校：《呂氏春秋·仲秋紀》（上海：上海古籍出版社，1996年12月），頁119。

〔註9〕〔清〕孫希旦：《禮記集解下·鄉飲酒義》（臺北：文史哲出版社，1990年8月），頁1427。

所出，故居東位。秋、冬主歸藏，猶天地成物之德，賓爲主之所敬，故居北位。介爲賓之次，爲主之所敬事，故居西位。此由四時之德以立賓主之位，是氣論思想又一說，以其各言之成理，故並存之。

> 鄉飲酒之義：立賓以象天，立主以象地，設介僎以象日月，立三賓以象三光。古之制禮也，經之以天地，紀之以日月，參之以三光，政教之本也。……賓必南鄉。東方者春，春之爲言蠢也，產萬物者聖也。南方者夏，夏之爲言假也，養之、長之、假之，仁也。西方者秋，秋之爲言愁也，愁之以時察，守義者也。北方者冬，冬之言中也，中者藏也。是以天子之立也，左聖鄉仁，右義偝藏也。介必東鄉，介賓主也。主人必居東方，東方者春，春之爲言蠢也，產萬物者也；主人者造之，產萬物者也。月者三日則成魄，三月則成時，是以禮有三讓，建國必立三卿。三賓者，政教之本，禮之大參也。〔註10〕

鄭玄注：「日出於東，僎所在也。月生於西，介所在也。三光，三大辰也。天之政教，出於大辰焉。春，猶蠢也。蠢動，生之貌也。聖之言生也。假，大也。愁，讀爲揫，揫，斂也。察，猶察察，嚴殺之貌也。南鄉、鄉仁，貴長大萬物也。」鄭氏由日月三光以釋東西四方之位。

孔穎達正義曰：「五行春爲仁，夏爲禮，今春爲聖，夏爲仁者，春夏皆生養萬物，俱有仁恩之義。以生物言之，則謂之聖。北方主智，亦爲信，以萬物歸藏言之，則爲藏。主人獻賓，將西行就賓，賓又南行，將就主人，介在西階之上，覸隔於賓主之間也。三日則成魄者，魄謂明生，傍有微光也。此謂月明盡之後，前月大則二日生魄，前月小則三日乃生魄。三賓者，政教之本，凡建國立三卿，今鄉飲酒立三賓，象國之立三卿。故云『政教之本也』。」孔氏由四時之德以應仁恩歸藏之義。

孫希旦曰：「春作夏長，仁也。秋斂冬藏，義也。蓋天地以仁之德生物，生物之功成於夏，而聖則其氣之初通者也。天地以義之德成物，成物之功始於秋，而藏則其氣之歸根者。聖人法天，以仁育萬物，以義正萬民，二者不可偏廢。故其立也，於聖則左之，法天之生物於春也；於義則右之，法天之成物於秋也。然天雖生、成並用，而常以生物爲本，聖人雖仁義並施，而常以仁民爲先。」〔註11〕孫氏由春作夏長秋斂冬藏之四時農作，以論天地仁義

〔註10〕　《禮記・鄉飲酒義》（十三經注疏5，臺北：藝文印書館，1976年），頁1008。
〔註11〕　〔清〕孫希旦：《禮記集解下・鄉飲酒義》（臺北：文史哲出版社，1990年8

之德，聖人法天地之德，故以仁義並施。

　　《管子‧四時》云：「東方曰星，其時曰春，其氣曰風，其德喜嬴」，「南方曰日，其時曰夏，其氣曰陽，其德施舍修樂」，「西方曰辰，其時曰秋，其氣曰陰，其德憂哀、靜正、嚴順，居不敢淫佚」，「北方曰月，其時曰冬，其氣曰寒，其德淳越溫怒周密」〔註12〕，是管子已有將四時、節氣搭配方位及其諸德，是春、夏主長養施德，居東方、南方；秋、冬主嚴怒刑殺，居西方、北方。

　　此段論四時之德，以詮釋賓主之位。春、夏主生養萬物，主人為禮之所由出，猶春之蠢動生物，故居東位。秋、冬主成就歸藏，賓為主之所尊，猶天地成物之德，故居北位南鄉。介為賓之次，為主之所敬事，故居西位東鄉，介賓主之間。此由四時之德再論賓主之位，而與前段稍不同，蓋異家之作，以其皆言之成理，故並存之。

　　此或秦漢間儒者，吸收氣化思想，再賦予〈鄉飲酒禮〉以新意，使得賓、主、介、僎四者，不僅可表現尊讓、致敬、致絜、不爭之德，更有其背後的氣化天道義，賓主象天地，介僎象陰陽，三賓象三光，三讓象月魄，四坐象四時，即不僅在人文上表現不爭、尊讓的道德義，更有其順天地、陰陽、四時的氣化義，更深化豐富〈鄉飲酒禮〉背後的內涵。

　　但就氣化思想而言，將賓、主比附天地，將介、僎比附陰陽，將四坐比附四時之氣，將氣化宇宙論直接比附於人倫之禮，則不免粗略原始，可謂《禮記》中以氣化論詮釋禮之義的篇章中，較為原始素樸的一篇。

　　月），頁 1435。

〔註12〕《管子》（新編諸子叢書，臺北：國立編譯館，2002 年 2 月），頁 961。

第七章 〈祭義〉之氣化鬼神觀

　　〈祭義〉本爲詮釋「祭禮」之作，其論及「精神」、「魂魄」、「鬼神」諸範疇，在氣化思想中屬氣化成形聚散的問題。故溯先秦論「鬼神」諸說，以明〈祭義〉論及「精神」、「魂魄」、「鬼神」諸名義，由天道之創生而言爲「精神」，由人身之成形而言爲「魂魄」，由人之生死而言爲「鬼神」。故〈祭義〉者合先人之鬼神，宛如聚其魂魄而如在目前，以慰民人志意思慕之心，故聖人以爲教化之道，而民人以爲鬼事者。

第一節　先秦論「鬼神」之義

　　先秦論鬼神，《尚書》有云：「天道福善禍淫，降災于夏。」〔註1〕《詩經》云：「敬恭明神，宜無悔怒。」〔註2〕其多祭祀敬拜之禱，知上古之世多人格神信仰。許慎《說文解字》釋「神」云：「天神引出萬物者也。」〔註3〕釋「鬼」云：「人所歸爲鬼。」〔註4〕是「神」乃自天道之創生言，「鬼」乃從人道之歸宿言。

　　《左傳》昭公七年，伯有死後爲厲鬼，子產論云：「鬼有所歸，乃不爲厲。」〔註5〕又云：「人生始化曰魄，既生魄，陽曰魂。用物精多，則魂魄強，是以有精爽，至於神明。匹夫匹婦強死，其魂魄猶能馮依於人，以爲淫厲，⋯⋯

〔註 1〕　《尚書・湯誥》（十三經注疏1，臺北：藝文印書館，1976年），頁112。
〔註 2〕　《詩經・大雅》（十三經注疏2，臺北：藝文印書館，1976年），頁662。
〔註 3〕　〔漢〕許慎撰：《說文解字》（臺北：黎明文化事業公司，1991年），頁3。
〔註 4〕　同註3，頁439。
〔註 5〕　《左傳》（十三經注疏6，臺北：藝文印書館，1976年），頁763。

其用物也弘矣，其取精也多矣，其族又大，所憑厚矣，而強死，能爲鬼，不亦宜乎！」〔註6〕子產以爲人死爲鬼，但鬼亦當有歸，乃不爲厲。人何以死後爲鬼？乃因人之始生有魂魄，因此人之形體死亡，但「魂魄猶能憑依於人」，而人「用物也弘，取精也多」，其魂魄亦強，故爲鬼而能爲厲，至於「魂魄」究爲何物？

《左傳》昭公二十五年，樂祈云：「心之精爽，是謂魂魄。魂魄去之，何以能久？」〔註7〕則「魂魄」似指心知的覺識活動。《禮記・檀弓》述季札論「魂氣」之事，其云：「骨肉歸復于土，命也。若魂氣則無不之也！」〔註8〕此言形體的之終歸塵土，至於魂氣則到處飄移，如此形體當屬「魄」，死後歸土，鬼則當爲人之「魂氣」所致，死後尚存，會遊移不定。

《左傳》一方面保留甚多鬼神之事，一方面也表現對鬼神的敬畏，逐漸與人本身的修養德行做連結，如魯莊公三十二年，史嚚曰：「國將興，聽於民；將亡，聽於神。神，聰明正直而壹者也，依人而行。」〔註9〕又魯僖公五年，宮之奇云：「鬼神非人實親，惟德是依。……神所憑依，將在德矣。」〔註10〕可知當時人的自主與德行亦漸肯定。

《論語・先進》云：「季路問事鬼神。子曰：『未能事人，焉能事鬼？』曰：『敢問死。』曰：『未知生，焉知死？』」〔註11〕可知孔子對鬼神的態度，其關懷的是人，重視的是人生問題，對鬼神則敬而不論。但孔子仍云：「祭如在，祭神如神在。子曰：『吾不與祭，如不祭。』」〔註12〕對鬼神敬而遠之，對祭禮仍然重視，豈不矛盾？此即曾子所云：「愼終追遠，民德歸厚矣！」〔註13〕之意，即祭祀不在探求鬼神之是否眞有？而在民德之歸厚。即人民面對山川先人，知所感念，使民情淳厚。故祭祀鬼神之禮，孔子在意的是此飲水思源的感念，心若不在此，則如不祭。故孔子重視的是「禮」，所謂「生，事之以禮；死，葬之以禮，祭之以禮。」〔註14〕以禮事生，以禮祭死，以一

〔註6〕 《左傳》（十三經注疏6，臺北：藝文印書館，1976年），頁764。

〔註7〕 同註6，頁887。

〔註8〕 《禮記・檀弓》（十三經注疏5，臺北：藝文印書館，1976年），頁195。

〔註9〕 《左傳》（十三經注疏6，臺北：藝文印書館，1976年），頁181。

〔註10〕 同註9，頁208。

〔註11〕 《論語・先進》（十三經注疏8，臺北：藝文印書館，1976年），頁97。

〔註12〕 《論語・八佾》（十三經注疏8，臺北：藝文印書館，1976年），頁28。

〔註13〕 《論語・學而》（十三經注疏8，臺北：藝文印書館，1976年），頁7。

〔註14〕 《論語・爲政》（十三經注疏8，臺北：藝文印書館，1976年），頁16。

溫厚感恩的心情面對生死，安頓鬼神。

　　《荀子・禮論》云：「祭者，志意思慕之情也。忠信愛敬之至矣，禮節文貌之盛矣，苟非聖人，莫之能知也。聖人明知之，士君子安行之，官人以為守，百姓以成俗；其在君子以為人道也，其在百姓以為鬼事也。」〔註 15〕即祭祀的用意在「志意思慕之情」。藉由合宜的禮節程序，表達忠信愛敬之至情，此乃聖人之用心，百姓日用而不知，尚以為鬼事。此是儒家將鬼神的敬畏，轉化為使人民移風易俗的淳厚民情，頗契合孔子論鬼神之深意。

　　老子主自然義的宇宙論，所謂「天得一以清，地得一以寧，神得一以靈，谷得一以盈，萬物得一以生。」〔註 16〕所重在天道論的陳述，鬼神也為天道所生之一物而已。莊子主氣化宇宙論，以人為造化所生，死後便歸於造化之中，《莊子・至樂》有云：「雜乎芒芴之間，變而有氣，氣變而有形，形變而有生，今又變而之死，是相與為春秋多夏四時行也。」〔註 17〕人之生與死，只是造化的自然，如四時之流轉。基本上莊子否定人鬼的存在。至於崇高的「神」義，在莊子中下落為逍遙自得的「神人」，「神」更轉化為人精神的專一狀態，即《莊子・達生》所謂「用志不分，乃凝於神」。〔註 18〕

　　由上述先秦儒、道二家對鬼神的看法，儒家仍繼承上古以來尊天敬鬼的傳統，而重祭祀之禮。但亦云「敬鬼神而遠之」，則已脫離上古畏服人格神之情，凸顯人之主體，其重在養民「志意思慕之情」，使民德之歸厚，這完全是人的問題。至於先秦道家似乎走的更遠，自然義的天道主體，氣化的宇宙論，實不容鬼神的存在。故先秦儒道二家對鬼神的態度，可以說與《左傳》反映的部分思潮符合，即人的主體性提高，理性與德行彰顯，對鬼神的上古崇拜逐漸削弱。

　　綜合所論，則先秦對神鬼之說，子產提出「魂魄」之說，人生而有魂魄，人死為鬼，有所歸則不為厲，厲乃因人之魂魄強弱所致。樂祈、季札所論，則以「魂」屬心知的覺識活動，所謂「心之精爽」，乃聰明心思之主；「魄」為形體的實有，屬感官能力之主，人死「魄」會隨形體消散，「魂」仍尚存而

〔註 15〕梁啓雄：《荀子簡釋》（臺北：木鐸出版社，1988 年），頁 275。

〔註 16〕高明撰：《帛書老子校注》（北京：中華書局，1996 年），頁 8。

〔註 17〕〔清〕王先謙：《莊子集解・至樂》（臺北：東大圖書公司，2004 年），頁 157。

〔註 18〕〔清〕王先謙：《莊子集解・達生》（臺北：東大圖書公司，2004 年），頁 165。

為鬼，表現先秦對鬼神的觀念，提出「魂魄」的主張，此乃進一步分析人的形氣內涵而生。至於儒、道二家，都趨向以人為主體，或重視道德義，或強調自然義，二家對於上古人格神的鬼神崇拜逐漸減弱，取而代之的是對人世的看重，儒家對鬼神之說仍保留在祭禮的慎終追遠，道家則將「神」內化，提出所謂「精神」說。

第二節　〈祭義〉之氣化鬼神觀

〈祭義〉吸收先秦「精神」、「魂魄」、「鬼神」的觀念，以詮釋「祭禮」之深意，天道生化之作用為「精神」，人身之成形則有「魂魄」在其中，生命之消亡則魂氣歸神、魄體歸鬼，故聖人制祭祀之禮，焚香以聚魂氣，備牲禮以為魄體，乃宛如合先人魂魄以成形復生，以慰子孫思慕之情，乃其深意焉。

一、「精神」、「魂魄」、「鬼神」之名義

戰國晚期，對鬼神之事，又有不同看法。《易·繫辭上》有云：「精氣為物，遊魂為變，是故知鬼神之情狀。」〔註19〕孔穎達正義云：「精氣為物者，陰陽精靈之氣，氤氳積聚而為萬物也。遊魂為變者，物既積聚，極則分散，將散之時，浮遊精魂，去離物形而為改變，則生變為死，成變為敗。」此論沿襲「魂魄」說，但不取「魄」義而吸收道家「精氣」之說，是天道氣化具陰陽二氣，陰陽精靈之氣即「精」，精氣能聚而成形，消散則為魂遊，是氣聚則生物，物死則氣散，知此氣化聚散之理，則知物之生死；精氣聚而為物，乃神之所為，散而為魂，乃為鬼之成因，故言乃知鬼神之情狀。

就天道論而言，所謂「精神」者，「精」為陰陽氣化之精靈，陰陽二氣聚而成物的過程，先有精氣再聚而成形，而精氣之靈的作用為「神」，故「精」與「神」，乃天道陰陽二氣聚而成物的重要內涵，具天道論的生化義。至於「鬼神」者，陰陽二氣具「精氣」以凝聚生物的不測作用曰「神」，物死則精神消散而為魂變曰「鬼」，是以「神」指生化之始，「鬼」指生化之終的魂變。

《禮記·郊特牲》論「魂魄」，其云：「魂氣歸于天，形魄歸于地。」

〔註19〕《周易·繫辭上》（十三經注疏1，臺北：藝文印書館，1976年），頁147。

〔註20〕《禮記・禮運》又云：「體魄則降，知氣在上。」〔註21〕此皆乃承襲先秦子產「魂魄」說而來，魂屬氣，上升歸於天，魄屬體，消散歸於土。《禮記・祭義》云：

> 宰我曰：「吾聞鬼神之名，不知其所謂。」子曰：「氣也者，神之盛也；魄也者，鬼之盛也；合鬼與神，教之至也。眾生必死，死必歸土：此之謂鬼。骨肉斃於下，陰爲野土；其氣發揚于上，爲昭明，焄蒿，悽愴，此百物之精也，神之著也。因物之精，制爲之極，明命鬼神，以爲黔首則。百眾以畏，萬明（民）以服。」聖人以是爲未足也，築爲宮室，謂爲宗祧，以別親疏遠邇，教民反古復始，不忘其所由生也。眾之服自此，故聽且速也。二端既立，報以二禮。建設朝事，燔燎羶薌，見以蕭光，以報氣也。此教眾反始也。薦黍稷，羞肝肺首心，見間以俠甒，加以鬱鬯，以報魄也。教民相愛，上下用情，禮之至也。〔註22〕

鄭玄注云：「氣謂噓吸出入者也，耳目之聰明爲魄，合鬼神而祭之，聖人之教致之也。」孔穎達正義云：「人生賦形體與氣，合共爲生，其死則形與氣分，其氣之精魂發揚升於上。」故氣即魂氣，所謂「噓吸出入之氣」；魄即形體，所謂「耳目之聰明」，乃指耳目感官之體。故人合魂氣與魄體而生，人之成形包含無形的魂氣與有形的魄體，而人之死則「魂氣歸于天，形魄歸于地」，是人之生乃魂氣與魄體之合，人之死則魂氣與魄體各分。

「魂氣歸於天」者，孔穎達正義云：「此氣之體無性識也，但性識依此氣而生，有氣則有識，無氣則無識，則識從氣生，性者神出入也，故人之精靈而謂之神。」可知魂氣爲性識之所由憑依，當指人認知與判斷能力，而性識的認知判斷能力，乃人之精靈所在，此氣之精靈又謂神，故言「氣也者，神之盛也」。故天道義的「精神」，落實在形物之中則爲魂氣，便爲形物性識的重要內涵，而爲人感官任知之神用，具人身之心性義。

> 其氣之精魂，發揚升於上，爲昭明者，言此升上爲神靈光明也。焄蒿悽愴，此百物之精也者。焄謂香臭也，言百物之氣或香或臭。蒿謂蒸出貌。言此香臭蒸而上出，其氣蒿然也。悽愴者，言此等之氣，人聞之，情有悽有愴。百物之精也者，人氣揚於上爲昭明，百

〔註20〕《禮記・郊特牲》（十三經注疏5，臺北：藝文印書館，1976年），頁507。
〔註21〕《禮記・禮運》（十三經注疏5，臺北：藝文印書館，1976年），頁416。
〔註22〕《禮記・祭義》（十三經注疏5，臺北：藝文印書館，1976年），頁813。

物之精氣爲烝蒿悽愴，人與百物共同，但情識爲多，故特謂之神。
〔註23〕

魂氣乃氣之精靈，既屬無形，實難描述，「昭明，烝蒿，悽愴」皆屬形容之詞，此氣如神靈之光明，如蒸燻香臭之氣貌，使人悽愴有感，此人與百物之所同，惟人爲多。故此氣中造物之精靈謂之神，使此精氣而能成物，不亦神乎？故魂氣之精靈曰「神」，故天道氣化之作用曰精神，精神落實於人身曰魂氣。

「形魄歸於地」即「骨肉斃於下，陰爲野土」，是歸爲鬼。孔穎達正義云：「言人形魄者，鬼之極盛也。」故「鬼」者，魄之形體歸於野土之名也，是由「魂魄」以論「鬼神」之義，「神」乃謂「魂氣歸於天」，「鬼」乃謂「形魄歸於地」，合魂氣與形魄則爲人之生，人之死則魂氣與體魄即消散，魂氣生於天曰神，形魄落於土曰鬼，此乃由魂魄以論鬼神。

故《禮記·祭義》之說，乃承子產「魂魄」說，復吸收道家「精神」說，加上氣化宇宙觀，結合而成其說。蓋氣化之精靈，神明氤氳，能聚而成物，此曰「精」與「神」。「精神」聚而爲人則爲「魂氣」，人之始生爲魂氣與形魄之合，「魂氣」指無形的情識，「形魄」爲有形的感官肢體，此乃「魂魄」說與「精神」說的結合，納於天道氣化成物架構下而析論。

人死魂氣升而爲天，化於氣化神明之精，魄體斃於下土，乃歸爲鬼。是由「魂魄」而論「鬼神」，實則「魂魄」、「鬼神」，二名實爲一也，生前在人身爲魂魄，死後消散而爲鬼神，二者實爲天道氣化之聚散而已，或以爲「形、神二元論」殊非也。〔註24〕

二、聖人制〈祭禮〉之深意

《禮記·祭義》論及聖人制禮之深意，按上述，人死魂氣升天，魄體消散，人物亡滅，實不復存。老莊即以自然義面對生死，儒家聖人則不然，《禮記·祭義》所謂「因物之精，制爲之極，明命鬼神，以爲黔首則。百眾以畏，萬明（民）以服。」〔註25〕鄭注云：「明命猶尊名也，尊極於鬼神，不可復加

〔註23〕《禮記·祭義》（十三經注疏5，臺北：藝文印書館，1976年），頁814。
〔註24〕馮友蘭：「《禮記》對人的生死以及鬼神所作的基本的解釋，……實際上是形、神二元論，也可說是一種物活論。」《中國哲學史新編》第三冊（臺北：藍燈，1991年），頁105。
〔註25〕《禮記·祭義》（十三經注疏5，臺北：藝文印書館，1976年），頁813。

也。黔首謂民也，則，法也。為民作法，使民亦事其祖禰。」聖人不因魂魄消散而即抹滅人物，以人有情識故也。人物雖消亡，思慕之情卻實有長存，故聖人尊名鬼神之名，制禮以為百姓儀則，築宮室設宮祧以祀先祖，百姓以為鬼神而畏服，聖人則為「教民反古復始，不忘其所由生也。」此亦《荀子・禮論》所云：「其在君子以為人道也，其在百姓以為鬼事也。」〔註26〕是聖人之制禮在「教民反始」、「教民相愛」，其著重在使民德之歸厚，而百姓則畏服於鬼神，移風易俗矣。

　　「合鬼與神，教之至也」，孔穎達正義曰：「聖人之教致之也者，人之死，其神與形體分散各別，聖人以生存之時，神形和合，今雖身死，聚合鬼神，似若生人而祭之，是聖人之設教興致之，令其如此也。」人之生乃合魂魄而成形，人之死，雖魂升魄滅，但透過祭祀先祖的過程，上報「魂氣」之升，下報「魄體」之形，宛如又合其魂魄，如見先人之復生，以慰子孫志意思慕之情，是先人之鬼神有所歸，後人之情識得所慰，所謂「上下用情，禮之至也」，此乃「鬼神之會」，即儒家制祭禮名鬼神之德的深意。錢穆先生云：

> 人生前，魂魄和合，即形神和合，死後，魂魄分散，即鬼神分散。
> 鬼指屍體，即生前之魄。神指魂氣，即生前之種種情識。人死後，
> 其生前種種情識，生者還可由感想回憶而得之。但其屍體，則早已
> 歸復於土，蔭於地下，變成野澤土壤。而聖人設教，則設法把此魂
> 與魄，即鬼與神，由種種禮的設備，求其重新會合，要他仍像生前
> 一般，此一節把儒家祭禮精義都以說盡。〔註27〕

故《禮記・中庸》其云：「鬼神之為德，其盛矣乎！視之而弗見，聽之而弗聞，體物而不可遺。使天下之人齊明盛服，以承祭祀，洋洋乎如在其上，如在其左右。」〔註28〕從魂氣、魄體的分析，可知儒者非真肯認鬼神之實有，儒者之所重乃在「鬼神之為德」。從理性而言，《禮記・中庸》之儒者不信真有鬼神之異物，但從教化成俗而言，《禮記・祭義》巧妙的利用人民畏服鬼神的心理，對先人志意思慕之情感，乃因之而尊鬼神之名，立先人之宗廟，慎重其祭祀之禮，使人民念天地之始生，感先人之遺澤，是乃「鬼神之德」也，其

〔註26〕梁啟雄：《荀子簡釋・禮論》（臺北：木鐸出版社，1988年），頁275。

〔註27〕錢穆：《靈魂與心》（臺北：聯經出版社，1994年），頁72。

〔註28〕《禮記・中庸》（十三經注疏5，臺北：藝文印書館，1976年），頁884。

雖鬼事，實則人情之安頓在其中。

故《禮記‧祭義》論「鬼神」其義深微，其吸收春秋以來之「魂魄」說，道家之「精神」說及陰陽氣化之說，改變先秦儒家「敬鬼神而遠之」的實然態度，成就其鬼神之新論。對天而言，「精神」乃爲陰陽氣化創生之主，氣化聚而成形，合魂氣與形魄而生人，人死則魂氣上升而形魄歸土，是爲鬼神之義。人死鬼神各散，透過祭禮之儀，復會其鬼神，使先人如在目前，以慰後世子孫之心，使民之感念鬼神之德，先人之澤，以厚民德，此聖人制祭禮之深意。故能安頓鬼神，即能面對生死，能面對生死，則生命乃得安處於當世，盡力於德業，以留德澤於後世。

三、結　語

從思想史而論，「鬼神」的觀念不斷演變，上古天者爲神，人死爲鬼，對天地、祖先、鬼神充滿敬畏的人格神崇拜，春秋時子產提出「魂魄」說，以人生有魂魄，死後形體不存，但魂魄猶能憑依於人是爲鬼，鬼當有所歸，若強死不得其所歸，則鬼爲厲而害人。季札則提出「骨肉歸土，魂氣無不之」的見解，以魂氣爲鬼。

至於儒、道二家，則對鬼神之說不甚認同，逐漸趨向人文與自然義爲主，孔子「未知生，焉知死」，「敬鬼神而遠之」，是以理性與德性取代對鬼神的敬畏之心，但對喪祭之禮仍然重視，則是著重其對「慎終追遠」的教化民心，荀子所謂「志意思慕之情」。老子所重在天道之自然，生死乃屬自然之一部分，故鬼神非其所重。莊子亦主自然義的氣化宇宙論，萬物皆爲一氣之聚散而已，人與物、生與死，不過氣之偶合聚散，又何鬼神焉？故儒、道二家對鬼神之說皆削弱，一主德性，一主自然。

《易繫辭》主「精氣爲物，遊魂爲變」〔註29〕之說，則是吸收子產「魂魄說」與莊子「精神說」而成，「精神說」乃言天道陰陽二氣之精靈，精氣聚而成物乃神之所爲，精氣消散則爲魂，是遊魂爲鬼，此論鬼神之說已受氣化思想影響。

《禮記‧祭義》吸收陰陽氣化之說，重新詮釋鬼神以新意，其有幾點特色：

第一，孔穎達正義云：「鬼謂形體，神謂精靈，〈祭義〉云：『氣也者，神

〔註29〕《周易‧繫辭上》（十三經注疏1，臺北：藝文印書館，1976年），頁147。

之盛也，魄也者，鬼之盛也』，必形體精靈相會，然後物生，故云鬼神之會。」〔註30〕鬼爲形之歸，神爲精氣之靈，孔氏從造化之始生論：「必形體精靈相會，然後物生」，故人之所由生，必由氣之精靈之神與形體之魄，會合而成，此鬼神乃具氣化之創生義。

第二，在人身爲「魂氣」與「形魄」，「氣之精靈」爲魂氣，「形之所成」爲魄體，是人有情識及認知判斷之神用，也有耳目感官之聰明，此爲「鬼神」氣化成形，落實於人身，而具人之形神義。

第三，人之生爲魂氣、魄形之合，人之死則魂、魄各分，魂氣歸天，體魄化土，是鬼神之分，乃人物之消散。聖人感此，乃制禮尊名，崇鬼神之德，作祭禮以合魂魄，以會鬼神，使先人如在目前，以慰人心之情厚，此乃「鬼神」之禮俗義。

故由氣化而言，「精神」、「魂魄」、「鬼神」實則爲氣化的不同階段之名，「精神」內具於天道氣化主體，「魂魄」內具於人身之形神，「鬼神」爲人身之消散而言，故「精神」、「魂魄」、「鬼神」實同質而異名，是可見其背後天、人、鬼神同爲氣化之生，是爲一體同源，足見天地、人物、鬼神同親之意。

由思想史的演變而論，《禮記·祭義》重新詮釋鬼神以新意，似乎有恢復上古敬畏鬼神的傳統，只是這個「鬼神」是落在天道氣化論上看，「鬼神」不再是渺不可知的人格神，而是陰陽氣化的作用、聚散，雖然二者皆重鬼神之說，但對鬼神的內涵是不同的。

對儒家義理而言，雖然〈祭義〉之說，與孔子「敬鬼神而遠之」的觀念相左，但對儒家所重視的「愼終追遠」的教化義上看，〈祭義〉不僅繼續延續先秦儒家「愼終追遠」的人心教化義，更以氣化聚散的觀念，重新詮釋祭禮的意義，透過氣化理論與祭禮儀式，便可以重新合會先人之魂與魄，使先人如在目前，使後人對先人不僅只是思慕之情而已，當下更是眞實的存有，其義深矣。

由《禮記》氣論思想而言，吸收「精神」、「魂魄」、「鬼神」以釋其「祭禮」之深意，包括天道氣化之生，氣化之聚以成人，人之形質內涵，氣化之散而人之死，死後之追思與重會，祭者對先人之志意思慕之情，透過祭禮的儀式、用具、焚香與祭品，在理性上有完整的理解，在感情上亦得到適度的

〔註30〕《禮記·禮運》（十三經注疏5，臺北：藝文印書館，1976年），頁432。

慰安，更對自我的生命歸向以安頓，此乃《禮記》吸收氣論思想以建構完成
之祭祀理論，惟僅止於「祭禮」而已，尚未擴及於對整個禮論思想的重塑，
可視作《禮記》氣論思想的初步消化。